Martin Siems

Souling –
Mehr Liebe und
Lebendigkeit

Eine Anleitung zur Selbsthilfe

Rowohlt

Originalausgabe
Veröffentlicht im Rowohlt Taschenbuch Verlag GmbH,
Reinbek bei Hamburg, April 1997
Copyright © 1997 by Rowohlt Taschenbuch Verlag GmbH,
Reinbek bei Hamburg
Alle Rechte vorbehalten
Umschlaggestaltung: Susanne Heeder
(Foto: Gruner & Jahr Photonica / Ron Rovtar)
Satz aus der Palatino (Linotronic 500)
Gesamtherstellung Clausen & Bosse, Leck
Printed in Germany
1690-ISBN 3 499 60219 9

Inhalt

Vorwort

1976 veröffentlichte ich gemeinsam mit Lutz Schwäbisch das Buch «Anleitung zum sozialen Lernen für Paare, Gruppen und Erzieher». Seither galt meine Suche immer wieder der Frage, wie ich das Beste aus verschiedenen Therapien und Methoden der Selbstentfaltung für Laien, also für nicht psychologisch oder therapeutisch vorgebildete Menschen, nutzbar machen kann. Wichtig waren mir immer die Möglichkeiten zur eigenen Arbeit, zur Selbsthilfe. Ich lernte viele therapeutische Methoden kennen, von denen ich glaube, daß sie viel zu wichtig sind, als daß sie nur in der Psychotherapie, im therapeutischen Setting, angewandt werden sollten. Diese Methoden sollten vielmehr eine Art Pflichtfach in der Schule sein und zu einer normalen Vorbereitung aufs Leben gehören. Ich glaube nicht, daß es sinnvoll ist, alle seelischen Probleme an «professionelle Helfer» zu delegieren. Jeder sollte lernen können, selbst für seine seelische Ausgeglichenheit zu sorgen.

Während in der «Anleitung zum sozialen Lernen» noch Gruppendynamik und Co-Counseling im Vordergrund standen, führte mich meine weitere Entwicklung immer mehr zur Tiefenpsychologie, zur humanistischen und körperorientierten Therapie. Hinzu kamen die Meditation und Erfahrungen mit der transpersonalen Psychologie, die Lutz Schwäbisch und ich in dem Buch «Selbstentfaltung durch Meditation» verarbeiteten. Schließlich lernte ich das Focusing kennen, das ich in dem Buch «Dein Körper weiß die Antwort» vorstellte. Aus all diesen verschiedenen Erfahrungen entstand eine neue Form der therapeutischen Arbeit: das «Souling». Es ist ein tiefenpsychologisches Vorgehen, transpersonal, körperorientiert – und vor allem in Sprache und Didaktik einfach und anschaulich.

Souling, dieser Begriff meint eine Tätigkeit oder vielmehr einen Prozeß, der helfen soll, unsere Seele zu entfalten. Diese

Arbeitsweise kann in der Therapie von Klient und Therapeut, im partnerschaftlichen Souling von zwei Laien und in der Selbsthilfe ebenso von einzelnen angewandt werden. Eine therapeutische Souling-Sitzung sieht meist so aus, daß sich der Klient nach einem kurzen Eingangsgespräch flach auf den Boden legt, eine Zeitlang tief atmet und dann seinem inneren Prozeß, den Bewegungen seiner Seele folgt. Dabei kann er zwischen inneren Bildern, Kindheitserinnerungen, Körperempfindungen und -bewegungen und Verbalisierungen hin und her wandern, bis sich Verspannungen, belastende Gefühle und innere Erfahrungen positiv verändert haben. Zum Schluß ist der Klient meist entspannt und gelöst und erhält noch eine Massage oder Heilarbeit von seinem Begleiter. Im partnerschaftlichen Souling können zwei gleichberechtigte Menschen diesen Prozeß nacheinander und miteinander durchlaufen: erst ist der eine «Klient» und der andere «Begleiter», dann werden die Rollen getauscht. Für die Selbsthilfe, wie sie in diesem Buch beschrieben wird, kann der Prozeß variieren, so daß Souling je nach Situation auch gut in den Alltag integriert werden kann. Was genau in diesem Prozeß geschieht, welche Stufen durchlaufen werden, das werde ich in meinem Buch Schritt für Schritt schildern und an Übungen verdeutlichen.

Diese Art der therapeutischen Arbeit ist natürlich nicht völlig neu; viele Methoden aus anderen Therapien sind im Laufe der Entwicklung integriert worden, beispielsweise die Gesprächspsychotherapie, Focusing, Gestalt-Therapie, Voice-Dialog, Pesso-Therapie und verschiedene Körperpsychotherapien wie Biodynamik, Biosynthese, Bioenergetik und reichianische Atemtherapie. Das besondere am Souling ist die Kombination der verschiedenen Methoden zu einem einfachen und praktikablen System der Arbeit an der eigenen Seele, so daß auch Laien mit Souling arbeiten können. Spezifisch ist auch die partnerschaftliche Arbeit von Laien, wie sie sonst nur im Co-Counseling, im Focusing und im Voice-Dialog angewandt wird.

Beigetragen haben besonders folgende Schulen und Lehrer, denen ich an dieser Stelle danken möchte. Wichtig waren das

Focusing von Gene Gendlin, der Voice-Dialog von Hal und Sidra Stone, die Pesso-Therapie von Albert Pesso, die Hakomi-Therapie von Ron Kurtz und die «Whole Self Psychology» von John R. Turner. Außerdem beeinflußten mich die Psychosynthese von Roberto Assagioli und Körperpsychotherapien wie die Biodynamik von Gerda Boyesen, die Biosynthese von David Boadella, die Core-Energetik von John Pierrakos und die reichianische Atemtherapie, die ich von Michael Smith lernte. Die Arbeit mit dem «Quantum light breath» von Jeru Kabbal half mir bei der Entwicklung der Souling-Atemmeditation, und auch die Technik des «Gefühle ansprechen», die Klaus Lange entwickelte, wurde integriert. Mein Dank gilt auch all meinen Klienten und Souling-Schülern, ohne die ich diese Methode nicht hätte entwickeln können und deren bereitwillige Experimentierfreudigkeit ich schätze und bewundere.

Das hier vorliegende Buch ist aus der langjährigen therapeutischen Praxis mit vielen Menschen entstanden und kann den Umgang mit dem eigenen inneren Erleben wirklich fördern und verbessern: die Einsichtsfähigkeit steigt an, die Möglichkeiten der Selbsterforschung erweitern sich, die Sensibilität für das innere seelische Erleben und die Fähigkeit, mit inneren Prozessen umzugehen, wachsen. Damit ist es ein hilfreiches Buch für alle,

- die sich als Klienten in einer Therapie befinden und deren Fortgang intensivieren wollen,
- die gerade in Problemen stecken und Hilfen für deren Bewältigung suchen,
- die glücklich sind, aber ihre Seele «pflegen» wollen,
- die beruflich im helfenden Bereich arbeiten und mehr Wissen sowie praktische Methoden, die sie in ihrer Tätigkeit unterstützen können, kennenlernen wollen,
- die ihr Verhalten als Partner, Freund, Elternteil, Kind oder Erzieher verändern und liebevoller gestalten wollen,
- die sich mit diesem Buch auf partnerschaftliches Souling vorbereiten wollen,
- und schließlich für alle, die sich einfach mehr Liebe und Lebendigkeit in ihrem Leben wünschen.

Auch wenn dieses Buch voll ist von therapeutischen Methoden, von Arten und Weisen, nach innen zu schauen, so wäre es ein Mißverständnis, das Ziel der Selbstentfaltung durch Souling in einem ewig psychologisierenden, nach innen schauenden Menschen zu sehen. Ganz im Gegenteil: Mit Souling gehen wir den alltäglichen, immerwährenden inneren Dialog, der uns so oft vom Leben abhält, nur systematisch und methodisch an, um ihn zu klären und zu lösen. Natürlich gibt es dabei Zeiten, in denen man sich mehr als früher um sein Seelenleben kümmert und häufig mehr Zeit für sich allein braucht. Aber am Ende des Souling-Prozesses steht ein Kopf, der immer häufiger ruhig und klar ist; ein Mensch, der immer mehr im «Hier und Jetzt» ist; ein Herz, das liebevoll mitfühlen kann; ein Körper, der lebendig und gesund vibriert – und ein Leben, in dem sich unsere Seele immer stärker tätig, aktiv, mit Freude und Genuß ausdrücken kann.

Zum Schluß dieses Vorwortes ein paar Anmerkungen zur Sprache: Ich werde die Leserinnen und Leser dieses Buches «duzen» – nicht um vorschnelle Vertrautheit herzustellen, sondern um möglichst persönliche und intensive Erfahrungen zu ermöglichen, damit tiefe seelische Bereiche berührt werden können. Die Distanziertheit, die das «Sie» mit sich brächte, paßt nicht zur direkten Sprache des Souling.

Immer wenn ich vom Klienten oder vom Leser spreche, sind selbstverständlich Frauen und Männer gleichermaßen gemeint. Wollte ich jedesmal beide Anreden verwenden, würde die Lesbarkeit des Buches leiden. Also habe ich auf die genauere Sprache verzichtet und bitte an dieser Stelle jede und jeden, sich angesprochen zu fühlen.

Ansonsten wünsche ich intensives, erhellendes und transformierendes Erleben beim Lesen – für mich war das Schreiben dieses Buches auf jeden Fall genau das. Viel Freude beim Lesen!

Martin Siems, Januar 1997

Der Wunsch nach Selbstentfaltung

Die meisten Menschen kommen mit Methoden der Selbstentfaltung – mit Psychotherapie, Körpertherapie, Atem- und Körperarbeit, Meditation oder eben dem Souling – erst dann in Kontakt, wenn sie einen gewissen «Leidensdruck» spüren.

Vielleicht haben sie Probleme in ihren Beziehungen zu anderen Menschen oder Schwierigkeiten, die richtige Partnerschaft zu finden, und stehen damit vor der Auseinandersetzung mit dem eigenen Alleinsein. Vielleicht haben sie Schwierigkeiten, den richtigen Beruf und eine befriedigende Lebensaufgabe zu finden, und stehen damit vor der Frage nach dem Sinn des eigenen Lebens. Vielleicht belasten sie immer wiederkehrende Gefühle von Angst, Ärger oder Traurigkeit, die ihnen zu schaffen machen. Oder aber sie fühlen sich leer und unbefriedigt, obwohl sie in der äußeren Welt alles haben, was man sich wünschen kann: den richtigen Partner, den richtigen Beruf, Kinder und Freunde. Dennoch sind sie im Innersten nicht richtig glücklich und erfüllt. Manche Menschen leiden auch unter körperlichen Beschwerden und Krankheiten und haben die leise Ahnung, daß all dies auch mit ihrer seelischen Situation zu tun hat. Sie haben dann die Wahl, sich entweder mit der plausiblen naturwissenschaftlichen Erklärung des Arztes zufriedenzugeben oder sich auf den Gedanken einzulassen, daß alles, was uns widerfährt, auch mit unserer inneren Verfassung, mit unserer Seele zu tun hat: mit Gedanken, bewußten und unbewußten Gefühlen, unverarbeiteten Erlebnissen aus der Vergangenheit, tiefliegenden, meist unbewußten Glaubenssystemen über uns und die Welt.

Wenn wir zu dem Schluß kommen, nichts als zufällig anzusehen und jedes Leiden, jede Krankheit und jeden Schicksalsschlag als etwas zu erleben, das uns auf unbekannte Seiten unserer Seele aufmerksam machen will – dann sind wir bereit, uns auf Therapie, Selbstentfaltung, spirituelle Methoden oder eben auf das in diesem Buch beschriebene Souling einzulassen.

Um sich mit der eigenen Seele zu beschäftigen, müssen wir aber nicht warten, bis ein solcher Leidensdruck entsteht. Die regelmäßige Pflege der Gegenstände, an denen wir hängen, ist uns selbstverständlich; daß auch unser Körper regelmäßige Beachtung braucht, damit er lebendig und gesund bleibt, wird immer mehr Menschen deutlich. Aber daß wir uns auch um unsere Seele regelmäßig kümmern müssen, damit sie nicht verkümmert – das ist vielen noch nicht so klar. Wir lernen in der Schule alles mögliche über die äußere Welt und deren Bewältigung, aber über einfache Dinge – wie man seine Gefühle besser spüren und ausdrücken kann, wie man in Beziehungen lernt, sein Herz zu öffnen, wie man sich selbst besser verstehen und erkennen kann und damit auch seinen Sinn und seine Aufgabe im Leben findet –, darüber wird in der Schule nichts gelehrt.

Da wir alle mehr oder weniger große Widerstände haben, nach innen zu schauen und uns mit unserem Seelenleben zu beschäftigen, soll das erste Kapitel dich zu dieser Innenschau, zur inneren Arbeit motivieren und für den allgemeinen Leidensdruck in unserem Alltag sensibilisieren. Denn wenn wir nicht klar und deutlich erkennen, was in unserem Leben nicht so gut läuft, dann können wir nichts verändern.

Wenn du dich gerade in einer Phase deines Lebens befindest, in der Probleme und Sorgen dich belasten, dann wird dir dieses Buch helfen können, deine Situation besser zu verstehen und Stück für Stück zu verändern.

Es kann dir aber ebenso helfen, wenn du im Moment mit deinem Leben zufrieden bist und dich wohl fühlst. Dann ist dieses Buch so etwas wie ein Nachhilfekurs für die Seele, der dir den «Lernstoff» vermittelt, der in deinem Elternhaus und in der Schule gefehlt hat. Vielleicht werden dir so frühere Phasen deines Lebens verständlicher. Außerdem kannst du lernen, andere Menschen zu verstehen und mit ihnen zu fühlen.

Alle Formen von Therapie, Selbstentfaltungsmethoden und auch das Souling gehen davon aus, daß Glück und Befriedigung abhängig sind vom inneren seelischen Zustand und nicht unbedingt von der äußeren Situation. Aber das ist ja eigentlich eine Allerweltseinsicht: Du kannst den richtigen Partner haben, du kannst Karriere machen, und du kannst Millionen auf dem Konto haben – das alles muß dich nicht unbedingt glücklich machen. Das wahre Glück findest du nur im Inneren, in deiner Seele – und einen Weg zu diesem inneren Glück will ich dir in diesem Buch zeigen.

Die Wunde der Liebe

Wir alle – ganz unabhängig davon, wie sehr wir an uns gearbeitet haben und wie «weit» wir in unserer Entwicklung sind – tragen in uns eine Wunde. Diese Wunde ist entstanden, weil wir alle irgendwann in unserem Leben die Erfahrung gemacht haben, nicht geliebt zu werden. Sie ist der Kern und die Ursache für alles Leid, das wir erleben. Wird sie nicht bewußt gefühlt und geheilt, dann macht sie sich bemerkbar in Krankheiten, Schicksalsschlägen, unbewußtem destruktivem Ausagieren oder anderem Verhalten, das uns oder anderen Menschen Leid zufügt.

Jeder Mensch hatte in seiner Kindheit mehr als einmal das Gefühl: «Ich werde nicht geliebt!» Kein Elternpaar ist frei von eigenen Neurosen, und so kommt es zwangsläufig dazu, daß jedes Kind auch einmal die Ablehnung und Abwehr seiner Eltern erfährt. Das tut weh und verursacht Angst und Schmerz. Ein Kind kann diesen Schmerz nicht bewußt wahrnehmen oder gar verarbeiten. Es negiert ihn auf die eine oder andere Weise. So «baut» sich jeder Mensch im Laufe seiner Entwicklung eine Persönlichkeit, deren innerstes Ziel es ist, diesen Schmerz der Ablehnung nicht fühlen zu müssen. Doch der unbewußte Schmerz wirkt auch aus der Tiefe der Verdrängung:

- Wir entwickeln eine besondere Charakterstruktur, um diese Wunde zu kompensieren, und leiden zugleich unter der Begrenzung und Einengung durch diese Struktur.
- Wir entwickeln einen dieser Charakterstruktur entsprechenden Muskelpanzer, der unsere Muskulatur verhärtet, unseren Atem einengt und die Energien in uns nicht frei fließen läßt.
- Der von uns verdrängte Schmerz ebenso wie alle anderen verdrängten Gefühle, die durch unsere ursprüngliche Wunde bedingt sind, können sich in Süchten, neurotischem Verhalten und Krankheiten auswirken.
- Wir agieren den verdrängten Schmerz auch durch destruktives Verhalten aus – wie Aggression, Kampf, Kriminalität und Krieg.
- Wir sind beleidigt und empört, wenn uns in unserem heutigen Leben jemand ablehnt oder uns keine Liebe entgegenbringt – anstatt diese Situation nur als Auslöser unseres alten Schmerzes wahrzunehmen und diesen einfach zu fühlen. Denn auf diese Weise könnte er sich auflösen.
- Schließlich suchen wir uns Liebespartner, die uns nach der ersten Verliebtheit unsere Wunde des «Nicht-genug-geliebt-Werdens» spiegeln und unsere alten Ängste und Schmerzen hervorholen. Wir fühlen uns zu einem zermürbenden Machtkampf provoziert, um doch noch die Liebe zu bekommen, die wir damals nicht erfahren haben.

Vielleicht bist du im Moment gerade in einer «glücklichen Phase» deines Lebens oder das hier Beschriebene ist dir aus anderen Gründen nicht so nah. Doch für die meisten von uns ist es gut, sich das persönliche Dilemma, das ja auch das Dilemma eines jeden Menschen ist, genauer anzuschauen: Wir sehnen uns nach Liebe und fürchten zugleich, abgelehnt und verlassen zu werden. Du kannst zwar versuchen, vor der Konfrontation mit deinem innersten Seelenleben davonzulaufen, und hast es sicherlich – wie jeder von uns – schon oft getan, doch letztlich kannst du sicher sein, daß dein Leben dich immer wieder zu diesem Dilemma führen wird. Die Krankheiten, die du bekommst, die scheiternden Partnerschaften, undankbare Freunde, Mißerfolge im Beruf ebenso wie all die schönen Erlebnisse – all das hat primär den Sinn, dich mehr Liebe zu lehren und dich zum Keim deiner Existenz zu führen. Wenn du später einmal auf deine Lebensphasen zurückblickst, wirst du sehen, daß jede Begebenheit ihren Sinn hatte und perfekt war, damit du das lernen konntest, was gerade wichtig für dich war.

Voraussetzung für die Arbeit mit Souling ist, daß du aufhörst, zu jammern und zu klagen, weder deine Eltern, deine Mitmenschen noch «die Gesellschaft» für dein Leben verantwortlich machst und dich selbst um deine eigene Heilung kümmerst. Es ist wichtig und gut, dabei die Hilfe anderer Menschen anzunehmen – aber du bleibst immer in deiner Verantwortung.

Offenbar fürchten sich viele von uns davor, sich mit dem eigenen seelischen Erleben auseinanderzusetzen. Gefühle von Kummer, Hilflosigkeit oder Verzweiflung scheinen zu bedrohlich, als daß wir uns wirklich darauf einlassen könnten. Doch warum fühlen wir uns – wenn es um unsere Seele geht – so wenig kompetent? Warum haben wir für so viele technische und praktische Probleme Lösungen parat und stehen hilflos vor unseren eigenen Gefühlen?

Die wenigsten von uns haben in ihrer Kindheit gelernt, daß Gefühle etwas Wichtiges sind. Leistungen, Schulnoten, Pflichten – all das war für die Eltern scheinbar immer entscheidender als zu erfahren, wie es ihren Kindern geht. Auch Eltern haben ihre eigene «Wunde der Liebe» zu tragen – und haben im Laufe ihres Lebens gelernt, bedrohliche Gefühle zu verdrängen. Sie leben ihren Kindern die eigenen Muster und Strategien vor und geben so die Verdrängung von Gefühlen und innerem Erleben weiter an die nächste Generation.

Wer von den Erwachsenen – Eltern, Erzieher oder Lehrer – hat deine Seele gesehen und verstanden, hat Interesse an ihr gehabt und ihren eigenen Rhythmus und ihre Eigenart des Wachsens respektiert? Es ist nicht mein Ziel, Eltern und Lehrer anzuklagen. Auch sie waren einmal Kinder, und es ist ihnen genauso gegangen wie dir. Wichtig ist mir, Verständnis und Mitgefühl zu wecken für die Befindlichkeit, die du wahrscheinlich als Kind selbst erlebt hast. Um eine Wunde wirklich zu heilen, müssen wir sie erst einmal aufdecken und falsche Vernarbungen und Tarnungen entfernen.

Am Schluß all dieser Gedanken über Wunden und negative Gefühle soll eine Übung stehen, die schon jetzt eine neue Perspektive für die Beschäftigung mit diesen inneren Erlebnissen anbietet: Sie zeigt dir Möglichkeiten für Trost und Heilung. Denn häufig werden durch das Lesen eigene Erinnerungen und Erlebnisse wach werden, um die wir uns in diesem Buch sofort kümmern wollen. Später beim Souling wirst du noch genauer sehen, daß wir nur so viel Neues an uns wahrnehmen können, wie wir gleichzeitig auch liebevoll akzeptieren und «umarmen» können.

Übung

Setze oder lege dich hin, schließe die Augen und spüre deinen Atem. Versuche, so gut es geht, alle Muskelspannungen loszulassen und nichts festzuhalten. Identifiziere dich mit deinem erwachsenen, sicheren und kompetenten Teil in dir. Jetzt erinnere dich an das Kind, das du einmal warst, und das noch heute in dir lebt, also an dein «inneres Kind». Stell dir, vor dir stehend, deinen kleinen «inneren Jungen» oder dein «inneres Mädchen» vor, dein inneres Kind, das mit seinen Gefühlen ganz allein war und unter den oben beschriebenen Ängsten gelitten hat. Schau es interessiert und liebevoll an. Wie sieht es aus? Wie bewegt es sich? Vielleicht siehst du eine schwierige Szene, die es damals erlebt hat.

Dann breite deine Arme aus (richtig körperlich, während du die Augen geschlossen hältst) und nimm dein inneres Kind in deine Arme. Gib ihm Schutz, Liebe, Mitgefühl und Geborgenheit. Wie fühlt sich das an?

Jetzt nimm deine Hände zu deinem Körper, zu einem Ort,

wo du dein inneres Kind hineintun möchtest; vielleicht in die Brust, vielleicht in den Bauch. Lege dann deine Hände auf diese Stelle, gib Wärme, Energie und Liebe hinein und meine damit dein inneres Kind. Stell dir zum Schluß der Übung noch andere Menschen vor, die ähnliche Wunden hatten und die heilende Liebe brauchen können, und gib einfach in deinen Gedanken auch ihnen mit den Händen heilende Energie. Drehe dabei deine Handflächen nach außen.

Der Charakter- und Muskelpanzer

In der Charaktertheorie von Wilhelm Reich sowie in ihren abgewandelten Formen der verschiedenen tiefenpsychologischen und körperorientierten Therapien wird diese «Wunde der Liebe» auf eine mehr wissenschaftliche Weise erklärt. Demnach gibt es verschiedene Grundmuster, durch die Menschen von ihrer Liebe und Lebendigkeit abgeschnitten sind. In meinem Buch «Dein Körper weiß die Antwort» gehe ich ausführlicher auf diese daraus abgeleiteten Charakter-Typen ein. An dieser Stelle will ich nur einen kurzen Überblick über diese Typologie geben, weil ich im folgenden einige der Begriffe wie Charakter, Charakterpanzer oder Muskelpanzer verwenden werde.

Wilhelm Reich war Schüler von Sigmund Freud und hat das tiefenpsychologische Denken mit der Beobachtung und der Arbeit an Körper, Muskeln und Atem verbunden. Man könnte ihn als den «Vater» vieler heutiger Körperpsychotherapien bezeichnen. Komprimiert zusammengefaßt sagt die reichianische Charaktertheorie, daß wir alle im Verlauf unserer kindlichen Sozialisation eine Charakterstruktur aufgebaut haben, die uns damals zu überleben half, heute aber unser wahres fließendes und lebendiges Wesen und unsere Seele verdeckt – so, als ob die Charakterstruktur früher wie ein schutzender Mantel war, den wir heute gar nicht mehr benötigen, aber nicht ablegen können. Die Charakterstruktur definiert sich durch grundlegende Glaubenssysteme unserer Seele, mit denen wir die Welt wahrnehmen und gestalten. Durch früheste kindliche Prägungen entsteht unser Glaubenssystem (z. B. «Keiner liebt mich!»), und dann erschaffen wir uns Erfahrungen, die dieses Glaubenssystem bestätigen (z. B. treffen wir immer wieder auf Situationen und Ereignisse, in denen wir nicht geliebt werden). Diese Entwicklung wird unterstützt durch einen Muskelpanzer und eine Körperstruktur, die auf der körperlichen und energetischen Ebene diese Glaubenssysteme bestärken. Man könnte es auch so formulieren: Unser Charakter und unsere Persönlichkeit sind Kompensationen für ein tiefliegendes Gefühl von Mangel. Dieser Mangel ist die schon beschriebene «Wunde der Liebe», die Trennung von unserer Seele. Zur Kompensation entwickeln wir die folgenden Charakter-Typen oder Charakter-Dramen:

Angst-Drama (schizoider Typ)
Das Hauptthema dieses Typs ist «Angst». Ein solcher Mensch hat das Gefühl, daß die Welt kein sicherer Ort ist, ständig Bedrohung lauert und daß er nicht willkommen ist. Dieses Gefühl von Isolation und Gefährdung schneidet ihn von Lebendigkeit und Liebe ab. Sätze, die ihm gut tun würden, wären beispielsweise: «Wir freuen uns, daß du da bist!» oder «Du kannst dich hier ganz sicher fühlen!» Sein Körper ist meist energielos und unlebendig.

Bedürftigkeits-Drama (oraler Typ)
Das Hauptthema dieses Typs ist «Bedürftigkeit». Ein solcher Mensch hat das Grundgefühl, nicht zu bekommen, was er braucht. Die Welt befriedigt seine Bedürfnisse nicht, er fühlt sich schwach, verlassen und verhungert. Sätze, die ihm gut tun würden, wären: «Ich verlaß dich nicht!» oder «Du kannst es schaffen!» Sein Körper ist meist energielos und schwach, häufig ist die Brust eingefallen.

Freiheits-Drama (masochistischer Typ)

Das Hauptthema dieses Typs ist «Freiheit». Ein solcher Mensch hat das Grundgefühl, nicht tun zu können, was er will, und häufig ein inneres Gefühl, als wäre er «schlecht» oder «unwürdig». Sein Körper ist häufig massig, als ob er sich damit gegen Forderungen stemmen müßte. Sätze, die ihm gut tun würden, wären: «Du bist frei, das zu tun, was du willst!» und «Du verdienst es, glücklich zu sein!»

Macht-Drama (psychopathischer Typ)

Das Hauptthema dieses Typs ist «Macht». Ein solcher Mensch hat ganz im Inneren Angst davor, manipuliert und überwältigt zu werden, und kompensiert diese Angst dadurch, daß er anderen Angst macht, sie austrickst oder auf irgendeine Weise Macht über sie gewinnt. Sein Körper ist häufig «aufgeblasen», d. h. die Energie ist nach oben gezogen. Sätze, die ihm gut tun könnten, wären: «Ich werde es nicht ausnutzen, wenn du deine Schwäche zeigst!» oder «Ich bin auf deiner Seite!»

Leistungs-Drama (rigider Typ)

Das Hauptthema dieses Typs ist «Leistung». Ein solcher Mensch denkt: «Wenn ich mich sehr anstrenge und viel leiste, werde ich doch noch die Liebe bekommen, die mir früher vorenthalten worden ist.» Ganz im Inneren hat er also das Gefühl, so, wie er ist, nicht liebenswert zu sein. Sein Körper ist meist harmonisch und kräftig, aber alle Muskeln sind übermäßig angespannt. Er kann nicht loslassen und entspannen. Sätze, die ihm gut tun würden, wären: «Ich mag dich so, wie du bist!» oder «Du brauchst gar nicht so viel zu tun, damit ich dich mag!»

Windmacher-Drama (hysterischer Typ)

Das Hauptthema dieses Typs ist «Aufmerksamkeit». Ein solcher Mensch hat in seinem Herzen einen großen Schmerz, weil er abgelehnt oder zurückgestoßen wurde, und kompensiert das, indem er sich «interessant» macht, viel «Wind macht» oder durch übertriebenen Ausdruck auffällt. Die exaltierte Schauspielerin mit übertriebener Gestik und schriller Stimme ist eine Karikatur des hysterischen Typs. Körperlich ist das Becken meist voll entwickelt und die Brust eher mädchenhaft. Sätze, die diesem Typ gut tun würden, wären: «Ich werde dich nicht zurückstoßen» oder «Ich akzeptiere dich genau so, wie du bist.»

Es ist nicht wichtig zu klären, was für ein Typ du bist. In der Realität sind wir alle Mischungen der verschiedenen Charaktertypen. Doch diese Kurzbeschreibung kann dich für dein eigenes Lebensdrama und deine innersten Glaubenssysteme sensibilisieren und dir außerdem zeigen, daß zwar alle Menschen sich mit dem Hauptthema der Trennung von Liebe herumschlagen, aber jeder das auf eine spezifische Weise tut, die sich von deiner unterscheiden kann.

Übung

Suche dir das Charakter-Drama heraus, das dich am meisten angesprochen hat, und stell dir wieder dich selbst als kleinen Jungen oder kleines Mädchen vor: Stell dir vor, wie du eines der beschriebenen Grundgefühle erlebst. Vielleicht fallen dir dazu bestimmte Kindheitserinnerungen wieder ein.

Breite dann wieder deine Arme aus, nimm dich in den Arm und gib dir selbst Liebe, Wärme und Verständnis. Nimm, wie oben in der Übung beschrieben, dein inneres Kind in den Körper hinein, lege deine Hände auf diese Stelle und gib ihm Wärme und Heilenergie. Drehe dann wieder deine Hände nach außen und gib in deiner Vorstellung allen Menschen mit einem ähnlichen Drama diese Heilenergie und Liebe.

Innere Leere

Wer kennt sie nicht: Situationen, in denen man sich leer und
unausgefüllt fühlt und in denen man Kontakt sucht, Liebe und
Wärme erleben möchte? In der Regel läuft in diesen Momenten
gar nichts, alles geht schief und nichts passiert. Die Welt ähnelt
dann einem Ort voll leerer Menschen, die alle etwas brauchen
und vom anderen haben wollen. Es stimmt: Die Welt ist ein Ort,
dem es an Liebe mangelt. Die meisten Menschen haben in ihrer
Kindheit nicht genug Liebe erfahren. Sie sind nicht «satt» geworden und sehen in der ganzen Welt die «große Brust», die sie
ernähren soll. Aktivitäten, Projekte und andere Menschen sollen sie füllen, erfüllen, glücklich machen und die innere Leere
überdecken.

Doch dieses Spiel kann nicht aufgehen, denn es baut auf Fru-
stration, Enttäuschung und Leiden. Die Welt und die anderen
Menschen widersetzen sich irgendwann: Wer möchte schon
ewig große Brust sein? Dieses Muster zeigt sich in all den Beziehungen, in denen zwei bedürftige «Bettler» vom anderen all das
erwarten, was sie selbst in ihrem Inneren nicht finden, und sich
in Abhängigkeit, Unselbständigkeit und symbiotischer Verschmelzung verbinden. Das führt zu Enttäuschung, Verbitterung und Vorwürfen, daß der andere nicht so ist, wie man selbst
es bräuchte und wünschte.

Wenn wir dieses destruktive Muster verändern wollen, müssen wir mit der Arbeit an uns selbst beginnen. Wir müssen uns
mit unserer inneren Leere konfrontieren und mit Mangel und
Bedürftigkeit arbeiten, indem wir diese Gefühle zunächst einmal zulassen und bewußt spüren, um dann nach Heilung zu
suchen. Dabei hilft uns das Souling: Wir versuchen nicht, unsere Löcher zu *füllen*, sondern sie zu *fühlen*. Durch Hinwendung
zu unserem inneren Gefühl der Leere können wir diese Leere
verändern, annehmen und ihren Reichtum kennenlernen.
Denn wir werden merken: Alles, was wir bisher außen suchten,
liegt als «essentielle Qualität», als Seeleneigenschaft in dieser

Leere. Wir werden uns erfüllt fühlen, überfließend von Liebe, Lust und Lebendigkeit, vibrierend und freudig erregt. Dann benutzen wir die Welt nicht mehr wie eine «Brust», die uns das geben soll, was wir brauchen, sondern können aktiv unsere Liebe und Lebendigkeit mit anderen teilen.

Übung

Ausgangspunkt ist die gleiche Heilübung, wie sie oben schon beschrieben wurde: Stelle dir einen inneren Teil deiner selbst vor – in diesem Fall dein inneres Kind, das mit dem Gefühl der Leere und Unerfülltheit kämpft. Nimm es wieder in die Arme, plaziere es in deinen Körper und gib mit deinen Händen Wärme und Energie dorthin. Zum Abschluß gib anderen Menschen mit ähnlichen Gefühlen deine Heilenergie.

Körperliche Spannungen

Es ist schwer, Liebe und Lebendigkeit zu fühlen, wenn wir körperlich verspannt sind und unsere Muskeln schmerzen. Häufig haben wir chronische Muskelspannungen, die sich durch die Unterdrückung negativer Gefühle gebildet haben. Körperliche Belastungen wie Verletzungen, Unfälle oder ein ungesunder Lebensstil können ein übriges tun. Besonders die Verdrängung von Schmerz ist ein Grund für diese Verspannungen. Seelischer Schmerz, den wir schon als Kind nicht wahrnehmen wollten und konnten, weil er uns damals umgebracht hätte, setzt sich in Spannungen im Körper fest. Diese Spannungen führen zu einer Blockade des Energieflusses und zeigen sich in körperlichen Krankheiten. Die Seele macht sozusagen durch Symptome und Krankheiten auf Gefühle aufmerksam, die angeschaut und bearbeitet werden wollen.

Das bedeutet nicht, daß wir auf medizinische Hilfe verzichten sollten, wenn wir krank sind. Wenn ein Problem sich bereits auf der körperlichen Ebene ausdrückt, dann braucht es auch auf dieser Ebene Hilfe. Aber es ist ebenso wichtig zu erkennen, welche verdrängten Gefühle und seelischen Themen mit dieser Krankheit zusammenhängen, welche Lernaufgabe uns diese Krankheit zeigen will. Was bedeuten eigentlich meine häufig zusammengekniffenen Augen, mein verspannter Kiefer, meine hochgezogenen oder auch meine hängenden Schultern, meine eingefallene oder aufgeblasene Brust, mein festes Becken, die Schmerzen in meinen Kniegelenken, der hohe Spann in meinen Füßen oder meine Plattfüße? Wichtig ist, daß du diese Selbsterforschung mit Liebe und Selbstachtung angehst. Häufig genug klagen wir uns an für etwas, das wir an uns selbst nicht mögen. Doch das hilft uns gar nichts, sondern macht uns nur verspannter. Alle Selbsterforschung sollte daher in Selbstliebe und Selbstannahme geschehen.

Bei den Souling-Methoden wird es häufig vorkommen, daß alte Spannungen im Körper bewußt werden und zugleich etwas von ihrer psychischen Bedeutung klar wird. Je lebendiger der Körper wird, desto bewußter kann der verdrängte Schmerz werden. Es ist wie mit einer im Winter eingefrorenen Hand: In der Kälte spüren wir den Schmerz häufig nicht, erst wenn die Hand in der warmen Stube wieder auftaut, tut es weh.

Nach starken Körperübungen, Meditationstagen oder körpertherapeutischen Seminaren kann es vorkommen, daß alte Krankheiten noch einmal wiederkehren – so, wie das auch in der Homöopathie und beim Fasten geschieht. Das ist nicht weiter beunruhigend und kann als Reinigungsprozeß verstanden werden. Diese Krankheiten sehen häufig so aus wie z. B. eine richtige Erkältung, dauern aber nicht so lange und sind häufig schon nach etwa drei Tagen vorbei. Erst wenn sie länger dauern, ist es angeraten, zum Arzt zu gehen.

Diese Panzerung des Körpers, wie Wilhelm Reich es nannte, kann übrigens sehr verschiedene Formen annehmen. Häufig sind überspannte Muskeln, die sich gegen verdrängte Emotionen chronisch zusammengezogen haben. Manchmal sind die

Muskeln aber auch unterenergetisiert oder zu schwach, manchmal entsteht Gewebepanzerung, manchmal eine Panzerung in der glatten Muskulatur der Eingeweide. Auf jeden Fall aber verhindern diese Panzerungen den freien Fluß der Lebensenergie im Körper.

Übung
Mache die oben beschriebene Körperübung mit dem bekannten Ablauf und stelle dir diesmal dein inneres Kind vor, das mit Spannungen und Krankheit konfrontiert ist.

Angst

Angst schnürt uns die Kehle zu, macht uns die Brust eng und ist genau das Gegenteil von Liebe, Lebendigkeit und dem freien Fluß der Lebensenergie. Angst zieht alle Lebensenergie nach innen und läßt uns einfrieren oder steif werden.

In vielen Menschen sitzt die Angst ganz tief innen – häufig schon seit frühester Kindheit – und ist ihnen dennoch unbewußt. Diese Angst einfach weiterhin zu verdrängen führt auf keinen Fall zu einem erfüllten und glücklichen Leben, sondern verstärkt den Panzer nur. Die Panzerung bei Angst wirkt häufig wie ein «Einfrieren» des Körpers. Die Energie zieht sich von der Peripherie von der Körperoberfläche zurück bis zu den Knochen und in den innersten Kern. Wollen wir aus diesem Einfrieren wieder heraus, müssen wir Angst zulassen, sie körperlich spüren und evtl. durch Zittern und Schlottern lösen.

Für ein kleines Baby gibt es viele Situationen, die es vor Angst erstarren lassen können: nicht richtig gehalten zu werden, zu fallen, in der Dunkelheit allein zu sein, ein ärgerlicher Blick der Mutter und schon ganz früh all die Ängste, die bei dem schwierigen Prozeß der Geburt auftreten können. Manchmal haben diese Ängste einen Beigeschmack von Lebensbedrohung. Das kann sich anfühlen, als würde man «vernichtet» oder «ausgelöscht» werden.

Diese Ängste können sich besonders verheerend auswirken, wenn das kleine Kind in diesen angsterfüllten Situationen weder flüchten noch kämpfen kann, z. B. in einer Mißbrauchssituation. Wenn weder Flucht noch Kampf möglich ist, dann verändert sich der ganze physiologische Zustand des Organismus, und die einzige Abwehrmöglichkeit ist die Dissoziation, d. h. die bewußtseinsmäßige Trennung vom Körper: Man geht mit dem Bewußtsein aus seinem Körper heraus, spaltet sich von ihm ab und lebt später einen großen Teil seines Lebens nicht im sinnlichen Körper, sondern in einer eigenen Phantasiewelt.

Wenn wir auf unserem Entwicklungsweg erneut mit solchen alten Ängsten in uns konfrontiert werden – z. B. ausgelöst durch Körperarbeit –, dann sollten wir sehr behutsam mit uns umgehen. Bei diesen Angstgefühlen ist Konfrontation auf keinen Fall der richtige Weg. Man sollte sich auf die Angst nur soweit einlassen, wie man gerade ertragen kann, und braucht dabei viel Schutz, Sicherheit, Wärme und Geborgenheit. Am besten kann man damit arbeiten, wenn ein guter Freund, eine Freundin oder sogar eine Gruppe von Freunden zugegen ist. Souling als körperpsychotherapeutischer Prozeß arbeitet auf sehr behutsame Weise mit den inneren Körperempfindungen und führt dich, falls du zu sehr in deinen Kopf gegangen sein solltest, langsam wieder in deinen Körper zurück.

Übung

Die schon vorgestellte Körperübung ist bei Angst gerade dann sehr hilfreich, wenn du allein bist und kein guter Freund und keine Freundin dich unterstützen kann. Es ist dann besonders wichtig, sich zunächst mit dem erwachsenen kompetenten Teil zu identifizieren, der dem ängstlichen Teil beistehen und ihn beschützen kann. Führe also wieder die oben beschriebene

Übung durch und stell dir dabei diesmal einen ängstlichen Teil
in dir oder dein ängstliches inneres Kind vor, das du in den Arm
nimmst und heilst.

Bedürftigkeit

Viele von uns spüren im Innersten ein starkes Gefühl von Mangel: Wir haben in der Kindheit nicht das bekommen, was wir
brauchten. So entsteht tief im Innersten ein Loch und ein Glaubenssystem, das lautet: «Ich bekomme ja doch nie, was ich
brauche.» Häufig kann man dieses psychische Loch an einer
eingefallenen Brust oder einer Eindellung in der Brustbeinge-
gend erkennen.

Meistens schämen wir uns für diese Bedürftigkeit und möchten sie auf keinen Fall uns selbst oder anderen eingestehen. Wer
könnte uns noch lieben, wenn er wüßte, wie bedürftig wir sind?
Diese Bedürftigkeit nach Nähe kann solche Ausmaße annehmen, daß man keine Minute ohne den anderen sein möchte oder
schon bei dem kleinsten Blick des Partners auf einen anderen
Menschen furchtbar eifersüchtig werden kann.

Der erste Schritt, an dieser Bedürftigkeit zu arbeiten, liegt
darin, sie bewußt zu machen – sie nicht länger zu unterdrücken
und heimlich und unbewußt auszuagieren, sondern mit einer
vertrauten Person über diese Bedürftigkeit zu sprechen. Es ist
wichtig, die damit verbundenen Körpergefühle genau zu spüren und zu schauen, welche früheren seelischen Mangelsitua-
tionen damit zusammenhängen. Besonders die partnerschaftliche Souling-Arbeit hilft sehr dabei, alte «Löcher» zu fühlen
und zu heilen. Auch wenn es den meisten Partnern im normalen Alltag zu viel ist, wenn wir erwarten, daß sie unsere Löcher
auffüllen – so machen wir in der therapeutischen Situation ganz
andere Erfahrungen. Da kommen wir ja extra zusammen, um
mit diesen Löchern zu arbeiten, und es macht richtig Freude,

dem anderen Berührung, Halten und Unterstützung zu geben. In dieser Situation arbeiten wir mit einer solchen Bewußtheit, daß wirklich unser inneres Kind erreicht und geheilt werden kann – und nicht nur wir als Erwachsene, wie es meist bei positiven Alltagskontakten der Fall ist. Denn gerade der Kind-Teil braucht ja die Heilung.

Übung

Wiederhole die bekannte Übung und stelle dir diesmal dein inneres bedürftiges Kind vor, das du wieder umarmst und ihm mit deinen Händen Liebe, Mitgefühl und Energie gibst.

Scham

Ganz tief liegt bei vielen Menschen das Gefühl von Scham, das Gefühl, falsch zu sein, nicht dasein zu wollen, vor Scham in den Boden versinken zu wollen. Scham dürfte eines der unangenehmsten Gefühle sein, über die wir hier sprechen. Keiner hat es gern. Oft benutzen wir für diesen Zustand das Wort «Angst», wenn wir ihn erleben. Aber Scham ist noch etwas anders, geht noch tiefer. Während «Schuld» das Gefühl bezeichnet, etwas falsch gemacht zu haben, ist Scham das Gefühl, «falsch zu *sein*».

Menschen, die in ihrer Kindheit emotional oder sexuell mißbraucht worden sind, die geschlagen oder sadistisch behandelt und deren Grenzen nicht respektiert wurden, haben tief im Innersten häufig sehr große Schamgefühle.

Viele erleben dieses Gefühl, wenn sie sich auf einer Bühne vor anderen ausdrücken müssen, wenn sie «vortanzen» sollen und nicht wissen, ob sie vielleicht mit einem ablehnenden oder kritischen Blick der Zuschauer rechnen müssen. In mehreren Träumen von Klienten zeigte sich die Scham in folgendem Bild: Sie gingen durch die Stadt, wurden von den Leuten ganz merkwürdig angeschaut und merkten dann plötzlich, daß sie nackt waren.

Diese Scham kann man zwar überdecken und sich einen Panzer anlegen – und manchmal mag das auch angemessen sein –, aber um die Scham wirklich zu lösen, sollte man sie nicht unterdrücken, sondern zulassen, sie den Vertrauten mitteilen und trotzdem handeln. Wenn du lernst, die Scham bewußt wahrzunehmen und ihr einen Raum zu geben, dann wirst du merken, wie du dich zur gleichen Zeit ganz selbstbewußt und sicher verhalten kannst. Das ist keine künstliche und gemachte Sicherheit, sondern eine echte und innere Kraft, aus der heraus du handeln kannst und die dich zur gleichen Zeit sensibel und vibrierend macht.

Besonders an Orten, wo sich Menschen zum Vergnügen treffen – Bars, Discos, Parties usw. –, sehe ich, wie viele im Inneren diese Scham spüren, diese tiefe Unsicherheit, ob sie wirklich o. k. sind, so, wie sie sind. Aber keiner darf es merken. Das soziale Spiel steht unter dem Motto: «Wer versteckt seine Scham am besten» oder «Wer hat die beste Verpackung für die Scham». Da muß es natürlich etwas unecht und verkrampft zugehen. Kennst du dieses Gefühl: Du warst mit anderen Leuten zusammen, und es war wirklich nett, alle waren gut drauf, ihr hattet viel Spaß – und trotzdem hattest du hinterher ein merkwürdig schales Gefühl und wußtest nicht warum? Es war doch alles so nett, und alle waren so gut drauf. Wahrscheinlich ist mit dir etwas nicht in Ordnung. Diese Empfindungen kommen aus der versteckten Scham, aus dem Gefühl: «Ich bin nicht in Ordnung.»

Es ist sehr erleichternd, sich klarzumachen, daß jeder im Innersten diese Scham spürt und einige sie nur besser verstecken können. Geh in deinem Leben einfach von dieser Tatsache aus – und du wirst lernen, mit und trotz der Scham das zu tun, was du willst und dir vorgenommen hast, ohne dich dabei von anderen Leuten verunsichern zu lassen.

In Gruppen lasse ich folgende Übung machen, um die Scham zu lösen: Ein Gruppenteilnehmer steht vor zwei oder drei anderen, schließt die Augen und läßt über dreißig Minuten «Singen kommen». Ich benutze diese merkwürdig klingende Formulierung, um auszudrücken, daß nicht das Ich aktiv singt, sondern daß man das Singen eher geschehen, gleichsam die Seele singen läßt. Meist zeigen sich ganz unerwartete und unbekannte Teile der eigenen Seele in diesem Singen. Viele Gruppenteilnehmer erleben zunächst starke Scham, die sich aber im Verlauf des dreißigminütigen Singens immer mehr löst und verliert. Hinterher fühlen sie sich frei und unbefangen.

Die behutsame und körperorientierte Arbeit des Souling kann dir helfen, wieder ein natürliches Selbstbewußtsein in deinem Körper aufzubauen und immer mehr Scham zu verlieren.

Übung
Wiederhole die bekannte Übung und stelle dir nun dein inneres Kind vor, das starke Scham erlebt hat. Umarme es wieder und gebe ihm mit deinen Händen Wärme, Energie und Liebe.

Destruktivität

Bei der Arbeit mit dem Souling kann es geschehen, daß wir in Kontakt mit verdrängten destruktiven Gefühlen kommen und uns zunächst vielleicht erschrecken. Ich meine dabei nicht Gefühle von Ärger und Wut. Diese Gefühle sind gesund. Aggression ist ein wichtiges Grundgefühl, das uns hilft, auf die Welt und andere zuzugehen, zuzupacken, uns zu holen, was wir brauchen, und uns kreativ auszudrücken. Die Möglichkeit, in unseren Beziehungen auch Ärger zu zeigen, ohne den anderen verletzen zu wollen, ist eine wichtige Voraussetzung für eine offene Kommunikation.

Hier geht es um Gefühle, bei denen wir den anderen zerstören wollen, wo wir voll Haß sind und vielleicht sogar den anderen vernichten wollen. Gemeint sind auch Neid, der uns überfällt, sobald jemand anderes Erfolg hat oder Lob bekommt, oder Eifersucht, bei der wir den anderen eher zerstören und töten wollen, als zuzulassen, das er einen anderen Menschen liebt. Manchmal wollen wir den anderen oder uns selbst eher zerstören, als zu akzeptieren, daß wir zwei getrennte, verschiedene und freie Wesen sind.

Diese Gefühle aus unserem «Schattenbereich» sind häufig Relikte der frühesten Kindheit, die nicht durchgearbeitet und gelöst worden sind. Häufig beziehen sie sich auf die Phase, in der das kleine Kind sich auf der einen Seite von der Mutter lösen und selbständig werden will und auf der anderen Seite immer wieder die liebende Nähe der Mutter braucht. In dieser Phase sind wir hochsensibel und in unserer Entwicklung sehr leicht zu stören. Für Kinder in diesem Alter sind die geschilderten Gefühle also normal, aber als Erwachsener wird man wohl schnell die meisten Freunde verlieren, wenn einen diese kindlichen Gefühle beherrschen.

Da die Unterdrückung destruktiver Gefühle kein Ausweg ist, bleibt auch hier nur die Möglichkeit, selbst die Verantwortung für diese Gefühle zu übernehmen, sie unseren Mitmenschen nicht bloß hinzuwerfen, sondern allein und für uns mit ihnen zu arbeiten – indem wir beispielsweise ein Kissen verhauen, die Gefühle rausschreien oder uns klarmachen, wen wir damit eigentlich meinen und warum wir so fühlen. Hilfreich dabei ist der Souling-Prozeß. Sind die betreffenden psychischen Teile «Monsterteile», wollen sie also wirklich zerstören und Leid zufügen, dann hilft es, sie im Schreiben einer Geschichte, im Malen mit Ölkreide oder Farben oder auch im Modellieren von Ton zu gestalten.

Ein anderer Hinweis auf ungelöste Probleme aus unserer frühen Kindheit ist die Neigung mancher Menschen, einen emotional wichtigen Partner abwechselnd für «total gut» oder «total schlecht» zu halten. Entweder wird der Freund oder die Freundin in den Himmel gehoben oder sie werden als Teufel wahrgenommen. Es scheint so, als wären für den Betreffenden wirklich zwei Personen vorhanden, die nichts miteinander zu tun haben.

Zu unserer destruktiven Seite gehört auch selbstschädigendes Verhalten, wie beispielsweise Süchte – egal ob nach Nikotin, Alkohol, Essen, Arbeit, Anerkennung, Beziehungen oder Sex. Hier genügt es nicht, unser verletztes inneres Kind in den Arm zu nehmen und es zu heilen. Denn hier dominiert das destruktive innere Kind, das alle seine Impulse sofort ausagieren will und sich früher von den Eltern und heute nicht von unserem eigenen inneren Erwachsenen Grenzen setzen lassen will. Das verzogene innere Kind beherrscht uns, und wir selbst als Erwachsene sind nicht mehr «Herr im Haus». In diesem Fall muß das innere Kind liebevoll und konsequent am Agieren gehindert werden, damit es sich ausdrücken und mitteilen kann, was ihm fehlt und woher seine inneren Spannungen rühren. Man kann sogar sagen, daß diese inneren Spannungen nur dann bewußt gemacht werden können, wenn das destruktive Agieren gestoppt wird, weil dieses gerade als Abwehr gegen die darunterliegenden schmerzlichen Gefühle entstanden ist.

Letztlich liegt das Ziel der eigenen seelischen Arbeit darin, unsere suchtartigen Forderungen, wie das Leben und unsere Mitmenschen sein sollten, aufzugeben und in Vorlieben zu verwandeln. Bei all diesen suchtartigen Forderungen ist unser Glück abhängig davon, ob wir bekommen, was wir wollen. Bei Vorlieben dagegen kann unser Glück beständig sein, unabhängig davon, ob wir bekommen, was wir vorziehen, oder nicht. Diesem Ziel kommen wir durch regelmäßige Souling-Arbeit immer näher.

Übung

Wiederhole die bekannte Übung. Stell dir jetzt aber zunächst dein inneres Kind vor, das verantwortlich dafür ist, daß du Dinge tust, die du eigentlich nicht tun möchtest – wie beispielsweise zu viel essen, trinken, rauchen, andere Menschen anklagen oder schlecht behandeln. Nimm dein inneres Kind dann wieder in die Arme und gib ihm Liebe, aber erkläre ihm, daß du nicht mehr hinnehmen wirst, daß es dein Leben weiterhin so beeinflußt. Wenn es schmollt, wütend und trotzig ist, halte es weiter fest, fühle Liebe und Verständnis dabei, aber bleib konsequent.

Dann erkläre deinem trotzigen inneren Kind, daß hinter all diesen Aktionen doch ein problematisches Kind sitzen muß, das Schmerzen, Leiden, Einsamkeit oder anderes fühlt. Laß dieses andere innere Kind ebenfalls vor dir erscheinen und erfrage, wie es ihm geht und worunter es zu leiden hat. Dein trotziges inneres Kind ist Zeuge dieser Befragung. Umarme dann wieder dieses problematische Kind, gib ihm einen Platz in deinem Körper und gib ihm mit deinen Händen Liebe, Wärme und Heilung.

Einsamkeit

Den meisten Menschen fällt es schwer, allein zu sein. Entweder suchen sie Beziehungen und Kontakte, um dem Alleinsein auszuweichen, oder werden, wenn sie doch einmal damit konfrontiert sind, mit all den oben beschriebenen Löchern und negativen Gefühlen überschwemmt. So verwandelt sich Alleinsein in unangenehme Einsamkeit.

Doch wenn wir Beziehungen dafür benutzen, dem eigenen Alleinsein auszuweichen, können diese nicht gesund und lebendig sein. Abhängigkeit, Kontrolle, Eifersucht und Besitzanspruch mischen sich zu einer destruktiven Bindung. Es ist nicht schlecht, ein Gefühl von Abhängigkeit oder Eifersucht zu haben und es auszudrücken. Diese Gefühle sind menschlich. Destruktiv werden sie dann, wenn wir sie einfach ausagieren und vom Partner erwarten, daß er durch sein Verhalten verhindert, daß wir diese unangenehmen Gefühle spüren müssen.

Wenn du nicht allein glücklich sein kannst, wirst du es langfristig auch nie zu zweit oder mit mehreren sein können. Glaub es mir, es geht kein Weg an der eigenen Einsamkeit vorbei: Du mußt dich mit ihr konfrontieren. Ich selbst dachte früher, als ich diese Einsicht in allen therapeutischen und spirituellen Schriften las, daß dies nur die Menschen betrifft, die Erleuchtung suchen. Doch um ein ganz normaler, gesunder Mensch mit glücklichen Beziehungen zu sein, solltest du allein glücklich sein können – oder auf jeden Fall das Ziel haben, dies gemeinsam mit deinem Partner oder deiner Partnerin zu lernen.

Wenn du dich in deine Einsamkeit hinein gibst, kann es passieren, daß viele unerledigte Fragen und Ängste in dein Bewußtsein hochkommen, sobald du dich nicht mehr ablenkst. Du kannst dir diese vielleicht schmerzliche und anstrengende Aufgabe leichter machen und dich z. B. mit Freunden umgeben, die das gleiche Ziel haben bzw. auf dem gleichen Weg sind. Genau das passiert auch in einer Souling-Transformationsgruppe, wo Freunde sich gegenseitig unterstützen, durch diese Einsamkeit hindurchzugehen. Solch einen Kreis kannst du dir aber auch selbst aufbauen. Die Teilnehmer einer solchen Gruppe sind nicht deswegen zusammen, um sich gegenseitig die unerledigten Bedürfnisse zu befriedigen, sondern um dem anderen zu helfen, all die unerledigten Gefühle und Bedürfnisse bewußt zu machen, auszudrücken und zu heilen.

Langsam wird sich dein Gefühl der Einsamkeit in das des Alleinseins verwandeln – ein Zustand des Genusses deiner eigenen Energie. Du kannst es nun genießen, allein zu sein, du bist gerne in deiner Gesellschaft – du wirst dein bester Freund. Manchmal fühlst du in diesem Zustand das All-ein-sein, das Gefühl, mit allem verbunden und eins zu sein – das Gegenteil von Einsamkeit. Diese Fähigkeit zum glücklichen Alleinsein ist die Voraussetzung für das Fließen der Lebensenergie in dir – in Liebe und Lebendigkeit. Die Arbeit mit Souling wird dir helfen, zu dieser Fähigkeit des positiven Alleinseins zu gelangen.

Und dann gibt es kein Halten mehr. Deine Energie will nach draußen, sich mitteilen und verströmen. Es wird immer mehr Beziehungen geben, die lebendig, ekstatisch, nährend und wachstumsfördernd sind und in denen beide Partner auch zusammen allein sein können. Jeder der Partner ist ein einzigartiges Individuum mit einer festen Grenze, die durch gegensei tigen Respekt und Liebe immer mehr erweitert werden kann, die aber nicht wie in der Verliebtheit zusammenbricht und ständig eine Verschmelzung beider Personen ersehnt. Eine solche reife Partnerschaft pendelt rhythmisch zwischen Abstand, Alleinsein und Gemeinsamkeit, Kontakt, Spiel und dann und wann auch Verschmelzung hin und her.

All dies bedeutet aber nicht, daß du so lange keine befriedigende Beziehung haben kannst, wie du noch Unerledigtes in dir hast und nicht immer glücklich beim Alleinsein bist. Meist ist unser Wachstumsweg zu mehr Lebendigkeit und Reife sehr lang, läuft in Spiralen und Kreisen. Manchmal ist man glücklich wie auf den Hügeln in einer Landschaft. Diese Phasen werden immer mal wieder von einem Tal unterbrochen werden, in dem neue Konfrontation und neue Tiefe das Wachstum auch ein Stück weiterbringt. Wichtig ist nur, daß beide Partner in dem Bewußtsein leben, daß das seelische Wachstum beider Personen wichtiger ist als die gegenseitige Befriedigung von Bedürfnissen. Für beide muß klar sein, daß sie immer mehr den Zustand erreichen wollen, in dem sie auch allein glücklich sein können. Wenn das der Fall ist, können sie sich wunderbar bei dieser Reise unterstützen. Ihr Beziehungs-Motto lautet dann: «Ich will Liebe lernen mit dir!»

Übung
Wiederhole die bekannte Übung. Stell dir jetzt dein einsames inneres Kind vor, umarme es und gib ihm wieder Liebe, Wärme und heilende Energie.

Ein anderer Aspekt dieser Angst vorm Alleinsein ist die Unfähigkeit, sich abzugrenzen. Vielen Menschen fällt es schwer zu sagen: «Hier ist meine Grenze», «Hier denke ich anders als du», «Hier habe ich andere Interessen als du» oder «Ich will nicht das tun, was du von mir verlangst». Statt dessen opfern sie sich für andere auf, erfüllen die Erwartungen von Partnern, Eltern, Kindern und Freunden aus Angst, «unbequem» oder nicht «pflegeleicht» genug zu sein. Dieses Verhalten soll ihre eigene Angst vor Ablehnung und vorm Alleinsein, die sich darunter verbirgt, verstecken. Es ist sehr wichtig, diese Abgrenzungen immer wieder zu üben, in ganz alltäglichen Situationen. Erst wenn das gelingt, kommt die darunterliegende Angst zum Vorschein, mit der man dann weiter arbeiten kann.

Übung

Setze dich in die Mitte des Raumes und stelle dir um dich herum deine verschiedenen Bezugspersonen vor. Vielleicht legst du für jede ein Kissen in den Raum. Dann ziehe einen Kreis um dich herum, der «deinen persönlichen Raum» symbolisiert. Mache ihn so groß, wie du es brauchst. Du kannst dafür Kreide nehmen und den Kreis auf den Boden malen oder aber ihn mit einem Seil oder Tüchern auslegen. Wie fühlt sich dein Körper jetzt an? Was verändert sich in dem Gefühl zu den anderen Menschen? Spürst du mehr Festigkeit, Form, Individualität und Grenzen?

Die sexuelle Wunde

All die in den vorigen Abschnitten beschriebenen Schwierigkeiten blockieren den freien Fluß der Lebensenergie in uns und damit auch unsere Sexualität.

Ein Körper, dessen Muskeln verspannt und hart sind, kann sich kaum einem orgastischen Erleben hingeben – es sei denn, es wird starke Stimulation von außen angewendet, körperlich oder psychisch. Ein angehaltener Atem wird uns nicht dabei helfen können, daß sich das orgastische Gefühl über den ganzen Körper verteilt, von den Zehenspitzen bis zum Scheitel. Innere Bedürftigkeit und Leere werden uns kaum dazu führen, den «inneren Gott» in unserem Partner im Augenblick des Orgasmus erleben zu können. Ein verspanntes Becken wird uns nicht helfen, im Orgasmus die unwillkürlichen Wellenbewegungen zu erleben, die den ganzen Körper ergreifen und ein Gefühl des Einsseins mit dem Partner und dem ganzen Kosmos bewirken.

Wilhelm Reich hat viel zu diesem Thema der vollständigen Sexualität gesagt. Nach seiner Ansicht sind nur etwa fünf Prozent der Menschen zu einem vollständigen orgastischen Erleben fähig, bei dem Becken und Herz ganz zusammen sind – der Rest ist zu verspannt und neurotisch. Wir sollten das jetzt nicht als eine neue Norm übernehmen und ständig nach dem «reichianischen Orgasmus» streben. Aber wir sollten die Bewußtheit und das Ziel haben, auch die sexuelle Energie immer mehr zu befreien und erfüllt zu gestalten. Vielleicht können wir auch etwas mehr Demut und Wahrhaftigkeit entwickeln, damit wir das ungehemmte Ausagieren von Phantasietrips oder Promiskuität nicht mit befreiter und ganzheitlicher Sexualität verwechseln.

Bei den meisten von uns ist – trotz der sogenannten sexuellen Befreiung – ganz tief im Inneren sehr viel Schuld und Scham vorhanden, die mit Sexualität verbunden ist. Diese Gefühle von Schuld und Scham kommen nicht allein aus unserer individuellen persönlichen Geschichte, sondern liegen auch in unserem kollektiven Unbewußten, das seit zweitausend Jahren von einer körper- und lustfeindlichen, durch das Kirchen-Christentum geprägten Kultur bestimmt worden ist. In keiner anderen Religion sind das Göttliche und das Sexuelle derartig getrennt oder gar zu Gegensätzen polarisiert worden. Dabei ist diese Entwicklung nicht in der Essenz des Christentums begründet, sondern abhängig von der Entwicklung der christlichen Kirchen, in denen sich die allgemeine menschliche Wunde der Liebe und die Charakterpanzerung widerspiegeln. In vielen anderen Religionen werden Sexualität und Erotik als Tor zur Transzendenz gesehen. Sie sind einer der Wege, auf denen wir die Grenzen des Ichs transzendieren und die Einheit mit allem fühlen können. Allerdings ist dieser Weg nur dann möglich, wenn wir Sexualität und Liebe wieder zusammenbringen und die Spaltung überwinden, die wir in der Vergangenheit geschaffen haben.

Es ist das Ziel des indischen Tantra, die sexuelle Energie immer mehr zu verfeinern und durch die sexuelle Vereinigung ein Einheitserlebnis mit dem Göttlichen zu erreichen. Sexualität und das Heilige werden eins. Auch im Souling verwenden wir tantrische Übungen. Dabei geht es um die bewußte Arbeit mit der sexuellen Energie, die mit der Herzensebene und dem bewußten Geist verbunden wird.

Bei der psychischen Arbeit mit Verletzungen, die die Sexualität betreffen, sprechen viele meiner Gruppenteilnehmer von Traumen aus der Pubertät, in der es für viele Zurückweisungen und Schmerzen gab. Deswegen möchte ich dir folgende Übung vorschlagen.

Übung

Wiederhole die bekannte Übung und stelle dir dabei nun deinen inneren Teenager im Pubertätsalter vor. Frage ihn nach Verletzungen und Traumen im sexuellen Bereich. Umarme ihn dann wieder, führe ihn an einen Platz in deinem Körper und gib ihm mit deinen Händen Wärme, Liebe und heilende Energie.

Die spirituelle Wunde

Viele Menschen haben keine direkte Erfahrung von ihrer Seele und vom Göttlichen, vom höheren Selbst und von der Einheit. Doch ohne diese Erfahrung fühlt man sich nicht aufgehoben in etwas, das größer ist als man selbst. Der alte weise Mann mit Bart aus den Kindheitstagen hat ausgedient – und das ist gut so. Denn der «Glaube», den man aus der Kindheit mitbringt, hilft hier nicht viel weiter – es geht hier um Erfahrung. Wichtig ist nicht die Religion als ein äußeres Glaubenssystem, sondern die eigene innere Erfahrung. Religiöse oder spirituelle Erfahrung kann gefördert werden durch Methoden, wie sie beispielsweise im Souling eine Rolle spielen: stille und aktive Meditationen, ekstatische Atemmeditation und Trance-Tanz, Arbeit an der Persönlichkeit und am Körper. Es geht dabei um die Erfahrung der Transzendenz: Wir erfahren etwas, das über unsere kleine Person hinausgeht. Jeder mag das anders erleben und benennen, doch jedes individuelle Erleben kreist um die Erfahrungen von «aufgehoben» und «geborgen sein» oder um solche, die sich in Begriffen wie «Liebe», «Licht», «Bewußtheit», «Kraft» oder anderen positiven Eigenschaften widerspiegeln.

Beim Souling bekommen wir durch das Spüren unserer Probleme und belastenden Gefühle im Körper einen direkten Zugang zu unserer Seele und zu dem, was größer ist als wir. Anstatt vor unseren «Löchern» zu fliehen, lassen wir uns spürend in sie hinein, und diese Löcher erweisen sich als Zugänge zu unserer Essenz und Seele. Der Weg der Selbsterforschung ist wichtig, um eine stärkere Verbindung zur Seele und zum göttlichen Licht zu bekommen. Haben wir nämlich viele unserer wahren Gefühle verdrängt und ein falsches Selbst aufgebaut, dann fehlt uns der Zugang zu unserem Inneren und zu unserem Herzen, wo für viele Religionen der Sitz des Göttlichen ist. Über unser inneres Kind und unser wahres Selbst bekommen wir wieder Zugang zu unserem spirituellen Selbst. Dabei soll der therapeutisch-spirituelle Prozeß des Souling helfen.

Es macht nichts, wenn du dir selbst nicht so viel unter dem Göttlichen vorstellen kannst. Frank Natale z. B. nennt das Göttliche den «nichtverstehbaren kollektiven Geist» – ein etwas komplizierter Name. Wichtig ist, daß das Nichtverstehen des Göttlichen schon in dieser Definition enthalten ist, so daß man gar nicht auf die Idee kommen kann, man müßte das Göttliche begreifen oder verstehen. Man kann es atmen, sich mit dem Göttlichen im Tanz bewegen, sogar das Göttliche sein – aber man kann es nicht verstehen. Wir verlieren die Erfahrung des Göttlichen, sobald wir es mit dem Verstand begreifen wollen. Das alles wirst du bei den später beschriebenen Meditationen oder beim Trance-Tanz selbst erleben können.

Wenn du mit den Souling-Methoden arbeitest, dann wirst du den «Weg des Liebenden» gehen, einen Weg, bei dem du dein Leben immer mehr in den Dienst der Liebe stellen wirst. Ziel dieses Weges ist es, immer empfänglicher für die Liebe zu werden – und die Liebe immer mehr zu verkörpern. Auf diesem Weg wirst du immer mehr nach Hause kommen in deine Essenz, deine Seele und deinen Kern. Die Arbeit mit Souling will dir nichts Geringeres geben als ein von äußeren Bedingungen unabhängiges Glücksgefühl, ein Strahlen, Freude und Frieden, den du in dir hast, ganz unabhängig davon, ob deine Wünsche erfüllt werden oder nicht. Sind nicht solche Menschen, die einfach Licht, Liebe, Lebendigkeit und Freude in sich haben, ausstrahlen und weitergeben, Vorbilder für uns?

Übung

Stell dir dich selbst vor, wie du diesen Zustand bedingungslosen Glücks und Strahlens erreicht hast. Stell dir vor, daß du dich augenblicklich in dein potentielles Selbst verwandelst. Schau genau hin, wie es aussieht. Laß es so positiv und strahlend werden, wie du es dir nur vorstellen kannst. Du stehst jetzt vor diesem potentiellen Selbst – deinem Seelen-Selbst –, und ihr beide nehmt euch in die Arme. Spüre, wie die Kraft deines Seelen-Selbst in dich hineinfließt und wie ihr immer mehr eins werdet. Spüre, wie sich Eure Haut berührt, wie Euer Herzschlag sich angleicht, wie Eure Energien ineinanderfließen. Spüre, was dabei mit deinem Körper geschieht.

Der Souling-Prozeß:
ein erster Überblick

Im folgenden soll das praktische Erlernen der Souling-Übungen und Methoden im Mittelpunkt stehen. Ein Trainingsprogramm soll dir konkret und anschaulich neue Wege zeigen, wie du mit dir selbst so umgehen kannst, daß Blockaden gelöst werden, dein Inneres sich bewegt und zum Fließen kommt und belastende Gefühle integriert werden können. Auch wenn du die Übungen beim ersten Lesen nicht gleich durchführst, wird etwas in deinem Innenleben lebendiger werden, und du wirst schon jetzt positive Veränderungen erleben. Das Souling-Programm hat im wesentlichen vier Ziele:

- Erstens soll es dir ermöglichen, dich selbst von Spannungen, Problemen, Schmerzen und belastenden Gefühlen zu befreien. Das aber bedeutet, daß du zunächst erst einmal Kontakt zu deinen unerwünschten Gefühlen und Zuständen aufnehmen mußt. Du kannst lernen, dich diesen Seiten in dir zuzuwenden und sie zu akzeptieren. Diese Selbsttherapie wird nicht auf Anhieb bei allen Fragen gelingen – in schwierigen Situationen ist vielleicht die Hilfe einer zweiten Person nötig –, aber du kannst immerhin so viel wie möglich allein bearbeiten.

- Zweitens soll dir Souling helfen, deine Kommunikation mit dir selbst, mit deinen unterschiedlichen Persönlichkeitsteilen zu verbessern – unabhängig davon, ob du im Moment Probleme hast oder nicht. Ein aufmerksamer liebevoller, und gesunder Umgang mit Gedanken, inneren Bildern, Gefühlen und Körperempfindungen ist auf jeden Fall wertvoll und wird auch deine äußere Kommunikation und deine Beziehungen zu anderen verbessern. Er wird dir helfen, verständnisvoller mit deinen Liebespartnern, Kindern, Eltern, Kollegen oder Bekannten umzugehen.

- Drittens kann das Souling dich dabei unterstützen, stärker in Kontakt zu deiner «Seele» zu kommen. Ich verstehe die Seele als das «wahre Wesen» unter dem Charakterpanzer oder unter der äußeren Persönlichkeit. Ziel der therapeutischen Veränderungen, die durch Souling unterstützt werden können, ist die Transformation des Charakters, um diesen immer «durchlässiger» für die Seele zu machen. Ein anderer Ausdruck für dieses Therapieziel wäre: die «Heilung des inneren Kindes» oder die «Entfaltung des wahren Potentials», das teilweise noch unter Anpassungen, Barrieren und Blockaden verborgen liegt. Wir alle nutzen ja nur einen geringen Teil unserer Möglichkeiten, und emotionale Blockaden sind die wesentlichen Faktoren, die die Entfaltung unseres vollen Potentials verhindern.

- Viertens soll das Durcharbeiten des Souling-Trainings dich befähigen, einen anderen Menschen bei seinem Souling-Prozeß zu begleiten. Denn Fähigkeiten, dich selbst beim inneren Erleben zu begleiten, gleichen denen, die du brauchst, um einen anderen Menschen beim Souling zu unterstützen. Erst sollst du ein guter Begleiter für dich selbst werden, dann kannst du auch andere Menschen begleiten.

Leseanleitung für den Souling-Prozeß

Am meisten profitierst du natürlich vom Souling-Prozeß, wenn du alle beschriebenen Übungen praktisch ausprobierst. Es ist aber gerade beim ersten Lesen völlig ausreichend, den Text zu verfolgen und die Übungen innerlich nachzuvollziehen. Wenn du nach dem ersten Durchlesen Lust hast, dich mit den verschiedenen Übungen genauer zu beschäftigen, kannst du das ja dann in aller Ruhe tun.

Ich werde dir zunächst ausführlich alle Punkte des Souling-Prozesses vorstellen, damit du mit dem gesamten Prozeß geistig und gefühlsmäßig vertraut wirst. Dabei werde ich die verschiedensten Übungen, Phantasiereisen und Methoden schildern, damit jeder Leser einen individuellen Zugang finden kann. Einige Aspekte werden für dich interessant sein und etwas in dir auslösen, andere nicht. Diese sind dann wahrscheinlich für andere Leser besser geeignet. Sagt dir eine Übung oder Erklärung nicht zu oder löst sogar großen Widerstand in dir aus, dann überblättere diese Passage einfach.

Laß dich durch die ausführliche Beschreibung der einzelnen Punkte nicht zu der Annahme verleiten, daß die Durchführung des Souling-Prozesses kompliziert sei. Wenn zum Schluß in der praktischen Durchführung alles zusammenkommt, wirst du sehen, daß es ganz leicht ist. Wichtig ist aber, daß du erst einmal im Lesen den Prozeß in Gedanken und Gefühlen nachvollziehst, bevor du versuchst, das «Souling» als praktische Methode im Alltag zu nutzen.

Zur Veranschaulichung sind in der folgenden Abbildung alle Punkte und Stufen des Souling-Prozesses zu erkennen. Du kannst dich im folgenden an diesem Bild orientieren, um nachzuvollziehen, an welcher Stufe des Souling-Prozesses du dich gerade befindest.

In der Mitte steht das *bewußte Ich*, mit dem wir uns noch ausführlich beschäftigen werden. Hier sind wir im Zentrum der Wahrnehmung und des Willens, sind Beobachter all unserer Gedanken, Gefühle und Körperempfindungen und können von diesem Platz aus immer wieder Klarheit und Abstand zum Prozeß gewinnen.

Der Prozeß selbst beginnt mit dem ersten Punkt: der *Selbsterforschung*. Dabei wenden wir uns dem Thema zu, mit dem wir uns gerade beschäftigen wollen, denken darüber nach und erspüren seine vielfältigen Facetten. Manchmal erscheinen dann sogenannte Unterpersonen, Persönlichkeitsanteile mit eigener Gestalt und Stimme. Ich werde im folgenden spezielle Methoden, mit diesen Unterpersonen Dialoge zu führen, vorstellen.

Dann kommen wir zum zweiten Punkt: dem *Spürbewußtsein*. Wir schließen die Augen und gehen in die innere Achtsamkeit,

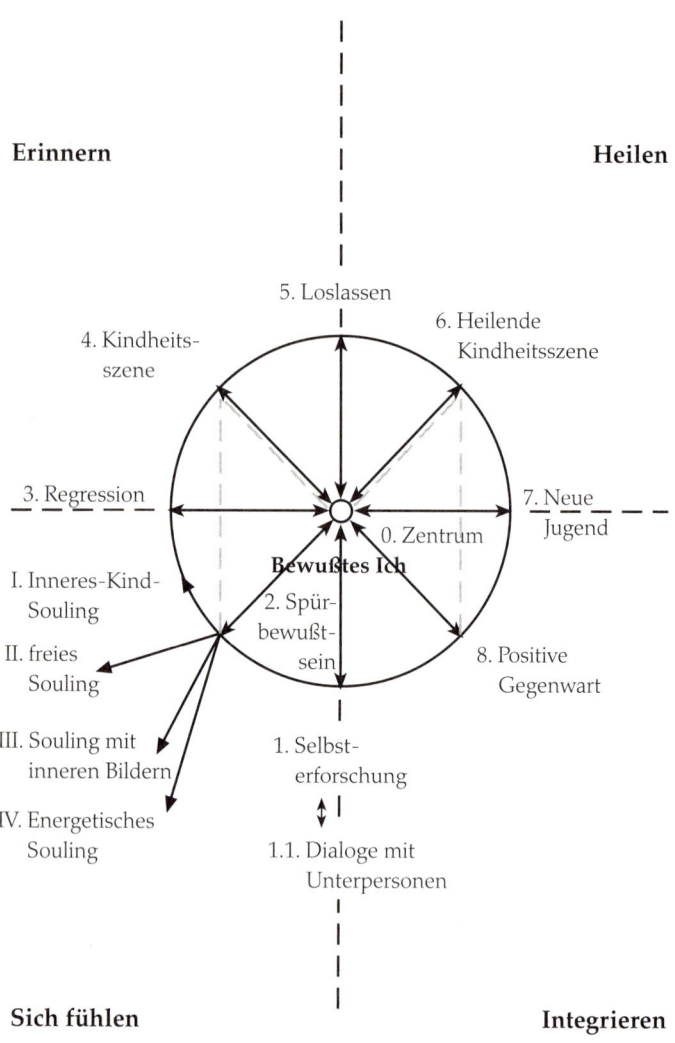

Erinnern

Heilen

4. Kindheits-
szene

5. Loslassen

6. Heilende
Kindheitsszene

3. Regression

0. Zentrum
Bewußtes Ich

7. Neue
Jugend

I. Inneres-Kind-
Souling

II. freies
Souling

2. Spür-
bewußt-
sein

III. Souling mit
inneren Bildern

1. Selbst-
erforschung

IV. Energetisches
Souling

1.1. Dialoge mit
Unterpersonen

8. Positive
Gegenwart

Sich fühlen

Integrieren

Der hier dargestellte Kreis beschreibt das *Innere-Kind-Souling* um Gefühle und Empfindungen deutlicher wahrzunehmen, zu vertiefen und in Bewegung zu bringen.

Mit diesen beiden Schritten beginnt jeder Souling-Prozeß. Ab dem zweiten Punkt kann es dann in verschiedene Richtungen weitergehen: Wir können nun zwischen mehreren Souling-Prozessen wählen.

Der in der Abbildung dargestellte Prozeß des *Inneren-Kind-Soulings* arbeitet mit unserem inneren Kind, d. h. mit schwierigen Situationen aus unserer Kindheit und Biographie, die auf unbewußte Weise noch heute unser Leben destruktiv beeinflussen. Das Kind, das wir damals waren, können wir uns – genau wie andere Persönlichkeitsanteile – als eine spezielle Unterperson vorstellen (3. *Regression*). Die einzelnen Schritte werden später ausführlich beschrieben; hier nur soviel: Zunächst gehen wir zu einer problematischen oder traumatischen Szene in der Kindheit (4. *Kindheitsszene*), durchspüren diese und arbeiten sie durch (5. *Loslassen*). Dann arbeiten wir mit einer sogenannten *heilenden Kindheitsszene* (6.), in der wir mit Hilfe der «idealen Eltern» alte Wunden zu heilen versuchen. Das verändert deine innere Befindlichkeit positiv (7. *Neue Jugend*), und mit dem neuen guten Gefühl gehst du zurück in deinen erwachsenen Alltag (8. *positive Gegenwart*).

Neben dem Inneren-Kind-Souling gibt es noch andere Souling-Prozesse, die wir nach dem zweiten Punkt – Spürbewußtsein – durchlaufen können. Am einfachsten ist das Weiterarbeiten mit dem *freien Souling*, bei dem wir mit den Interventionen des Spürbewußtseins weiterarbeiten und in innerer Achtsamkeit unserem Körpergefühl folgen.

Andere Möglichkeiten wären das *Phantasie-Drama-Souling*, das dem Prozeß ähnelt, der unter dem Namen «Past-Life-Therapie» oder «Reinkarnationstherapie» bekannt ist, und die speziellen *Bilder-Soulings*, auf die später noch im einzelnen eingegangen wird.

Als letztes kann man auch einen energetischen Souling-Prozeß wählen, bei dem der Körper führt, und die Gedanken und Bilder folgen. Hierzu zählen das *Atem Souling*, *Bewegungs-Soul-*

ing und das *Massage-Souling*. Diese drei Methoden eignen sich mehr für die partnerschaftliche Arbeit als für die Selbsthilfe, sollen aber in diesem Buch wenigstens kurz beschrieben werden, damit du einen Überblick über das ganze Souling-System gewinnen kannst.

Zum Abschluß dieses ersten Überblicks über den Souling-Prozeß will ich noch zwei weitere Begriffe erläutern: die *Seelen-Führung* und das *Seelen-Selbst*. Der Ausdruck Seelen-Führung benennt die Instanz in dir, die dich durch den Souling-Prozeß sowie durch dein ganzes Leben führt. Das Seelen-Selbst steht für den «spirituelles» oder «höheres Selbst», für die göttliche Essenz im Zentrum deiner Person.

Aber nun möchte ich dir die verschiedenen Souling-Konzepte noch einmal auf andere Weise näherbringen: Ich möchte deine Phantasie ansprechen mit einer Art Märchen, so daß auch deine intuitive und gefühlsmäßige Seite einen Zugang zum Souling finden kann.

Das Souling-Märchen

In dieser Phantasiereise werde ich primär deine rechte Gehirn-hälfte ansprechen – jene Seite in uns selbst, die der Sitz von In-tuition, Gefühlen, Empfindungen, Träumen und räumlichem Bewußtsein ist. Wir können diese Seite auch die «Traumwelt» nennen. Du und dein Unterbewußtsein, ihr werdet dabei die wichtigsten Konzepte und Bilder des Souling-Prozesses ken-nenlernen, ohne daß du sie schon begrifflich verstehen und ana-lysieren mußt. Das holen wir später nach. Zunächst kannst du den Einstieg in das Souling ganz kindlich, naiv und spielerisch erleben.

Wenn sich in dir Unterpersonen wie der «Kritiker» oder der «Kontrolleur» melden, die wir später noch genauer kennenler-nen werden und die dir jetzt vielleicht einflüstern: «Das ist ja reiner Kitsch!», «Oh, Gott – wie kindisch!» oder «Oh, wie pein-lich!» – dann sag ihnen, daß du dich später mit ihnen unterhal-ten, aber ihnen jetzt erst einmal nicht zuhören wirst. Sie hindern dich nur am Erleben deiner Phantasie und daran, dich deiner «Traumseite» zu überlassen. Deine nächtlichen Träume bewer-test du schließlich auch nicht danach, ob sie kitschig oder kin-disch sind. Sie sind einfach, wie sie sind.

Du kannst diese Phantasiereise auf Tonband sprechen und dann später in der Entspannung mit geschlossenen Augen an-hören. Du kannst sie dir auch von einem Freund oder einer Freundin vorlesen lassen oder sie einfach wie ein Märchen le-sen. Wenn du selbst liest, lese bitte langsam, so daß du während der Lektüre mitgehen und den Inhalt von innen her miterleben kannst. Deine Phantasien und Bilder sind dann wahrscheinlich weniger plastisch als beim Erleben mit geschlossenen Augen – doch auch das ist eine gute Art des Erlebens – gleichsam homöo-pathisch verdünnt. Du bekommst dabei immerhin einen «Geschmack» deiner inneren Bilder und Erlebnisse. Später kannst du ja für ein kräftigeres Erleben die Reise noch einmal mit geschlossenen Augen anhören.

Das Märchen

Stell dir vor, du liegst auf einer grünen Wiese. Obwohl du jetzt beim Lesen die Augen geöffnet hast, siehst du dich in der Phantasie auf der Wiese mit geschlossenen Augen und nimmst dich zunächst mit all deinen Sinnen wahr. Du spürst das weiche Gras unter deinem Körper, die warmen Strahlen der Sonne auf deiner Haut, und ebenso kannst du einen warmen Lufthauch fühlen, der sanft über deinen Körper streicht. Wenn du dich auf deine Nase konzentrierst, kannst du den würzigen Sommergeruch der Wiese riechen, und wenn du genau hinhörst, kannst du das Zwitschern der Vögel, das Rauschen der Blätter im Wind und auch ein paar Grillen oder Bienen hören.

Du fühlst dich herrlich wohlig und entspannt. Es gibt jetzt nichts zu tun und zu erledigen. Du hast Urlaub vom Alltag.

Das warme Wetter und der satte blaue Sommerhimmel laden dich ein, aufzustehen und dich auf eine Wanderung zu machen. Du spürst tief in dir ein Gefühl von Neugier und Abenteuer und weißt, daß du heute etwas Wichtiges erleben wirst. Du stehst auf und gehst den Weg, der an der Wiese entlang führt, links von dir ein schöner grüner Wald, rechts eine weite Wiesenlandschaft. Während du so gehst, denkst du im Hintergrund an die letzten Tage, an Themen in deinem Leben, mit denen du dich beschäftigt hast, an Problematisches und Sorgenvolles und auch an schöne Ereignisse. Und wie du so schlenderst und vor dich hinsinnst, geschieht eine Verwandlung. Du bemerkst, wie all deine Persönlichkeitsanteile zu einzelnen Unterpersonen werden, die dich wie eine ganze Gruppe begleiten. Da gibt es etwas streng aussehende Personen, die der «Kritiker», der «Kontrolleur», der «Antreiber» oder der «Perfektionist» genannt werden. Auf der rechten hellen Seite gehen Unterpersonen, die mit der Bewältigung deines Alltags zu tun haben: der «Verantwortliche», der «gute Vater», die «gute Mutter», der «Effektive», der «Logische», die «attraktive Erwachsene» oder der «leidenschaftliche Liebhaber».

Und auf der linken Seite, durch die Bäume und Büsche des Waldes huschend, siehst du einige «Schattenfiguren»: Unterpersonen, die für Gefühle und Gedanken stehen, die du normalerweise vor dir selbst oder vor anderen Menschen geheim hältst: ein gelb-grünes «Neidmännchen», eine hämisch lachende «Hexe», einen geharnischten «Weltzerstörer», einen heruntergekommenen «Landstreicher» und andere nur undeutlich zu sehende Unholde.

Etwas beklommen machen dich diese Figuren schon, aber im ganzen fühlst du dich eher heiter und erstaunt darüber, daß all deine verschiedenen Teile, mit denen du normalerweise in deinem alltäglichen Tun identifiziert bist, jetzt so entfernt als eigene Unterpersonen zu erkennen sind. Wenn du jetzt nach hinten schaust, siehst du dort deine verschiedenen «inneren Kinder», d. h. die Teile deiner selbst, die du in deiner Kindheit gelebt hast. Da gibt es das «magische Kind», das «kreative und freie Kind» wie auch das «verletzte und traurige Kind», das «verlassene», das «ängstliche», das «trotzige und revoltierende» und das «angepaßte Kind». Du freust dich darüber, all diese Teile hinter dir zu haben, und winkst ihnen mit einem amüsierten und liebevollen Lächeln zu.

Es ist schon ein etwas merkwürdiges Gefühl, hier so als ganze Gruppe spazierenzugehen. Du in der Mitte bist dein «bewußtes Ich», das Zentrum von allem – und alle deine verschiedenen Unterpersonen sind um dich herum verteilt. Obwohl die Situation ungewöhnlich ist, siehst du, wie viele Begebenheiten, über die du vorhin nachgedacht hast, nun klarer und deutlicher werden. Dir geht auf, welche Teile von dir an den verschiedenen Problemen beteiligt waren. Du erkennst auch, wie verschiedene Teile dabei miteinander im Konflikt lagen.

Während du noch darüber nachdenkst, daß es einige Arbeit machen wird, mit den verschiedenen Teilen zu sprechen und ihr Verhältnis zueinander zu ordnen, wird deine Aufmerksamkeit von etwas Neuem angezogen. Du kommst jetzt an eine Stelle, wo kein Gras mehr wächst und du die nackte braune Erde sehen kannst. Du ruhst dich dort etwas aus, und tief aus deinem Körper kommt die Botschaft, daß es jetzt darum geht, Kontakt mit dieser Erde aufzunehmen: Du sollst die heilende Kraft der Erde erleben und dich von ihr reinigen lassen. Spüre einfach in deinen Körper, auf welche Weise du Kontakt mit ihr aufnehmen willst. Möchtest du sie einfach mit deinen Händen spüren, möchtest du sie dir vielleicht im Gesicht verreiben oder deinen ganzen Körper darin wälzen? Sprich die Energie der Erde direkt an. Sage ihr: «Hallo, Erdenergie, ich spüre dich!» und schau, wie sich das anfühlt.

Tue in deiner Phantasie, was immer dir zusagt und was immer sich für dich richtig anfühlt. Spüre dabei in deinem Körper diese spezifische Energie des Elementes Erde.

Und während du tust, was immer du tust, siehst du, wie deine Unterpersonen sich auf eine neue Weise verteilt haben: Nun bilden sie vier verschiedene Gruppierungen gemäß den Elementen Erde, Wasser, Feuer und Luft. Du bemerkst besonders die Unterpersonen des Elementes Erde, beispielsweise deinen «Handwerker», den «Naturburschen», die «Bäuerin», deinen «konservativen Teil», deinen «Geldverdiener», den «Beamten», den «Ehrgeizling» und deinen «Realisten». Sie alle winken dir jetzt zu und verschwinden in der Ferne. «Wir können uns später wieder unterhalten», sagen sie. «Aber jetzt sollst du erst einmal dein nacktes, freies, bewußtes Ich erleben!» Du winkst ihnen auch zu, nimmst Abschied von diesem Flecken Erde, dankst ihm und wanderst weiter.

Du wanderst durch verschiedene Landschaften, und schließlich kommst du an einen Fluß. Du stehst an diesem Fluß und siehst das klare, frische und sprudelnde Wasser. Wieder spürst du, daß es jetzt darum geht, Kontakt mit der reinigenden und heilenden Kraft des Wassers aufzunehmen. Vielleicht möchtest du deine Hände einfach in den Fluß hineinhalten, vielleicht wäschst du dein Gesicht mit dem Wasser, läßt deine Beine hineinbaumeln oder hast Lust, dich auszuziehen und ganz hineinzuspringen. Du wirst spüren können, wie heilende und erfrischende Kraft von diesem Wasser ausgeht. Es umspielt dich sanft und weich, und alles Angespannte, alle Krankheit, alles Dunkle und Traurige wird aus deinem Körper hinausgewaschen; Harmonie, Frische, Gesundheit und ein herrliches Wohlgefühl ziehen langsam in deinen Körper ein. Bleib ein paar Minuten im Wasser und genieß es. Sprich vielleicht auch das Wasser an: «Hallo, Wasser, ich spüre dich, und ich genieße dich!» Schau, ob das Wasser dir antwortet und sich ein Dialog entspinnt.

Auch hier wird wieder die Gruppierung deiner Unterpersonen, die mit dem Element Wasser verbunden sind, deutlich: Deine gefühlvollen «inneren Kinder», der «mitfühlende Teil», deine «Krankenschwester» und «Hausmutter», dein «Tiefgründler», «Mystiker», «innerer Künstler», dein «Genießer» und dein «Sensibelchen». Auch sie winken dir jetzt zu und ziehen sich langsam zurück.

Als du gerade vorhast, weiterzuwandern, siehst du in etwa zwei Meter Entfernung ein ganz neues Wesen sitzen, das dich lachend und liebevoll anschaut. Dieses Wesen hat keine bestimmte Form, genauer gesagt, scheint sich ständig zu verändern: manchmal erscheint es wie ein Wasserwesen, z. B. wie eine Nixe, manchmal wirkt es wie ein Gnom oder Zwerg. «Du brauchst mich nicht genau zu erkennen», sagt dieses Wesen zu dir. «Du brauchst nur meine Schwingung, meinen Geschmack und meine Strahlung zu spüren. Ich bin dein Körpergefühl. Ich heiße Seelen-Körper-Echo oder einfach Körperecho oder Körperaura. Ich werde ab jetzt in deinem Bauch-Brust-Raum wohnen!» Und tatsächlich gleitet diese Energie in deinen Bauch-Brust-Raum. Der fühlt sich nun sehr angenehm an – irgendwie gefüllt. «Du kannst immer mit mir sprechen und mich bei Problemen zu Hilfe holen», spricht dieses Wesen aus deinem Bauch-Brust-Raum heraus. «Immer wenn du an ein Problem, eine schwierige Situation oder an eine Person denkst, die dich belastet, kannst du mich nach einem nonverbalen Echo fragen, und ich werde dir hier in deinem Bauch-Brust-Raum ein vages, vielleicht noch undeutliches Gefühl, eine Schwingung, eine Aura oder einen Geschmack vermitteln, der dir bei der Lösung deines Problems helfen wird. Du kannst aus mir Gedanken, Bilder, Gefühle oder Bewegungen kommen lassen und dich mit mir unterhalten, bis dir ein Licht aufgeht und du Erleichterung spürst. Ich weiß, daß wir gute Freunde werden! Gerade jetzt mache ich dich z. B. darauf aufmerksam, daß du dich eigentlich unruhig fühlst und du weiterziehen willst!»

Du denkst: «Ganz schön verrückt hier! Erst erscheint mir meine ganze Persönlichkeit wie eine große Gruppe aus Unterpersonen, und nun habe ich noch ein Seelen-Körper-Echo in mir. Na, mal sehen, was noch so alles kommt!»

Und während du weiterwanderst und spürst, wie du durch das Wasser etwas ausgekühlt worden bist, freust du dich, in der Nähe ein brennendes Feuer zu sehen, das wohl jemand angezündet hat und das jetzt einfach so vor sich hin brennt. Du stellst dich an dieses Feuer und genießt seine Wärme und Hitze. Du spürst die heilende Kraft des Feuers, die wieder anders ist als die der Erde und die des Wassers. Sie treibt alle Reste von Verunreinigung und Krankheit aus dir heraus. Du spürst immer mehr ein Glühen und Leuchten in dir. Es fühlt sich sehr gut an, sich davon immer mehr ausfüllen zu lassen.

Und wieder siehst du hier die «Feuer-Gruppierung» deiner Unterpersonen deutlicher, bevor auch sie sich verabschieden: deinen «inneren Krieger», den «Hitzkopf», den «Abenteurer», die «sexuelle Verführerin», den «Initiator», den «Hofschauspieler», den «flammenden Prediger» und deinen «leidenschaftlichen Helden».

Du spürst noch einmal zu deinem Körper-Echo hin, und es gibt dir zu verstehen, daß du hier nicht noch länger verweilen, sondern weiterwandern sollst.

Und so machst du dich wieder auf den Weg. Dieser führt dich durch eine herrliche Landschaft, durch Wälder und Auen, an Wiesen und Feldern vorbei, auf denen du Bauersleute arbeiten siehst. Alles wirkt wie aus einer früheren Zeit. Du winkst ihnen zu, und sie winken dir fröhlich zurück. Du wanderst weiter und weiter – die Landschaft ist mittlerweile in ein nachmittägliches, goldenes Sonnenlicht getaucht –, und schließlich kommst du an einen Berg. Dein Körper-Echo gibt dir durch vage Bewegungen und Stimmungen zu verstehen, daß es jetzt darum geht, diesen Berg hinaufzuwandern.

Du beginnst also, den Berg hinaufzuwandern, und spürst dabei immer mehr den Wind, der stärker und stärker wird, je höher du kommst. Du stellst dich ganz in ihn hinein, öffnest dabei dein Hemd und spürst die Kraft der Luft. Jetzt werden auch noch die kleinsten Verunreinigungen, die bei den Reinigungen durch Erde, Wasser und Feuer in dir geblieben sind, herausgepustet. Du wirst ganz leicht und beschwingt, und das Wandern geht jetzt vollkommen mühelos und leicht. Nun verabschieden sich alle deine Unterpersonen des Elementes Luft: dein «Denker», die «Philosophin», der «Planer», dein «Kommunikationstalent», der «Überflieger», die «Harmonisiererin», der «Unkonventionelle», dein «Freiheitskämpfer» und deine «Projektleiterin». Jetzt bist du nur noch dein «bewußtes Ich» – der Teil, der mit nichts identifiziert ist und alles liebevoll beobachtet. Du bist im Zentrum deiner Wahrnehmung und deines Willens.

Und da geschieht wieder ein kleines Wunder: Du schaust jetzt zur Seite und siehst dort ein neues Wesen, das ganz glänzend, hell und strahlend ist. Auch dieses Wesen kann verschiedene Formen annehmen. Manche sehen es als ein Engelwesen, ein Lichtwesen, andere sehen es als ein göttliches Kind oder eher als einen alten weisen Mann oder eine alte weise Frau, wiederum andere als eine vage, noch ungeformte Energie.

«Ich bin deine Seelen-Führung», sagt dieses Wesen zu dir. «Ich bin der Teil deiner unsterblichen Seele, der ständig bei dir ist und der jedesmal die Form annehmen kann, die für dich paßt, und den du jederzeit um Rat und Hilfe fragen kannst. Ich bin ständig mit anderen geistigen Wesen und dem göttlichen Licht verbunden. Während das Seelen-Körper-Echo eine Weise ist, in der sich deine Seele zeigt, bin ich eine andere Weise. Ich eigne mich dafür, daß du mit mir sprichst und Dialoge führst. Du kannst dich ganz normal mit mir unterhalten. Ich freue mich immer auf ein Gespräch mit dir. Und das muß gar nicht immer heilig sein, wir können auch zusammen Witze machen und lachen.»

Vielleicht erschrickst du leicht, als deine «Seelen-Führung» dich anspricht, aber dann spürst du, wie gut es sich anfühlt, sich mit ihr zu unterhalten. Mit diesem liebevollen Wesen bei dir kannst du nie wieder allein sein. Du möchtest nun noch mehr über dieses Wesen erfahren und fragst: «Aber wer bist du? Bist du ein Teil von mir oder bist du ein Wesen außerhalb von mir?» Deine Seelen-Führung antwortet: «Versuche nicht, alles begrifflich zu verstehen. Wichtiger ist, daß du mit mir sprichst. Ich bin ein Teil von dir, und trotzdem wird es manchmal passender scheinen, mich als ein anderes Wesen wahrzunehmen. Sieh mich so, wie es im Moment gerade passend für dich ist. Ich bin ein Teil deiner unsterblichen Seele. Ich erscheine in deinem Seelen-Körper-Echo, in deinen Bewegungen, Gedanken, Bildern und Gefühlen sowie in Geschehnissen außerhalb von dir. Aber als Seelen-Selbst erscheine ich wie eine Person, klarer oder unklarer, so daß du mich direkt ansprechen kannst.»

Gerade willst du noch eine Frage stellen, da sagt dir deine «Seelen-Führung», daß es etwas zu tun gibt. Ihr seid gerade um eine Wegbiegung gekommen. Vor euch siehst du am Berghang den Eingang zu einer Höhle und darüber in den Stein hineingehauen den Satz: «Höhle der Schatten». Dich schaudert es etwas, aber deine Seelen-Führung sagt dir, daß du nun da hinein gehen sollst. Du mußt deinen Mut beweisen, indem du dich mit alten, verdrängten und unangenehmen Gefühlen konfrontierst, die du dadurch auflöst und dich selbst erlöst. Vorn am Eingang der Höhle siehst du noch eine kleine seitliche Tür, auf der steht «Dein Krafttier». Du öffnest die Tür und kannst zunächst nur ganz undeutlich erkennen, welches Tier in dem Raum dein Krafttier ist, das auf dich wartet, dir helfen und beistehen will.

Krafttiere als innere Unterpersonen gibt es in allen alten schamanischen Traditionen. Diese Energien können sehr hilfreich und unterstützend sein, gerade wenn es um die Bewältigung von Gefahren geht. Der Bär gibt Kraft und Heilung, der Tiger Mut und Wildheit, das Pferd Kraft und Vitalität, die Schlange Intelligenz, List, Sexualität und Spiritualität, der Adler Klarheit und Übersicht und die Schildkröte Sicherheit, Geborgenheit und Weisheit. Schau jetzt, welches Krafttier zu dir will. Nimm das erste Bild, den ersten Gedanken, der kommt. Und dann streichle dein Krafttier, schließe Freundschaft mit ihm und nimm es mit auf den Gang in die «Höhle der Schatten».

Dort begegnest du in verschiedenen Gängen und Höhlen recht unangenehmen Gestalten. Dein Krafttier rät dir, tief in den Bauch zu atmen, ganz egal, wie furchtbar die Gestalten erscheinen. Deine Seelen-Führung beruhigt dich, wenn du zuviel Angst bekommst, und zeigt dir, wie du mit jeder Figur sprechen, sie kennenlernen, deine Angst und Abwehr abbauen kannst und schließlich jeder Figur mit deinen Händen heilende Energie geben kannst, wie du es in den anfänglichen Körperübungen gemacht hast. Jedesmal transformiert sich schließlich die Schattenfigur und verwandelt sich in ein freundliches, befreites Wesen, das als eine neue Unterperson in dich selbst zurückkehren kann. Die Schattenfiguren sind Wesen, die dich an Unbewußtheit und Lebenslügen erinnern. Du siehst deine verschiedenen inneren Kinder, die Schmerz, Qual, Einsamkeit, Traurigkeit, Wut und Angst erleben. Und du siehst Figuren, die du vielleicht aus nächtlichen Alpträumen kennst, die entweder als Opfer furchtbare Dinge erlitten oder aber als Täter furchtbare Dinge getan haben. Doch zunächst beschäftigst du dich nur mit einigen dieser Schatten, denn du weißt, daß du später immer wieder in diese Schattenhöhle hineinsteigen mußt, um dir andere Schatten anzuschauen und sie zu befreien. Aber jetzt sagt dir dein Körper-Gefühl, daß die Arbeit hier erst einmal beendet ist und du weiterwandern sollst.

Nach diesem Höhlenbesuch fühlst du dich stärker, erwachsener und mutiger. Aber damit du noch mehr in dein bewußtes Ich hineinwächst, wartet eine weitere Aufgabe auf dich. Nach der nächsten Wegbiegung siehst du vor dir dein altes Elternhaus; davor stehen deine Eltern und schauen dich liebevoll an.

Deine Seelen-Führung gibt dir zu verstehen, daß es für die weiteren Stationen auf deiner Wanderung notwendig ist, deinen Eltern liebevoll zu danken und auf Wiedersehen zu sagen. Falls du noch viele belastende Gefühle für sie empfindest, die gute Gefühle für sie verhindern, mache folgendes: Mit dem Souling-Prozeß werden dir viele Wege gezeigt, wie du unerledigte Gefühle für deine Eltern bearbeiten kannst. Stell dir einfach vor, du hättest diese Arbeit schon getan und könntest jetzt deine Liebe zu ihnen fließen lassen. Stelle alle Probleme zurück und frage dein Körper-Echo, wie es sich anfühlen würde, wenn alle Probleme ausgeräumt, alle negativen Gefühle aus der Vergangenheit transformiert wären. Wie fühlt sich dein Körper an, wenn du deine Eltern lieben kannst?

Jetzt umarme noch einmal deine Eltern und schaue ihnen in die Augen. Danke ihnen für alles Gute, das sie für dich getan haben, und wünsche ihnen Glück und Frieden. Sie umarmen dich, vielleicht sogar unter Tränen, wünschen dir auch alles Glück und Liebe für deine Zukunft und überreichen dir jeder ein Geschenk. Schau hin: Was schenkt dir deine Mutter, was dein Vater? Und auch du möchtest ihnen etwas schenken. Aber was? Greif jetzt einmal in deine Hosentaschen. Deine Seelen-Führung hat dir in jede ein Geschenk hineingezaubert. Und so gibst du aus der einen Hosentasche ein Geschenk der Mutter, aus der anderen ein Geschenk dem Vater. Was sind das für Geschenke? Schau genau hin und laß dich überraschen. Überlege, welche symbolische Bedeutung die Geschenke deiner Eltern und deine eigenen Geschenke haben könnten. Dann nimmst du Abschied, winkst ihnen noch einmal zu und wanderst wieder weiter.

Du steigst höher und höher – die Landschaft wird immer weiter und liegt schon tief unter dir. In der Ferne sind Berge zu sehen, und wenn du noch höher kommst, siehst du ganz weit in der Ferne einen glitzernden Strom und eine Stadt, die an seinem Ufer liegt. Du kannst die goldenen Türme der Kirchen und die glänzenden Dächer der Häuser sehen – und wenn du noch höher steigst, kannst du sogar ganz im Hintergrund sehen, wie der Strom in den Ozean fließt. Du spürst, wie du leichter und leichter wirst, und merkst, wie du durch die Höhenluft immer stärker in deine Stirn und deine Kopfhaut hineinatmest.

Du kommst auf den Gipfel des Berges, und all die Gipfel der anderen Berge, die du vorher gar nicht wahrnehmen konntest, erscheinen vor deinen Augen in dem nachmittäglichen, goldenen Sonnenlicht. Fast hältst du den Atem an, so überwältigend schön und erhaben wirkt die Aussicht. Hier bist du ganz dein bewußtes Ich, losgelöst von allen alltäglichen Gedanken und Gefühlen, ganz im Hier und Jetzt, ganz frei. «Ich möchte dich jetzt noch ein Stück weiterführen», sagt deine Seelen-Führung zu dir und bittet dich, dich an dem höchsten Punkt hinzusetzen und die Augen zu schließen. «Stell dir jetzt mit deiner kreativen Vorstellungskraft eine kleine Öffnung in deinem Scheitel vor und spüre nach oben über deinen Kopf und dann verlängere einen imaginären Lichtstrahl weiter nach oben, höher und höher in den Himmel hinein», sagt sie zu dir. «Und wenn du dieses Erleben des Nach-oben-Spürens noch verstärken willst, lege deine Zunge an den Gaumen. Spüre immer höher. Stell dir einfach vor, daß du mit deinem Licht- und Spürstrahl das Zentrum des Kosmos erreichst, die Quelle von Licht, Liebe und Schöpfung. Diese höchste Energie, die manche Menschen Gott nennen, kannst du dir auch als die Energie der Liebe vorstellen. Mit dieser Quelle der Liebe verbindest du dich jetzt!»

Du versuchst zu tun, was deine Seelen-Führung dir vorgibt, und es gelingt dir. Du kannst dir diese Verbindung zu einem imaginären Zentrum von Licht, Liebe und Schöpfung vorstellen, und diese Vorstellung fühlt sich sehr gut an. Du verschwindest in einem zeitlosen Moment der Glückseligkeit.

Doch jetzt ist es Zeit, zurückzukommen. Du bewegst dich geistig wieder nach unten und trittst in deinen Körper ein. Laß den Lichtstrahl jetzt bis in dein Herz gehen und spüre, wie das Licht von dort aus in den ganzen Körper hineinfließt. Du reckst und streckst dich, öffnest wieder die Augen und siehst in die wunderbare, sonnendurchflutete Landschaft von Berggipfeln hinein. Deine Seelen-Führung steht vor dir und streckt dir beide Hände entgegen. In ihnen liegt ein kleines, goldenes, strahlendes Herz. «Als Erinnerung an dieses Licht in deinem Herzen, das du eben gespürt hast, möchte ich dir dieses Lichtherz schenken und in dein Herz hineinsetzen», sagt die Seelen-Führung. Du spürst, wie sich dein Herz ganz langsam und zart öffnet – wie eine Blume ihre Blütenblätter, Blatt für Blatt. Das Lichtherz in den Händen deiner Seelen-Führung schwebt ganz behutsam in das offene Zentrum deines Herzens hinein. Dein Herz schließt sich langsam wieder, als ob die Blütenblätter das Lichtherz streicheln, umarmen und liebkosen wollen. Und wie vorhin, jetzt vielleicht noch deutlicher, spürst du, daß dein ganzer Körper aus dem Zentrum deines Herzens durchstrahlt und gewärmt wird. Du spürst das Licht in deiner ganzen Brust, in deinem Rumpfraum, in Hals, Nacken und Kopf, in den Schultern und Armen, im Rücken, im Bauch, im Becken und in den Genitalien, in den Beinen und in den Füßen. Du spürst, wie dieses Licht auch aus deinem Körper hinausstrahlt in die umgebende Landschaft. Und deine Seelen-Führung sagt dir: «Dies alles zusammen, alles, was du bis jetzt auf dieser Reise erlebt hast – deine Unterpersonen, die Elemente, die Schattenhöhle, das göttliche Licht und dein strahlendes Herz, all das zusammen ist dein Seelen-Selbst. Spüre noch einmal die Gesamtheit von allem.» Und dann schaust du den Berg hinunter, hin zu deinem Leben und deinen Mitmenschen und wünschst dir, daß dieses strahlende, heilende Licht zu ihnen hinfließt. «Ja, du kannst dich jetzt an den Abstieg machen», nickt dir deine Seelen-Führung zu. «Auf dem Weg gibt es aber noch einige Punkte, mit denen ich dich vertraut machen möchte!»

Du steigst nun froh und heiter den Berg hinab, dankbar für all die Dinge, die du bis jetzt erfahren hast. Eigentlich kannst du es gar nicht erwarten, ins Tal zu kommen und all den Menschen, die dir lieb und wichtig sind, zu begegnen, aber deine Seelen-Führung bedeutet dir, daß es ratsam ist, deine starke Lichtenergie zunächst für deine eigene Heilung zu nutzen, bevor du wieder ganz zurück in die Welt kommst. Beim Abstieg kommst du an eine Wiese, an der ein Schild mit der Aufschrift steht: «Wiese der inneren Kinder». Da siehst du all deine verschiedenen inneren Kinder, besonders die problematischen: das «trotzige Kind», das «ängstliche», dein «trauriges und verlassenes Kind», dein «ungeliebtes Kind» und viele andere mehr. Du bist noch so vom wärmenden Herzenslicht durchflutet, daß du gar nicht anders kannst, als all diese Kinder in die Arme zu nehmen, zu trösten und zu lieben. Es tut dir leid, daß du diese problematischen Kind-Teile in dir nicht geliebt und geheilt, sondern mit ihnen geschimpft, sie unterdrückt oder dich für sie geschämt hast. «Das soll nie wieder vorkommen», sagst du zu ihnen und siehst, wie sie durch deine Berührungen heilen, voller und freudiger werden und ebenso immer mehr von Licht erstrahlen. Du nimmst sie an die Hände und zusammen geht ihr jetzt weiter den Weg den Berg hinab.

«Ich zeige dir noch eine andere Wiese», sagt deine Seelen-Führung zu dir. «Eigentlich brauchst du sie im Moment nicht zur Heilung, aber später wird auch dieser Ort bei deiner Arbeit wichtig werden, deswegen wirf noch einmal einen Blick darauf.» So kommt ihr an eine Wiese, an der ein Schild mit der Inschrift steht: «Seeleneltern und Seelenkinder». Und als du diese Wiese genauer anschaust, siehst du dich selbst als Kind in den verschiedenen Lebensaltern, aber mit neuen Eltern – mit den *Seeleneltern* oder, wie wir sie später häufig nennen werden, den *idealen Eltern*. Du siehst, wie diese Eltern dir all das geben, was du als Kind nicht bekommen hast, und wie schön und vollkommen diese Eltern sind. Ihr einziger Zweck ist der, deine Wunden der Kindheit zu heilen. Du siehst dich als Zweijährigen, zu einer Zeit, als deine Mutter vielleicht nicht die Zeit und die Wärme für dich aufbringen konnte, die du eigentlich gebraucht hättest – und du siehst jetzt, wie die Seelenmutter dich im Arm hat, den starken Vater schützend hinter sich, und dir sagt: «Ich gebe dir all meine Liebe und Wärme. Du sollst ganz satt davon werden.» Du spürst in deinem Körper-Echo kurz noch einmal den Schmerz von damals und fühlst, wie gut schon das Anschauen dieser heilenden Szene dir tut.

Vielleicht war es auch bei dir so, daß dein Vater sich nicht so liebevoll und ausdauernd mit dir beschäftigen konnte, wie du es gebraucht hättest. Jetzt siehst du eine Szene, in der der ideale Vater mit dir an der Hand durch die Wiese geht und dir all die Pflanzen und Tiere zeigt und erklärt. Wirst du müde, dann nimmt er dich auf seine Schultern und du spürst, wie seine männliche Kraft in deinen Körper hineinströmt und dich nährt und stärkt. Wieder fühlst du vom Körper-Echo diesen kleinen Schmerz, aber auch die Heilung, bei der du mehr Raum, Helligkeit und Wärme im Körper spürst. Du winkst all diesen Seeleneltern und Seelenkindern zu und denkst: «Wenn die spätere Arbeit mit meinen inneren Kindern so lustvoll und liebevoll sein sollte, dann habe ich ja gar keine Angst davor.»

Nun steigst du weiter den Berg hinab, und es gesellen sich immer mehr deiner alten Unterpersonen zu dir. «Kritiker», «innerer Krieger», «verspielte Künstlerin», «Rechthaber» – wie sie alle heißen mögen, ob angenehm oder unangenehm, du freust dich über jeden und umarmst jede deiner Unterpersonen. Auch auf sie überträgt sich deine Lichtstrahlung. Sie werden hell, transformieren sich und du siehst, wie jede Unterperson etwas sehr Schönes an sich hat. Selbst bei den häßlichen Schattenfiguren gibt es einen schönen strahlenden Kern, der durch Annahme, Liebe und Begegnung zum Vorschein gebracht werden kann. Du versprichst deinen Unterpersonen, daß du sie niemals mehr unterdrücken wirst und immer im Kontakt mit ihnen sein willst. Sie freuen sich alle, springen freudig hin und her und versprechen dir, dich immer als ihren Hausherrn zu respektieren, der bestimmt, wann und wie sie das Handeln beeinflussen dürfen. Selbst die Unterpersonen, die früher mit einer anderen Unterperson verfeindet waren, liegen sich jetzt in den Armen und versprechen sich, daß sie sich gegenseitig in Zukunft helfen und fördern wollen.

Bald bist du am Fuße des Berges. Nun kommst du wieder in die Landschaft, durch die du schon am Anfang der Reise gewandert bist. Deine Gedanken und Bilder kreisen jetzt um dein normales Leben, deinen Beruf, deine Liebesbeziehung, Beziehungen zu Freunden, Freundinnen und Verwandten – und du fragst dich, ob dein Leben wirklich so ist, wie Du es möchtest. Bist du wirklich auf die Erde gekommen, um das zu machen, was du in deinem Leben tust? Lebst du wirklich dein Potential und deine Möglichkeiten aus? Du bittest dein Seelen-Selbst, dir Bilder zu geben, die dir zeigen, wie dein Leben aussehen könnte, wenn mehr von der Liebe und dem Licht, das du im Moment in dir fühlst, in dein Leben hineinstrahlen würde. Du setzt dich auf eine Bank, die am Weg steht, und nimmst dir etwas Zeit, bis sich Bilder für dein zukünftiges Leben einstellen. Du weißt, daß du im Augenblick viel Energie hast und die Bilder und Vorstellungen, die du jetzt entwirfst, eine große Macht haben werden. Wenn du jetzt diese positiven Bilder entwirfst und plastisch ausmalst, erhöhst du die Wahrscheinlichkeit, daß sie sich verwirklichen werden. Nimm dir also Zeit und entwerfe Bilder von deinem zukünftigen Leben. Mache sie ganz plastisch und konkret. Wie willst du leben? Was ist deine Lebensaufgabe? Was willst du der Welt geben? Wer sollen deine Partner sein? Wie soll dein Beruf aussehen? Wie dein Körper? Was für Kleidung trägst du?

Nachdem du dich eine Weile mit deiner Zukunft beschäftigt hast, kündigt dir deine Seelen-Führung an, daß sie dir zum Schluß der heutigen Wanderung noch einen weiteren Seelenteil zeigen möchte. Zunächst sollst du dich aber in dem kleinen See baden, der jetzt vor dir liegt. Du ziehst deine Kleider aus und badest in dem weichen, klaren Wasser. Die Wanderung war doch anstrengend, und nun kühlst du dich noch einmal ab und wirst ganz sauber. Als du aus dem Wasser steigst und dich gerade abtrocknen willst, da siehst du vor dir ein wunderschönes nacktes Wesen – deinen Seelenfreund oder deine Seelenfreundin. Male dir den allerschönsten Liebespartner, die wunderhübscheste Liebespartnerin aus, die du dir vorstellen kannst. Dieser innere Freund oder diese innere Freundin ist ein wichtiger seelischer Teil von dir, der unabhängig von äußeren Partnern ist. Egal, ob du in einer festen Beziehung oder als Single lebst, du kannst dich mit diesem Seelenfreund und dieser Seelenfreundin unterhalten, zärtlich sein, ihr könnt voneinander lernen und in der Phantasie erotischen und sexuellen Kontakt haben. Deine Angst vorm Alleinsein wird durch die Hilfe dieses Seelenfreundes verschwinden und deine Beziehungen zu äußeren Partnern werden einfacher und unkomplizierter. Häufig sehen deine äußeren Partner immer mehr so aus wie der Seelenfreund oder die Seelenfreundin.

Umarme jetzt deinen Seelenfreund oder deine Seelenfreundin und spüre die nackte Haut, den Atem, die Wärme und die Liebe. «Ich liebe dich, und ich liebe deinen ganzen Körper!» hörst du ihn oder sie sagen. «Ich liebe jeden Millimeter an dir, ich nehme dich als meinen Geliebten, als meine Geliebte mit Haut und Haar, und mein einziges Gegenüber bist nur du. Laß uns jetzt lieben!» Ihr beginnt euch zu küssen, zu streicheln, zu liebkosen, ihr atmet tief und laßt die Erregung und die Energie in euren Körpern immer mehr anwachsen. Du erlebst die Liebe so schön wie selten zuvor. Du denkst dabei manchmal an all die anderen Stationen, die du heute durchwandert hast, und bist so froh, daß das göttliche Licht, das du auf dem Gipfel erfahren hast, und die Strahlung deines Herzens hier in diesem sexuellen Erleben ihren Platz haben. Es gibt nichts, was nicht von diesem Licht berührt und bewegt werden kann. Besonders die sexuelle Begegnung ist ein Ort, wo dieses Licht noch einmal besonders scheinen kann. Heiliges und Sexuelles können dort zusammenkommen.

Ihr liegt jetzt engumschlungen, vollkommen glücklich und

entspannt, seid dankbar, spürt und atmet nach. Schließlich verabschiedet ihr euch voneinander, und dein Seelenfreund oder deine Seelenfreundin sagt zu dir: «Wir können uns jederzeit wiedersehen. Du brauchst mich nur zu rufen. Denn ich bin ein Teil von dir!» Dann verschwindet er oder sie in der Ferne.

Du wanderst jetzt weiter, zurück in dein reales Leben und in deinen Alltag, und weißt, daß du alles, was du auf dieser Reise erlebt hast – auch diese letzte Erfahrung –, in dein Leben integrieren willst. Du versprichst dir, daß immer mehr Liebe, Licht und Freude in dein Leben einziehen sollen – und daß deine eigene seelische Entwicklung ein ganz wichtiges Ziel in deinem Leben ist. Immer mehr Schatten und Unbewußtheit sollen transformiert werden in Licht, Liebe und Freude, die immer mehr in deinen Körper und in dein Leben hineingelassen werden. Und da das nicht ganz von allein geschieht, versprichst du dir, daß du die dafür notwendige Arbeit auch wirklich tun wirst. Damit geht die Phantasiereise des Souling-Märchens zu Ende.

Der Anfang

Das bewußte Ich im Zentrum
(Punkt 0)

In diesem Kapitel steht das bewußte Ich, das du in der Phantasiereise als den Teil erlebt hast, der all die verschiedenen Unterpersonen beobachtet, im Mittelpunkt. In der Abbildung des Souling-Kreises liegt das bewußte Ich genau in der Mitte und bekommt die Ziffer 0 zugeordnet.

Dieses bewußte Ich in unserem Zentrum erreichen wir immer wieder, wenn wir uns von unseren Körperempfindungen, Gefühlen und Gedanken «disidentifizieren», d. h. Abstand von ihnen nehmen und uns klarmachen: «Jetzt bin ich nicht das Gefühl, das ich eben hatte, sondern der Beobachter dieses Gefühls.» Das bewußte Ich ist also ein Prozeß, den wir immer wieder neu durchlaufen, und kein statischer Punkt, auf dem wir uns dauerhaft niederlassen könnten. Indem wir immer wieder wegrücken und Abstand nehmen, können wir jedesmal zu diesem bewußten Ich zurückkehren.

Roberto Assagioli, der Begründer der Psychosynthese, nennt dieses bewußte Ich «das Zentrum der Wahrnehmung und des Willens». Zu dieser Mitte in uns gelangen wir durch Wahrnehmung und Beobachtung. Der klassische Weg ist die Meditation, die dieses Zentrum stärkt. Doch die Mitte in uns umfaßt nicht nur die eher passive Wahrnehmung, sondern auch einen aktiven Pol, den Willen. Von dort aus bestimmen wir unser Leben.

Wenn wir in unserem Alltagsleben mit den verschiedenen Teilen, Gefühlen, Gedanken und Körperempfindungen unserer selbst identifiziert sind, dann ist das so, als ob wir auf der Bühne im Theater stehen und verschiedene Rollen spielen. In diesem Zustand sind wir entfernt vom Zentrum der Wahrnehmung und des Willens. Identifizieren wir uns aber mit dem bewußten Ich, so befinden wir uns gleichsam im Zuschauerraum, wo wir unser Spiel beobachten und Regie führen können, wenn wir etwas verändern wollen.

Ich möchte in diesem Zusammenhang die Bedeutung der Liebe besonders betonen, denn die bewußte Wahrnehmung aus dem Zentrum heraus geschieht – ebenso wie die Kreation von Neuem durch den Willen – immer in bedingungsloser Liebe. Das bewußte Ich ist Zentrum von Wahrnehmung, Liebe und Kreation. Es soll durch die Selbstentfaltung im Souling entwickelt und gestärkt werden.

Der innerste Kern unseres Selbst, die Mitte unserer Mitte, ist unsere Essenz. Sie ist der transpersonale Kern, der über unsere Persönlichkeit hinausgeht und größer ist als wir selbst. Unsere Essenz ist die ungeformte Fülle, aus der alle Formen entstehen, die Energie, die den ganzen Kosmos durchströmt, der Ozean, zu dem alle individuellen Wellen gehören.

Du hast gleichsam einen Quell und Springbrunnen von Lebensenergie in dir, an dem du dich erfrischen kannst, wenn du von all deinen Gedanken, Gefühlen und Körperempfindungen Abstand nimmst, deine ganze Persönlichkeit hinter dir läßt, in dein bewußtes Ich gehst und deine innere Essenz fühlst. Dort ist alles frisch, immer in Bewegung, frei und glückselig. Manche Menschen nennen diese Essenz Gott, andere die Kraft der Liebe, andere den Geist oder die Bewußtheit, andere wieder den Bereich der Seele. Viele Menschen haben diese innere Kraft in großer Not, in besonders schönen Momenten, wie einem Naturerlebnis, einem Konzertbesuch oder in einer Verliebtheit, erlebt. Der Souling-Weg sucht den Zugang zu dieser inneren Kraft und will sie in die Persönlichkeit und in das alltägliche Leben hineintragen. Und so schwingen wir im Souling zwischen dem bewußten Ich, unserer Essenz und unseren verschiedenen Unterpersonen, die für uns Alltagsbewältigung und Arbeit an der Persönlichkeitsentwicklung bedeuten.

Das Raumschaffen

Wenn du zunächst Schwierigkeiten hast, in dein bewußtes Ich hineinzugehen, dann ist es notwendig, dafür «Raum zu schaffen». Dieser Ausdruck «Raum schaffen» stammt aus dem Focusing. Gene Gendlin hat als erster das Gehen zum Ort des bewußten Ichs so bezeichnet. Im Focusing ist es üblich, zunächst Raum zu schaffen, bevor man mit dem Selbsterforschungsprozeß beginnt. Man stellt also zuerst eine Situation her, in der Raum für den akzeptierenden Beobachter – das bewußte Ich – da ist. Denn wenn ich in einem Problem stecke und mit meinen Gedankenschleifen vollständig identifiziert bin, gibt es keinen Raum für einen Beobachter in mir, und Selbsterforschung wird so kaum möglich sein.

Meist wird so vorgegangen, daß man sich bequem hinsetzt oder hinlegt, die Augen schließt, sich entspannt und alles im Moment Belastende «herausstellt», d. h. es wahrnimmt und – so, wie man Dinge zum Wegräumen in ein Regal stellt – beiseite stellt. So entsteht Distanz zum inneren Erleben. Der Beobachter in einem selbst bekommt Raum, so daß man sich jetzt viel effektiver mit dem Problem beschäftigen kann, das man sich zur Bearbeitung vorgenommen hat. Dieses «Raumschaffen» kannst du mit verschiedenen Übungen befördern, z. B. durch das Spüren deines Körpers oder durch Konzentration auf den Atem. Auch die Meditation ist eine gute Methode, um Abstand von den Alltagsproblemen zu bekommen. Im folgenden werde ich dir einige Übungen vorstellen, die dir erleichtern, in dein bewußtes Ich zu gehen.

Die Disidentifikation

Bei der Selbsterforschung wechseln wir, wie eben schon beschrieben, zwischen zwei Zuständen: einmal sind wir mit unserem Erleben identifiziert, sind dies Erleben also – das andere Mal schauen wir unser Erleben aus der Distanz an und sind mit dem

Beobachter identifiziert. Der Beobachter ist dabei kein kritischer und analysierender, sondern ein neutraler, akzeptierender und liebevoller Begleiter, der nicht bewertet. Diesen zweiten Zustand nennt man «Disidentifikation». In der Disidentifikation sind wir mit dem Wahrnehmenden, mit dem Beobachter identifiziert, aber von unserem inneren Erleben disidentifiziert.

In uns gibt es einen Ort, der bei aller Turbulenz unseres Lebens still und unberührt bleibt wie das innere Auge eines Hurrikans – unberührt von all den Wahrnehmungsobjekten. Hier sind wir das Zentrum unserer Wahrnehmung. Und von dort aus fällen wir Entscheidungen und bestimmen unser Leben. Um ein deutlicheres Gefühl für dieses Zentrum der Wahrnehmung zu bekommen, kannst du die Disidentifikationsübung von Assagioli ausprobieren:

Übung

Setze oder lege dich bequem hin und schließe die Augen. Schau in deinen Körper und nimm einfach wahr, was für Körperempfindungen im Moment da sind. Nimm dir dafür einige Augenblicke Zeit. Mache dir dann klar, daß es da etwas in dir gibt, was diese Körperempfindungen wahrnimmt und also nicht selbst Körperempfindung sein kann. Sage dir dann: «Ich habe meine Körperempfindungen, aber ich bin sie nicht.»

Schaue dann, was für Gefühle in dir sind. Nimm dir dafür ebenfalls einige Augenblicke Zeit, und sage dir dann: «Ich habe meine Gefühle, aber ich bin sie nicht.»

Dann mache das gleiche mit deinen Gedanken und Bildern. Nimm sie wahr, schau sie Dir an, und sage dann: «Ich habe meine Gedanken und Bilder, aber ich bin sie nicht.»

«Ich bin derjenige, der all die Dinge in mir wahrnimmt. Ich bin das Zentrum meiner Wahrnehmung.»

Die Bewußtheitsübung

Eine ebenfalls sehr einfache und unaufwendige Übung, um das bewußte Ich zu stärken, ist die Bewußtheitsübung von Fritz Perls, dem Begründer der Gestalttherapie. Wir wenden sie hier für innere Wahrnehmungen an.

Übung

Schließe die Augen und sage innerlich oder auch laut Sätze, die anfangen mit der Formel: «Ich nehme jetzt wahr...» Sprich diese Wörter und setze dann ein, was du genau in dem Moment in deinem Körper spürst. Das können ganz einfache Wahrnehmungen sein wie: «Ich nehme jetzt wahr, wie mein linkes Bein den Stuhl berührt.» – «Ich nehme jetzt wahr, wie mein Atem größer wird.» – «Ich nehme jetzt wahr, wie eine Ruhe über mich kommt.» – «Ich nehme jetzt wahr, wie ich meinen Bauch deutlicher spüre und sich ein Druck darin meldet.»

Diese Übung eignet sich gut für den Alltag oder den Beginn eines Souling-Prozesses. Manchmal genügen schon drei Minuten, um im Hier und Jetzt, im Körper und im bewußten Ich anzukommen. Es ist wichtig, immer wieder die Formel «Ich nehme jetzt wahr...» zu benutzen. Durch das Formulieren der Sätze erreicht man einen anderen Bewußtseinszustand als in der Meditation, in der diese Wahrnehmungen nicht mehr sprachlich formuliert werden.

Der Filmspaziergang

Auch die folgende Übung kann dir im Alltag auf humorvolle und spaßige Weise helfen, jederzeit in das Bewußtsein des Beobachters, in das bewußte Ich zu gelangen:

Übung

Geh durch deine Stadt, deine Arbeitsstelle oder wo immer du dich frei bewegen kannst, spazieren und stell dir dabei vor, daß du der Hauptdarsteller in deinem eigenen Film bist. Du wirst von imaginären Kameras und Kameraleuten begleitet, die dich von allen Winkeln, aus der Ferne und in Nahaufnahme ständig filmen. Stell dir vor: Alle Menschen, die dir entgegenkommen und die du triffst, sind Mitspieler in deinem Film, und ihr alle verhaltet euch nach deinem Drehbuch. Spüre, wie die Vorstellung der auf dich gerichteten Kameras deine Energie erhöht, wie du dich erweitert fühlst, und wie dein bewußtes Ich aktiviert wird.

Eine Atemübung

Letztlich führen die meisten meditativen Methoden, besonders all die, die mit der Bewußtheit des Atems arbeiten, zu diesem Ort des bewußten Ichs. Indem ich mir meines eigenen Atems bewußt werde, erreiche ich einen Bereich jenseits meiner Gedanken und Gefühle und damit das bewußte Ich.

Hier eine meiner liebsten Übungen, um im Alltagsstreß schnell einmal zu entspannen, den Atem freizusetzen, Abstand von allen Problemen zu bekommen und sich einfach animalisch wohl zu fühlen:

Übung

Wir bewegen die Gelenke im gestöhnten Ausatem, d. h. wir lassen beim Ausatmen ein ganz genüßliches «Mmmm» hören. Wir atmen so lange, wie es geht, aus und bewegen dabei ganz leicht ein Gelenk. Die Bewegung muß nicht groß sein. Am Ende des Ausatems lassen wir den Einatem kommen, der ganz von selbst dort stärker zu spüren ist, wo wir gerade ein Gelenk bewegt haben. Der Einatem kann recht groß werden, ohne daß wir willentlich etwas dafür tun.

Wenn ich sage, wir spüren den Atem an einer Stelle, dann meine ich das Spüren der Atembewegung. In jedem Atemzug atmet der ganze Körper vom Scheitel bis zur Zehenspitze so mit, daß er im Einatem etwas weiter wird und im Ausatem etwas schmaler.

Diese Atembewegung spüren wir also dort, wo wir gerade das Gelenk bewegt haben. Jetzt atmen wir für drei Atemzüge nach, bis das nächste Gelenk dran ist. Dabei wird der Ausatem nicht gestöhnt, sondern wir atmen leise durch die Nase.

Es kann gut sein, daß du dabei herzhaft gähnen mußt. Laß das geschehen, denn das löst das Zwerchfell. Manchmal werden auch die Augen feucht, oder dir wird kalt. Das legt sich nach der Übung schnell und gehört dazu.

Bewege die Gelenke in dieser Reihenfolge:

- Kippe zunächst im gestöhnten Ausatem das Becken leicht nach hinten und vorne, wie eine leichte Beckenschaukel,
- bewege dann das Becken leicht nach links und rechts,
- bewege aus den Hüftgelenken heraus die Oberschenkel leicht nach unten und oben,
- die Knie leicht nach links und rechts,
- die Füße in den Fußgelenken leicht nach links und rechts,
- die Zehen leicht nach oben und unten,
- wiederhole dann noch einmal die erste Bewegung, und kippe das Becken leicht nach hinten und vorn,
- stelle dir nun vor, daß du dich in der Höhe des Oberbauches in der Wirbelsäule wie eine Schlange leicht nach oben und unten bewegst,
- wiederhole diese Bewegung der Wirbelsäule in der Höhe des Herzens,
- in der Höhe des Halsansatzes,
- bewege die Schultern leicht nach oben und unten,
- die Ellenbogen leicht nach links und rechts,
- die Hände in den Handgelenken leicht nach links und rechts,
- lasse den Kopf nach links und rechts nicken, als ob du «nein» sagen wolltest,

- dann nach vorn und hinten, als ob du «ja» sagen wolltest,
- dann lasse den ganzen Körper ganz weich wie ein Baby oder ein Betrunkener nach links und rechts zur Seite fallen – und fühle nach,
- zum Schluß dehne, recke und strecke den ganzen Körper lustvoll und laß dabei den Atem ganz von innen heraus noch einmal laut werden – wie ein Tiger im Urwald!

Versuche in deinem Alltag die Bewußtheit für deinen Atem in möglichst allen Situationen aufrechtzuerhalten. Du kannst beim Atmen wahrnehmen, sprechen, zuhören und dich bewegen. Das Leben im Atembewußtsein ist ein Training, im Hier und Jetzt zu leben und das bewußte Ich immer mehr zu beteiligen.

Das bewußte Ich als Raumerfahrung

Falls es dir im Alltag schwerfallen sollte, dich von schwierigen Gefühlen oder Problemen zu lösen und zu disidentifizieren, oder falls dir allein die Bewußtheit, daß du nicht dein Gefühl bist, nicht zu Distanz verhilft, kann folgende Übung dir weiterhelfen:

Übung

Stelle dir vor, daß du im bewußten Ich reiner, leerer Raum bist. Stelle dir vor, daß dein Seelenleben und der ganze Kosmos ständig hin und her schwingt zwischen diesem unverdichteten Raum und seiner Verdichtung in Gedanken, Gefühlen, Körperempfindungen und Unterpersonen. Beobachte, wie das Gefühl, das dich belastet, in einer Blase der Verdichtung durch den leeren Raum vor dir hindurchschwebt. Irgendwann wird es sich wieder im leeren Raum auflösen. Nimm den Raum um die Blase mit dem verdichteten Gefühl wahr.

Willst du in die Identifikation, dann mußt du in die Blase der Verdichtung hinein – willst du in die Disidentifikation, dann spüre dich als den leeren Raum, in dem oder aus dem heraus sich Themen verdichten können.

Das bewußte Ich als innerer Therapeut

In der Souling-Selbsthilfe verwenden wir das bewußte Ich häufig als inneren Therapeuten. Im bewußten Ich sind wir erwachsen und nicht identifiziert mit unserem inneren Kind. Wir sind im Hier und Jetzt, in Kontakt mit bedingungsloser Liebe und aufmerksamer Bewußtheit. Wir sind disidentifiziert von unseren Problemen und spüren unser Potential, unsere Kompetenz und Fähigkeit. Damit haben wir beste Voraussetzungen, um hilfreich, liebevoll und kompetent mit unseren verschiedenen Persönlichkeitsteilen zu arbeiten. Wir können Zuhörer, guter Vater und gute Mutter sein – und das alles zusammen gibt den idealen inneren Therapeuten.

Wenn wir mit einem Partner oder einem professionellen Helfer, einem Therapeuten, arbeiten, dann wird dieser meist die Funktion des bewußten Ich übernehmen, und wir selbst können uns ganz in unsere Gefühle und inneren Prozesse hineinfallen lassen. Das kann sehr erleichternd sein. Außerdem kann man mit seinem Prozeß tiefer gehen. Auf der anderen Seite besteht die Gefahr, sich abhängig zu machen und zu stark zu regredieren, sich also zu stark mit dem inneren Kind zu identifizieren. Wenn wir in der Selbsthilfe mit uns allein arbeiten, müssen wir selbst immer wieder in unser bewußtes Ich hineingehen, und wechseln zwischen Gefühlen und Prozessen auf der einen Seite und der Rolle des Beobachters und Regisseurs im bewußten Ich auf der anderen Seite hin und her. Da kann man sich zwar nicht so stark fallenlassen, aber man hat das stolze Gefühl, Herr im Haus zu sein und nicht zu stark in die Identifikation mit den Gefühlsteilen zu geraten.

Beide Vorgehensweisen haben ihre Vor- und Nachteile. Sinnvoll scheint mir, soviel wie möglich allein und soviel wie nötig mit einem Partner, einer Partnerin zu arbeiten.

Das Souling-Anfangsritual

Wenn du für dich allein oder aber mit einer Freundin oder einem Freund einen Souling-Prozeß durchführst, dann ist ein Anfangsritual hilfreich, um das bewußte Ich zu aktivieren und zu stärken. Dabei ist wichtig, daß dieses Anfangsritual zu dir paßt, deinem sonstigen inneren Erleben entspricht und du spürst, daß es dein Ritual ist. Sagt dir z. B. schon die Idee eines Rituals nicht zu, dann ist es besser, dies wegzulassen. Ich mache dir hier nur Vorschläge, und du solltest selbst experimentieren, was für dich am besten paßt.

Gut geeignet für ein solches Anfangsritual ist z. B. die oben beschriebene Bewußtheitsübung mit der Formel: «Ich nehme jetzt wahr...» Häufig genügen schon drei Minuten, und dein bewußtes Ich ist aktiv. Eine andere Möglichkeit ist die beschriebene Atemübung, bei der du die Gelenke im gestöhnten Ausatem bewegst. Denkbar ist auch eine Anfangsübung, bei der du den ganzen Körper innerlich durchspürst, entweder vom Kopf bis zu den Füßen oder andersherum. Du kannst auch mit dem Becken anfangen, dann die Beine bis zu den Füßen durchspüren und schließlich vom Becken aus nach oben bis zum Scheitel weitergehen.

Eine Sitzung kann kraftvoller werden, wenn du dir die Vorstellung einer allumfassenden Liebe und eines kosmischen Lichtes vergegenwärtigst. Du kannst dir z. B. weißes oder goldenes Licht vorstellen, das von oben in dich hineinfließt. Einige Menschen rufen eine größere Kraft an, bei der Sitzung zu helfen und zu führen, z. B.: «Ich bitte das göttliche Licht und die göttliche Liebe, mich bei meiner Sitzung zu unterstützen und mich zu führen.» Aber das geht natürlich nur, wenn du diese Worte problemlos benutzen kannst und sie zu deinem persönlichen

Glauben passen. Such dir etwas Eigenes, bei dem du dich wohl fühlst.

Eine Ausdrucksweise, die für viele Menschen paßt, ist das Ansprechen des Seelen-Selbstes und der Seelen-Führung, wie du es im Souling-Märchen kennengelernt hast. Du kannst dein Seelen-Selbst als die Gesamtheit all deiner Teile ansprechen und es um Führung für die Sitzung bitten, oder aber deine Seelen-Führung um Beistand und Hilfe bitten. Zum Abschluß noch eine kleine Übung, die sich ebenfalls gut als Anfangsritual eignet:

Übung für das Souling-Ritual

Sitze gerade und bequem, und lege deine Zunge an den Gaumen. Spüre deinen Körper und deine Wirbelsäule.

Spüre an deinem Steißbein weiter nach unten und verlängere deine Wirbelsäule wie ein Lichtband immer weiter nach unten in die Erde. Stelle dir vor, daß dieses Lichtband tiefer und tiefer geht, bis zum feurig roten Mittelpunkt der Erde. Nimm dort unten Kontakt auf mit den Kräften der Erde.

Komme dann wieder nach oben in den Körper und wandere dort weiter bis zu deinem Scheitel. Verlängere diesmal die Wirbelsäule wie ein Lichtband nach oben, höher und höher in den Himmel hinein. Finde Kontakt mit der Quelle von Licht und Liebe im Kosmos.

Dann komme wieder zurück in den Körper. Spüre deine vertikale Linie – nach unten in die Erde, nach oben in den Himmel. Spüre nun deine horizontale Linie: ein Lichtband, das durch deine Brust und deine Arme geht. Breite im Geist deine Arme aus und umarme alle deine problematischen Teile, deine Mitmenschen und die ganze Welt. Spüre den Punkt in der Mitte der Brust, wo sich beide Linien kreuzen, und stelle dir dort einen goldenen leuchtenden Ball vor: das Zentrum deines Herzens.

Nimm Kontakt mit deinem Seelen-Selbst oder deiner Seelen-Führung auf. Es kann, aber muß nicht eine konkrete Form haben. Bitte um Beistand und Unterstützung für den Tag oder dein Vorhaben. Komme dann langsam und vorsichtig in den Raum zurück und öffne die Augen.

Meditationen

Meditation ist die klassische Methode, um das bewußte Ich zu stärken. Die Erfahrung zeigt, daß Meditierende z. B. schnellere Fortschritte im psychotherapeutischen Prozeß machen.

Ich selbst meditiere seit über zwanzig Jahren und habe dabei die verschiedensten Methoden ausprobiert: Transzendentale Meditation, Zen-Meditation, tibetische Mantra-Meditation, aktive Osho- und Souling-Atem-Meditationen. Nach meinen Erfahrungen sind alle diese Methoden gut geeignet. Zugleich kann man viele seiner Alltagsbeschäftigungen als Meditation nutzen. Wenn du Lust hast, kannst du einige der unten angegebenen Methoden ausprobieren. Wichtig ist aber, daß du dich auf keinen Fall unter Leistungsdruck setzt, so, als müßtest du nun täglich meditieren. In diesem Fall wäre das Ergebnis nur ein schlechtes Gewissen, wenn du nicht meditierst. Es paßt eben nicht zu allen Menschen, sich still hinzusetzen und eine der klassischen Meditationsmethoden auszuüben. Einige bewegen sich lieber und kommen mit Tanz und Bewegung zu ihrem bewußten Ich, andere bei der Gartenarbeit und wiederum andere beim Schwimmen, Laufen oder überhaupt beim Sport – wenn er nicht gerade in Wettkampfmanier ausgeübt wird. Für viele Therapeuten und Heiler ist die Arbeit mit Menschen eine ständige Meditation.

Ich möchte hier all das im erweiterten Sinne als Meditation verstehen, was uns hilft, uns zu disidentifizieren und mit dem bewußten Ich eins zu werden; zu dem zu kommen, was hinter den Gedanken, Gefühlen und Körperempfindungen liegt; was uns in den Raum des Seins und des Nichtwissens führt. Dafür eignet sich jede Tätigkeit, die uns aus unserem Kopf herausholt. Wichtig ist dabei nur, daß wir diese Tätigkeit nicht nur wegen eines äußeren Effektes ausführen, sondern auch, um unsere innere Entwicklung zu fördern. Wir nehmen dabei einfach nur wahr, was alles an Empfindungen und Eindrücken auftaucht, und gehen dann wieder zurück zu der Bewegung oder Tätigkeit. Diese wird damit zu einer Methode der Reinigung und Klärung. Auf diese Weise kann ich laufen, die Wohnung putzen oder sogar einkaufen gehen. Wenn ich währenddessen im bewußten Wahrnehmen und im Atembewußtsein bleibe, dann meditiere ich und stärke mein bewußtes Ich. Ich wasche nicht nur ab, damit die Teller und Tassen sauber sind, sondern erlebe das Abwaschen gleichzeitig als eine Reinigung meines Inneren und tue mir dabei etwas Gutes. Auf diese Weise wird mein Alltag meditativ und beseelt. Ich sehe dann auch Krankheiten nicht mehr als etwas Störendes, das ich bekämpfen muß, sondern als Botschaften meines Körpers, die mir helfen wollen, innerlich heil und ganz zu werden. Probleme oder Symptome sind nicht länger störende Feinde, die ich loswerden muß, sondern Chancen zur Bewußtseinserweiterung und zu seelischem Wachstum.

Die Souling-Atem-Meditation

Die hier beschriebene Souling-Atem-Meditation ist eine wichtige Übung in der Souling-Arbeit meiner therapeutischen Gruppen. Sie dauert etwa 45 Minuten, und während dieser Zeit sitzt du am Boden oder auf einem Stuhl und atmest die ganze Zeit tief durch den Mund: erst in den Bauch, dann hoch in die Brust, um dann alle Luft herauszulassen. Dazu hörst du Musik, die deine Atemreise begleitet.

Diese Meditation ist ein hervorragendes Mittel, um sich von Alltagssorgen zu lösen und in das bewußte Ich zu kommen. Durch das tiefe Atmen steigen alle möglichen Gedanken, Sorgen, Probleme und tieferliegende Erinnerungen in dein Bewußtsein auf, aber du beschäftigst dich nicht weiter mit ihnen, läßt sie los und konzentrierst dich wieder auf den Atem. Du gibst den Dingen und Gedanken, die hochkommen, keine Aufmerksamkeit und Energie, sondern konzentrierst dich immer wieder auf den Atem.

Meditations-Übung

Du setzt dich gerade hin, hörst eine extra für diese Meditation zusammengestellte Musikkassette und atmest tief durch den Mund – zuerst in den Bauch, der sich beim Einatmen hebt. Dann läßt du den Einatem weiter hoch bis in die Brust fließen und atmest zum Schluß alles wieder aus, so daß du im Ausatem den Bauch etwas einziehen kannst. Mache keine Pausen zwischen Ein- und Ausatem und Aus- und Einatem.

Durch diese Atmung lädst du dich immer mehr mit Energie auf, und diese Energie reinigt deinen Körper und deine Psyche. Ganz egal, was kommt, versuche alles zu akzeptieren und anzunehmen. Es kann sein, daß du weinen und kurz danach lachen mußt, daß alte Schmerzen kommen oder alte Erinnerungen sich melden. Konzentriere dich immer weiter auf den Atem.

Zum Schluß atme ruhiger und zarter, aber weiter durch den Mund und laß die Meditation ausklingen. Du wirst dich erfrischt, erholt, wach und im Hier und Jetzt fühlen.

Bei allen Methoden, in denen stärker als normal geatmet wird, kann es zur «Hyperventilation» kommen. Dabei verkrampfen sich eventuell die Hände und der Mund, und es können sogar Gefühle der Hilflosigkeit oder des Sterbens aufkommen. Wenn es dir zuviel wird, laß deinen Atem sich normalisieren, lege dich auf die linke Seite, entspanne und gib einfach nach – die Hyperventilation zieht dann langsam von selbst aus den Händen heraus. Wenn du Angst vor diesem Zustand haben solltest, mache diese Übung zunächst nicht allein, sondern lieber mit einem professionellen Helfer oder in partnerschaftlicher Arbeit. In der Souling-Atem-Meditation kommt es höchst selten zu dieser Hyperventilation – eher schon beim Atem-Souling im Liegen, wie es später beschrieben wird.

Für die Musikbegleitung der Übung kannst du wählen, was dir gefällt. Gut ist es, wenn die ganze Zeit ein Spannungsbogen aufrechterhalten wird, so daß die Musik dich begleitet, in der Mitte vielleicht zu einem schnelleren Rhythmus kommt, so daß du dort heftiger atmest, und dann zum Schluß wieder ruhig und entspannt ausklingt. Dazu zwei Musikvorschläge. Am besten stellst du dir selbst Musikkassetten zusammen, die deine Souling-Atem-Meditation begleiten:

1. Das Himmel-Herz

Hier soll die Musikzusammenstellung die Energie zunächst nach oben in den Himmel und dann zum Herzen zurückführen. Du vollziehst also mit dieser Meditationsmusik die gleiche Energiebewegung, wie sie das Souling-Märchen darstellt. Die ersten zehn Minuten kannst du jede klassische Musik wählen, die dir gefällt. Im folgenden nenne ich dir meine Vorschläge und Favoriten.

Die kursiv gesetzten Anweisungen lenken deine Aufmerksamkeit vor dem betreffenden Musikstück in eine bestimmte Richtung.

Atme tief in den Bauch und in die Brust.
- Vivaldi: 2. Satz aus dem Concerto C-Dur für Streichorchester und Basso continuo, RV 111.

   Achte drauf, daß du hoch bis ins Herz atmest. Wenn Traurigkeit hochkommt, laß das geschehen, damit das Herz sich öffnen kann.
- Vivaldi: Concerto Grosso für Violine und Streichorchester, Op 3/9 D-Dur, 2. Satz Larghetto.

   Atme weiter hoch in dein Herz, und spüre auch die Freude darin.
- Vivaldi: Konzert Nr. 4 f-Moll, RV 297, «Der Winter», 2. Satz Largo.

   Atme jetzt besonders tief in den Bauch und tief in die Brust. Langsam und tief!
- Vangelis: Closing Titles from ‹Muting on the Bounty› (Vangelis: Themes Nr. 10).

Atme jetzt so schnell, wie du kannst, vielleicht im Rhythmus der Musik.

- Vangelis: End Titles from «Bladerunner» (Vangelis: Themes Nr. 1).

  Atme jetzt im Einatem ganz hoch bis in die Stirn und in die Kopf-haut. Laß den Atem ganz bis in die Stirnmitte, ins dritte Auge, ge-hen.

- Vangelis: Chariots of Fire (Vangelis: Themes 14).

  Verlängere jetzt deine Wirbelsäule nach oben in den Himmel, und nimm dort Kontakt auf mit dem göttlichen Licht und der göttlichen Liebe oder was immer gerade für dich passend ist.

- Ennio Morricone: Filmmusik zu «Mission», Nr. 1 und 2.

  Du kannst jetzt weicher und zarter atmen, aber weiterhin durch den Mund. Schau, was geschieht, wenn du mit einem Gefühl von Dankbarkeit ein- und ausatmest.

- Vangelis: Hymn from «Opera Sauvage» (Vangelis: The-mes 4).

  Spür jetzt deine Verbindung zu all deinen Freunden und Freun-dinnen. Spüre, daß du nicht allein bist.

- Jon and Vangelis: «The Friends of Mr. Cairo» und «I'll Find My Way Home».

  Stelle dir bei diesem letzten Stück ein goldenes Licht über deinem Kopf vor und laß es zusammen mit der Musik in deinen Körper hin-einfließen.

- Jon and Vangelis: «Page of Life» und «Shine for Me».

  Laß es in dein Herz hineinstrahlen, von dort aus in deinen Körper und in den Raum hinein. Leg dich zum Schluß vielleicht noch hin und spüre nach.

2. Das Erd-Herz

Bei dieser Meditation führt dich die Musik zunächst in den Bauch-Becken-Bereich und löst dort die Sexualkraft. Danach wird die Energie wieder nach oben ins Herz, in den Kopf, darüber hinaus und schließlich wieder zurück ins Herz ge-führt. Zwei Übungen können dich bei dieser Meditation un-terstützen:

1) Du führst die *Beckenschaukel* durch (siehe auch S. 285): Im Einatem nimmst du das Becken nach hinten ins Hohlkreuz, im Ausatem stößt du das Schambein nach vorn. Auf diese Weise ist die Wirbelsäule während der ganzen Meditation in schwingender Bewegung – wie eine Pflanze unter Wasser.

2) Du übst den *Feueratem*: Im Einatem ziehst du den Beckenboden-Muskel (auch PC-Muskel genannt) zusammen und stellst dir vor, daß die Energie in der Wirbelsäule bis nach oben zum Scheitel fließt. Im Ausatem läßt du den PC-Muskel los und stellst dir vor, daß die Energie in der Wirbelsäule wieder nach unten fließt. Du kannst deinen PC-Muskel spüren, wenn du dir vorstellst, daß du beim Wasserlassen den Strahl anhalten willst. Der Muskel, den du dabei anspannst, ist der PC-Muskel. In allen tantrischen Traditionen ist die Arbeit mit dem PC-Muskel ein zentrales Training, das die Sexualkraft stärkt und das Beckenfeuer anfacht. Diese Übungen sind bei uns auch als «Kegel-Übungen» bekannt.

Experimentiere mit diesen Übungen. Du kannst sowohl die Beckenschaukel als auch den Feueratem so lange durchführen, wie es für dich gut und angenehm ist.

Auch bei diesen Beschreibungen beziehen sich die kursiv gesetzten Anmerkungen auf das dann folgende Musikstück und sollen deine Aufmerksamkeit auf das Wesentliche lenken.

Sitze wieder aufrecht mit gerader Wirbelsäule und lasse deinen Atem tief in deinen Bauch und in deine Brust gehen.

- Rick Wakeman: Night Airs, Nr. 2.

  Atme tief weiter und spüre, wie du mit dem Feueratem die Energie im Becken anfachst. Vielleicht hast du Empfindungen von Hitze, Kribbeln und Strömen oder Gefühle von Lust und Freude.

- Yanni: Reflections of Passion, Nr. 9.

  Atme tief weiter. Wenn unangenehme Gefühle wie Angst, Ärger, Schmerz, Traurigkeit hochkommen, nimm alles an, akzeptiere es und nimm es einfach voll Liebe wahr. Spüre die Energie der Erde, wie sie durch deine Füße und Beine in deinen Körper hineinfließt.

- Dario Domingues: The End of the Yahgans Journey: «Wind of Andes».

Atme tief weiter. Laß dein Becken sich kräftig zu den folgenden Trommeln bewegen. Du kannst dabei auch die Töne kommen lassen und ein wenig wilder in deinen Bewegungen und Geräuschen werden.

- Mustapha Tettey Addy: Come and Drum, Nr. 5.

Atme tief weiter und laß zur nächsten Musik deinen Körper sich dazu im Sitzen bewegen und tanzen. Genieß deine Sinnlichkeit und Lebensfreude.

- Ottmar Liebert: Nouveau Flamenco, Nr. 1 (Barcelona Nights).

Laß dann deine Aufmerksamkeit und Energie weiter nach oben ins Herz gehen, laß dein Herz sich dabei öffnen.

- Deuter: Land of Enchantement, Nr. 10: «Peru Le Peru» (2. Hälfte).

Laß deinen Atem weiter in den Kopf gehen. Atme in alle Spannungen hinein, spüre dein Gesicht und deine Kopfhaut.

- Ravi Shankar: Tana Mana, Nr. 6.

Atme noch einmal ganz tief und voll, und spüre hoch in deinen Scheitel. Spüre, wie die Energie aus dem Scheitel nach oben strömt und wie von oben Energie und Licht in deinen Körper hineinfließen, vielleicht strahlend weiß oder gold.

- Jean Michel Jarre: Equinoxe, Nr. 4.

Atme weiter durch den Mund, aber strenge dich nicht mehr an. Laß alles schmelzen und sich entspannen.

- Jean Michel Jarre: Equinoxe Nr. 8 (1. Hälfte).

Spüre dein Herz und laß es sich öffnen, so wie eine Blume im Morgentau ihre Blütenblätter öffnet und sich der Sonne entgegenstreckt.

- Michel Chevalier: Pan d'amour, «Ave Maria».

Spüre das Herz von Mutter Erde, das so groß und weit ist, daß alle unsere Herzen Platz in ihm haben.

- Dario Dominguez: The End of the Yahgans Journey, «Wenn die Erde weint» (2. Teil).

Laß deine Liebe aus deinem Herzen in die Welt hineinfließen, zu deinen Freunden und Freundinnen, Eltern, Kindern und Familien und überall dorthin, wo sie benötigt wird.

- Oliver Shanti & Friends: Rainbow Way. Nr. 8, «Love Flows On».

  Spüre beim letzten Stück noch einmal deine Verbundenheit mit Mutter Erde und allen Lebewesen, die auf ihr leben.
- Manfred Mann's Plain Music, Nr. 8.

Versuche nach dieser Meditation im Alltag das Atembewußtsein zu behalten. Nimm deinen Atem weiterhin wahr, wenn du dich nach der Meditation im Raum umschaust, mit anderen Menschen in Kontakt trittst, arbeitest und wenn du dich bewegst.

Die Souling-Atem-Meditation zu zweit

Du kannst diese Atem-Meditation auch mit einem anderen Menschen zusammen durchführen. Dann ist es sowohl eine Meditation als auch eine intensive Begegnung mit deinem Partner. Ganz besonders intensiv kann diese Form der Meditation natürlich mit deinem Liebes- oder Lebenspartner sein. Dann wäre sie z. B. der Beginn eines erotischen Abends, und der Meditation könnten eine gegenseitige Massage oder andere tantrische Übungen folgen. Sie eignet sich aber auch zur Einstimmung auf jede sexuelle Begegnung, die dann sehr viel sensibler, entspannter und auch erregender werden kann. Viele sexuelle Schwierigkeiten und Beziehungsblockaden lösen sich leichter auf, wenn diese Meditation gemeinsam geübt wird. Die sexuelle Begegnung beginnt dann schon in dieser erfüllenden Gemeinsamkeit und ist nicht erst notwendige Voraussetzung für das Erlebnis von Einheit. Ich halte diese gemeinsame Atem-Meditation für einen der besten Wege, um die Sinnlichkeit in Beziehungen zu fördern. Man kann sie auf drei verschiedene Weisen durchführen:

Augenmeditation

Beide Partner sitzen voreinander, halten sich an den Händen und schauen sich entweder normal in die Augen oder auf das «dritte Auge», den Punkt zwischen den Augenbrauen. Es geht darum, alle Gefühle, die beim Atmen erlebt werden, zu akzeptieren: Angst, Nähe, Haß, Liebe, Schmerz, Distanz, Einssein – alles darf da sein, nichts muß unterdrückt werden. Wichtig ist es, die Angst vor diesen Gefühlen zu verlieren. Wenn ihr euch auf das dritte Auge schaut, kann es gut sein, daß sich das Gesicht des Partners fratzenhaft verändert und manchmal auch unheimlich wird. Frage dich dann nicht, ob du das in den anderen hineinprojizierst oder ob dies tatsächlich Anteile deines Partners sind. Es geht einfach darum, dieses Erleben zuzulassen. Auf diese Weise geht ihr gemeinsam durch viele Erlebnisse, die ihr normalerweise abblocken würdet und bei denen ihr den Atem schon längst angehalten hättet.

Meditation im Bonding-Sitz

Ihr sitzt auf dem Boden ganz dicht zusammen, einander gegenüber, so daß sich Bauch und Brust berühren, und klammert euch mit den Armen richtig aneinander fest. Ein Bein kommt über das Bein des Partners, das andere unter sein anderes Bein. Bei Schmerzen könnt ihr auch während der Meditation die Beine wechseln. Haltet euch ganz fest und atmet tief ein und aus. Spürt die aufkommenden Gefühle und tönt sie vielleicht auch mit eurem Ausatem. Am Anfang könnt ihr euch auch gegenseitig den Rücken massieren. Laßt die Bewegungen dabei ruhig geschehen, so wie sie wollen. Das schöne an dieser Form der Meditation ist, daß ihr, auch wenn ihr unangenehme Gefühle erlebt, dabei ganz warm und geborgen seid – wie ein Affenbaby, das sich an der Mutter festhält.

Es ist auch möglich, für zwanzig Minuten die Augenmeditation und dann zwanzig Minuten den Bonding-Sitz für die Partner-Meditation zu wählen.

Nebeneinander liegen

Ihr könnt die Partner-Meditation auch durchführen, indem ihr nebeneinander liegt und atmet – entweder so, daß sich Bäuche und Brüste berühren, oder in der «Löffelstellung», wo ein Partner hinter dem anderen liegt. Atmet nach der Musik die ganze Zeit tief ein und aus. Ihr braucht nicht bewußt den Atem zu synchronisieren – das kommt ganz von allein.

Ruhige Atem-Meditation

Bei der klassischen Meditation geht der Atem ruhig durch die Nase. Sie ist dadurch stiller als die oben beschriebene Souling-Atem-Meditation. Du sitzt gerade im Schneidersitz, auf einem Meditationsbänkchen oder auch auf einem Stuhl. Schließe die Augen und beobachte einfach deinen Atem. Wenn Gedanken und Bilder hochkommen, läßt du das einfach zu, hältst sie aber nicht fest, sondern gehst immer zurück zum Atem. Du kannst dich auf den Atem konzentrieren, wie er durch die Nase ein- und ausströmt, oder auch auf die Atembewegung im Unterbauch, besonders im Hara, dem Punkt ca. 2 Fingerbreit unter dem Bauchnabel.

Das Grundprinzip aller Meditation ist die Konzentration auf ein Meditationsobjekt, z. B. der Atem, ein Mantra, eine Bewegung oder der Anblick einer Kerze – das nicht wertende Wahrnehmen von allem, was geschieht und erlebt wird. Wichtig ist, daß wir all diesen Inhalten keine Energie geben, sondern sie ziehenlassen und wieder zurück zum Meditationsobjekt gehen.

Du kannst auch zum Atmen ein Mantra benutzen, z. B. das alte tibetische Mantra OM (Einatem) – AH – HUM (Ausatem). Manchen Menschen hilft das, sich auf den Atem zu konzentrieren. Du kannst das Mantra HUM auch allein benutzen, gar nicht besonders auf den Atem achten und das Mantra so in dir schwingen lassen, als ob es in dir gedacht wird. Mal wird es schneller, mal langsamer, mal höher, mal tiefer – du läßt einfach geschehen, was geschieht.

Aktive Meditationen

Hilfreich auf dem Weg der Selbstentfaltung sind auch die aktiven Meditationen des Osho. Sie verbinden östliche Weisheit mit westlicher Therapie. Weil die östlichen stillen Meditationen für den westlichen Menschen am Anfang möglicherweise zu schwer sind und zur Unterdrückung von negativen Gefühlen führen können, arbeiten die aktiven Meditationen in den ersten Phasen viel mit Bewegung. Die in diesen Phasen wachgerufene Energie verteilt sich in den darauffolgenden Stille-Phasen. So kommen Tanz und stille Meditation zusammen. Die Musik, die diese Meditationsübungen begleitet, kannst du z.B. im Buchhandel für spirituelle Literatur finden. Bei dieser Musik werden auch die Meditationen, die ich dir hier nur nenne, genauer beschrieben. Die drei beliebtesten sind:

Dynamische Meditation
Diese Meditation eignet sich besonders für den Morgen.
1. Phase (10 Min.) – Chaotisches Atmen durch die Nase.
2. Phase (10 Min.) – Katharsis: Schreien, Toben, Weinen, alle Gefühle ausleben.
3. Phase (10 Min.) – Huh: Hochspringen und jedesmal «Huh» schreien.
4. Phase (15 Min.) – Stillstehen und wahrnehmen: Die Energie säubert jetzt den Körper und steigt nach oben.
5. Phase (15 Min.) – Sich im Tanzen feiern.

Kundalini-Meditation
Diese Meditation eignet sich besonders für den Abend.
1. Phase (15 Min.) – Schütteln
2. Phase (15 Min.) – Tanzen
3. Phase (15 Min.) – Sitzen
4. Phase (15 Min.) – Liegen

Nataraj-Meditation

    1. Phase (40 Min.) – Tanzen
    2. Phase (15 Min.) – Liegen
    3. Phase (5 Min.) – Zeitlupentanz

Die Selbsterforschung (Punkt 1)

Der Souling-Prozeß beginnt damit, daß du dich einem Problem oder Thema zuwendest, um darüber nachzudenken oder zu sprechen. Diesen Beginn nennt man «Selbstexploration» oder «Selbsterforschung». Die psychotherapeutische Erfahrung zeigt, daß die Selbsterforschung um so effektiver und verändernder ist, je mehr du dich darauf konzentrierst, was du bei den Dingen, von denen du sprichst, innerlich fühlst und erlebst. Die Konzentration auf dein inneres Erleben und Fühlen ist wichtiger als das Nachdenken über äußere Ereignisse: Wie das alles passiert ist oder wer was gesagt oder gemacht hat, ist nicht so wichtig wie dein inneres Erleben. Sobald du dich allein darauf konzentrierst und dir einfach das vergegenwärtigst oder aussprichst, was gerade da ist, wird ein Gedanke den nächsten nach sich ziehen und der wieder den nächsten usw. Stell dir vor, du stehst bei diesem Prozeß an einem Brunnen und faßt ein Seil, das in den Brunnen hinabhängt. Im Prozeß deiner Selbsterforschung ziehst du gleichsam an so einem Seil und förderst den ersten Eimer als deinen ersten Gedanken zutage. Du ziehst weiter und findest ein paar Meter weiter einen neuen Eimer am Seil, der ans Tageslicht kommt; dann der nächste und der nächste usw. Du sprichst aus, was dir gerade durch den Sinn geht, und dann hast du das Gefühl: «Nein, das stimmt doch noch nicht ganz, es ist eher wie...», und kommst zu einem neuen Gedanken. Vielleicht kommt die Überlegung: «Ah ja, das erinnert mich an...», und es erscheint ein neuer Gedanke.

Wir können zwischen einer erklärenden und einer erforschenden Sprache unterscheiden. Die erklärende Sprache vermittelt klare Information und beschreibt das zu Erklärende genau. Wir brauchen sie bei Informationsübermittlungen, deshalb soll sie klar und präzise sein.

Im therapeutischen Prozeß dagegen ist die erforschende Sprache von entscheidender Bedeutung – und die erklärende Sprache führt uns eher weg von unserem eigenen Entwicklungsprozeß. Die erforschende Sprache funktioniert so, wie ich es in dem Brunnenbild auszudrücken versucht habe. Der Gedanke, der mir im Moment als wahr erscheint, ist schnell die Wahrheit der Vergangenheit, und ich öffne mich einer neuen psychischen Wahrheit, die erscheinen will. Dabei bin ich lauschend, eher rezeptiv. Ich lasse mich führen, taste und suche, formuliere probeweise und weiß noch nicht, ob es so ganz richtig ist. Ich experimentiere mit neuen Formulierungen und bin bereit, alles wieder über den Haufen zu werfen. Ich horche in mich hinein, dort wo das vage Spüren und das Formlose seinen Ort hat, und versuche, das so Gespürte in die Form von Worten und Bildern zu bringen.

Die Forschungen der klientenzentrierten Psychotherapie nach Carl Rogers haben gezeigt, daß diese Art des Denkens und Sprechens das innere Erleben verändert. Im Gegensatz zu dieser Potenz der erforschenden Sprache hat die erklärende nicht die Macht, das Innenleben zu transformieren, sondern erfaßt nur den jeweiligen Status quo.

Die Wahrheitsübung

Diese Übung, die nur mit einem Partner gemeinsam gemacht werden kann, verdeutlicht, was mit den verändernden Erfahrungen durch erforschende Sprache gemeint ist. Sie wird zum einen in Gruppen angewendet und dient der allgemeinen Selbsterforschung jedes einzelnen. Dabei kann diese Übung über mehrere Tage hin wiederholt werden. Zum anderen ist dies die beste Kommunikationsübung für Paare, die ich kenne. Paare können diese Übung durchführen, wenn sie einen Konflikt haben – dann wird die Übung helfen, diesen zu klären –, sie können sie aber auch dann durchführen, wenn sie keinen akuten Konflikt haben und sich miteinander wohl fühlen. In diesem Fall bringt sie die Übung wieder stärker in Kontakt mit ihrem Innenleben, sie lernen sich gegenseitig noch besser kennen und erleben dadurch eine größere seelische Nähe. Partnertherapien zeigen, daß das Aussprechen der momentanen, möglichst auch körperlich gespürten Wahrheit – ganz egal wie negativ oder erschreckend sie sein mag – frische Energie und neue Lebendigkeit in Beziehungen bringt. Auch wenn diese so offen geäußerte Wahrheit zunächst durcheinanderbringt oder aufrührt oder mit Unangenehmem konfrontiert – sie ist das beste Liebeselixier, erneuert und erfrischt die Beziehung zwischen zwei Menschen.

Übung

Beide Partner (A und B) sitzen sich gegenüber und schauen sich während der ganzen Übung in die Augen. Diese dauert etwa sechzig Minuten.

A sagt: «B, was ist deine Wahrheit?», und B hat jetzt fünf Minuten Zeit, um all das auszusprechen, was ihm dazu in den Sinn kommt. Das können Gedanken, Bilder, Körperempfindungen oder Bewegungen sein, alles, was denkbar ist. A fragt die Frage nur einmal und hört dann einfach zu. Er darf weder lächeln noch nicken, noch den Kopf schütteln – nur den Blickkontakt halten und neutral zuhören.

Nach fünf Minuten werden die Rollen getauscht. Nachdem A sich für die Antworten von B bedankt hat, fragt B: «A, was ist deine Wahrheit?», und A hat fünf Minuten ganz für sich. B hört wiederum nur zu.

Die nächsten vierzig bis sechzig Minuten werden in diesem Rhythmus die Rollen gewechselt. Einigt euch vorher auf die Zeit, die ihr mit der Übung verbringen wollt.

Wenn du diese Übung allein probieren willst, kannst du auch für eine gewisse Zeit einfach deine momentane Wahrheit laut aussprechen. Die Erfahrungen sind aber wahrscheinlich nicht so intensiv, als wenn man diese Übungen zu zweit und mit ständigem Blickkontakt durchführt. Was bei dieser Übung geschieht, kann ich nicht genauer beschreiben. Sie verläuft mit jedem Menschen und in jedem Moment verschieden, jeder macht seinen eigenen Prozeß durch. Du kannst es nur selbst ausprobieren und erfahren.

Vom Umgang mit dem inneren Erleben

Viele Menschen haben schlechte Erfahrungen damit gemacht, sich allein Gedanken über schwierige Gefühle und Probleme zu machen und diese hin und her zu wälzen. Sie fanden es uneffektiv, belastend und unangenehm. Vielleicht haben sie sich gesagt: «Das bringt ja doch nichts», oder: «Das wird ja dadurch nur noch schlimmer» – und haben sich durch äußere Ablenkung oder durch Zigaretten, Alkohol und Nahrung zu beruhigen versucht. All das hat sie von ihrem Innenleben und ihrer Seele getrennt.

Doch für dieses Scheitern des Nach-innen-Schauens gibt es ganz konkrete Gründe. Wir haben einfach nicht gelernt, wie man das richtig angeht. Vielleicht erkennst du einige dieser uneffektiven Weisen, mit Gefühlen, Empfindungen und Gedanken umzugehen:

- **Versteckende Sprache:** Wir nehmen beim Denken oder Sprechen nicht Stellung, sprechen nicht von uns selbst, sondern verstecken uns hinter «Man-Aussagen» und Gemeinplätzen. Anstatt zu sagen: «Es macht mich traurig, daß X mich verlassen hat!», formulieren wir: «Man wird ja doch immer verlassen!» Dieses Denken verhärtet nur und bietet keine Lösung oder Veränderung für unser Innenleben.

- **Analysieren:** Wir wollen durch nahezu zwanghaftes logisches und analysierendes Denken herausbekommen, woher unser Problem kommt, was die Gründe sind usw. Meist führt dieses Nachdenken zu keiner Veränderung der eigenen Befindlichkeit.

- **Unterdrücken:** Wir versuchen, Gefühle und Gedanken, die wir nicht haben wollen, einfach zu unterdrücken. Doch Unterdrücktes rächt sich immer in körperlichen Spannungen und Krankheiten oder drückt sich auf andere Weise aus.

- **Abwerten:** «Wie kann ich das nur wieder fühlen!» – «Ich sollte da wirklich anders denken!» – «Das finde ich aber unmöglich, was ich da in mir sehe!» Wenn wir Teile in uns ablehnen, können sie sich nicht verändern, sondern verhärten sich nur noch mehr.

- **Versinken:** Gelegentlich lassen wir uns auch so sehr in unangenehme Gefühle hineinsinken, daß kein innerer Beobachter, kein bewußtes Ich, mehr bleibt. Doch es muß eine gewisse Distanz zwischen innerem Erleben und Beobachter-Instanz in uns geben, damit sich Gefühle verändern können.

- **Bohrendes Eindringen:** «Jetzt will ich es aber genau wissen!» – «Komm schon, was fühle ich denn da!» – «Wenn ich jetzt keine Klarheit bekomme, werde ich aber sauer!» Mit Ungeduld und Gewalttätigkeit verhindern wir eine Veränderung und Lösung des inneren Erlebens. Unsere Seele zeigt sich nur bei behutsamem und liebevollem Vorgehen.

Wie du konkret an diesen Verhaltensweisen arbeiten kannst, die die Selbsterforschung verhindern, das beschreibt eines der folgenden Kapitel zur Arbeit mit den Unterpersonen.

Unsere Gefühle wieder fühlen

Wir entwickeln die eben beschriebenen negativen Weisen, mit unserem Erleben umzugehen, weil wir bestimmte Gefühle nicht fühlen wollen – entweder, weil sie nicht unserem Ideal-Bild von uns selbst entsprechen oder aber, weil wir Angst vor ihnen haben. Vielleicht sind wir eifersüchtig, wollen aber der emanzipierte Zeitgenosse sein, der weit über solchen Gefühlen steht. Vielleicht fühlen wir Ärger, und das widerspricht ganz unserem Selbstbild des immer liebevollen Menschen. Oder wir fühlen Schmerz, der uns so stark an noch größeren alten Schmerz erinnert, daß wir nichts davon wissen wollen. Manche Menschen verwechseln das Wahrnehmen von Gefühlen auch mit dem unkontrollierten Ausagieren der Gefühle, so als ob heftig empfundener Ärger das gleiche wäre wie die Reaktion, jemanden anzuschreien oder zu schlagen.

Es ist wichtig, sich klarzumachen: *Es mag nicht angemessen sein, ein Gefühl auszuagieren, aber es ist nie falsch, ein Gefühl zu haben.* Wir können uns nicht entwickeln und wachsen, wenn unsere momentane Wahrheit nicht die Basis unseres Wachstums ist. Darum ist es so wichtig, alles, was wir in unserem Inneren finden, anzuschauen, wahrzunehmen, es anzunehmen und zu umarmen. Das mag nicht immer einfach sein – aber wir kommen um diese Arbeit nicht herum, wenn wir unseren Charakterpanzer lösen und uns entwickeln wollen.

Selbstverständlich kommen wir dabei auch mit verdrängten Gefühlen in Kontakt, die wir früher abgelehnt und unterdrückt haben. Als kleines Kind konnten wir unmöglich all unsere Wut, unseren Schmerz und unsere Angst fühlen – es hätte uns umgebracht. Schauen wir nun nach innen, dann melden sich diese verdrängten Gefühle wieder. Besonders die belastenden Gefühle wie Angst, Wut und Schmerz machen uns zu schaffen. Wie schon beschrieben, konnten wir diese Gefühle nur unterdrücken mit Hilfe von Muskelanspannungen, für die wir mit einem verspannten Körper und letztlich mit einem Charakterpanzer bezahlen müssen.

Wir bezahlen also auch heute noch für die Unterdrückung früherer negativer Gefühle mit Panzerung, Krankheit und Schicksalsschlägen. Und wer die negativen Gefühle unterdrückt, ist auch im Fühlen der positiven eingeschränkt: Wer Schmerz unterdrückt, kann keine Freude fühlen; wer Angst unterdrückt, kann kein Vertrauen haben; wer Ärger unterdrückt, muß auch seine Liebe zurückhalten. Wir müssen all diese Gefühle zunächst einmal bejahen und akzeptieren. Das heißt nicht, daß wir sie unbedingt ausagieren und gegenüber unseren Mitmenschen zeigen müssen. Im Souling-Prozeß können wir die Angst in Vertrauen, die Wut in Liebe und den Schmerz in Freude transformieren.

Dieser Selbsterforschungsprozeß, bei dem wir immer wieder nach unserer momentanen inneren Wahrheit fragen – unabhängig davon, was andere Leute denken, unabhängig von unseren eigenen Selbst- und Idealbildern –, führt zwar auf der einen Seite zu Einsichten, die uns im ersten Moment nicht so angenehm sind, bringt aber auf der anderen Seite Veränderung und Lebendigkeit in unsere Person. Jedesmal, wenn wir unsere Wahrheit spüren, löst sich in uns eine Spannung, und es kommt zu neuer Bewußtheit, zu neuem Licht. Während wir so immer mehr wir selbst werden, authentisch und real, wird auch das Leben immer aufregender und spannender. Äußerlich muß gar nicht so viel geschehen, aber innerlich sind wir lebendig, ausgefüllt und immer wieder neu. Wir lassen unsere starren Selbstdefinitionen los und erfrischen uns im innersten Fluß der Lebensenergie. Es ist einfach aufregend, der zu werden, der man eigentlich ist – eine spannende Entdeckungsreise!

Den Prozeß mit Liebe und Verständnis begleiten

Der Prozeß der Selbsterforschung wird sehr gefördert und erleichtert durch einen Begleiter oder Therapeuten, der uns und unsere Erlebnisse und Gefühle akzeptiert und annimmt, der durch sein Verhalten unsere bewußte Wahrnehmung dieser Erlebnisse und Gefühle erleichtert und ab und zu unseren Entwicklungsprozeß im Souling anleitet, vertieft oder einfach die Richtung hält. Der äußere Begleiter oder Therapeut übernimmt sozusagen die Funktion des bewußten Ich. Dies ist die äußere Entsprechung des bewußten Ich als innerem Therapeuten, von der oben bereits die Rede war. Beiden gemeinsam ist das liebevolle Widerspiegeln als das wichtigste therapeutische Grundelement im Souling-Prozeß. Der Therapeut spiegelt dem Klienten zurück, was der innerlich erlebt.

Wenn du beispielsweise in einem traurigen Ton von einem Erlebnis mit einem dir wichtigen Menschen sprichst und dich dabei recht umständlich ausdrückst, spiegelt der Therapeut zurück: «Das macht dich so traurig, daß...» – Du atmest dann erleichtert auf, fühlst dich verstanden und sagst: «Ja, genau...» – Du fühlst dich eingeladen, deine Gefühle weiter zu erforschen. Damit wird der partnerschaftliche Souling-Prozeß zu einer Meditation, in der der Begleiter die Funktion des inneren Beobachters übernimmt. Dies entspricht außerdem der Funktion der Mutter in einer frühkindlichen Entwicklungsphase, in der das Kind diese Spiegelung unbedingt braucht, um ein vollständiges Selbstbild aufzubauen. Da viele von uns diese Spiegelung in der Kindheit nicht ausreichend erfahren haben, ist diese spiegelnde Begleitung zugleich ein Nachholen der frühen «Spiegelungsphase» – wie es Carl Rogers in seiner klientenzentrierten Psychotherapie erforscht und beschrieben hat.

Wenn wir allein arbeiten und keinen Begleiter haben, können wir selbst üben, uns auf diese Weise zu begleiten. Dies ist auch eine ständige Übung, das, was wir im Moment gerade sind, zu lieben – der schnellste Weg zu Veränderung und Transformation. Manche Menschen sagen: «Ich kann mich aber nicht lieben!» Versuche es immer wieder, denn es dauert seine Zeit, sich destruktive Gewohnheiten wie Selbstanklage und Selbstablehnung abzugewöhnen. Erleichtere dir diese Umgewöhnung durch folgende Vorstellung: Denke an eine Person, die du liebst, und spüre dieses Gefühl von Liebe in deinem Körper.

Nun stelle dir dich selbst mit deinen Gedanken und Gefühlen vor, und richte dann das liebevolle Körpergefühl auf dich selbst. So fühlt es sich an, wenn du dich selbst liebst.

Diese liebevolle und aufmerksame Begleitung, in der wir die Erfahrungen spiegeln – entweder unsere eigenen oder die eines anderen, den wir in seinem Prozeß begleiten –, nennen wir im Souling «Folgen». Meist folgt ein Begleiter seinem Klienten, demjenigen, der gerade durch den Souling-Prozeß geht. Man kann aber auch seinen eigenen Prozeß durch Techniken des Folgens unterstützen. Der nächste Abschnitt erläutert das Folgen für den Begleiter im Souling-Prozeß. Nimm den Text zum einen als Anregung, auf diese Weise in deinen Gesprächen mit Partnern, Kindern, Arbeitskollegen zu reagieren, und laß den Text zugleich eine Anregung für dich selbst sein, dich auf diese Weise so zu begleiten, dich selbst auf diese Weise vom bewußten Ich her zu spiegeln.

Den Prozeß durch Spiegeln und Folgen unterstützen

Beim Folgen sollten wir ganz eng mit dem Prozeß des Klienten verbunden sein. Wir müssen die Dinge durch seine Augen sehen und unsere eigenen Gedanken und Wertungen beiseite stellen können. Wir müssen alle seine Äußerungen akzeptieren können und darauf vertrauen, daß sich sein Prozeß in der für ihn richtigen Weise entfaltet, wenn wir ihm akzeptierend folgen.

Wichtig für das Folgen ist die Verstärkung jeder Klientenäußerung: Wir müssen ihm deutlich machen, daß wir ihn gehört und verstanden haben. Laute wie «Aha» und «Mmh, mmh» sind das Minimum, das jeder ohne Schwierigkeiten äußern kann. Ein Souling-Begleiter, der stumm, aber bestätigend nickt, wenn der Klient sich ausdrückt, kann von dem in seinem Zustand der inneren Achtsamkeit meist gar nicht wahrgenommen werden. Der Prozeß aber kann zum Ende kommen oder ins

Stocken geraten, wenn der Klient keine hörbaren Äußerungen als Rückmeldungen bekommt.

Als Begleiter solltest du zunächst üben, in übertriebener Häufigkeit und Betonung Laute wie «Aha» und «Mmh, mmh» von dir zu geben. Das mag dir komisch erscheinen, der Klient aber empfindet das nicht so. Für ihn ist das im Zustand innerer Achtsamkeit einfach hilfreich. Jeder Mensch wird sich schon bei solch einfachen Bestätigungen bereitwilliger ausdrücken, wobei dieser Zusammenhang keineswegs bewußt sein muß.

Die Grundhaltung des Folgens gleicht der einer Hebamme, die einen Geburtsprozeß begleitet, nicht der eines Forschers oder Detektivs. Wiederum ist akzeptierendes, liebevolles Wahrnehmen die Basis für die Entwicklung des Prozesses im Klienten. Normalerweise nehmen wir unseren eigenen Prozessen gegenüber diese Haltung nicht ein. Häufig blockieren wir unseren eigenen Prozeß, indem wir analysieren, inquisitorisch nachfragen, bohrend nach einer Antwort suchen, uns bestrafen, unsere Gefühle interpretieren oder betonen, daß sie anders sein sollten, als sie sind. All diese Haltungen verhindern, daß sich unser Unterbewußtsein öffnen und Erleichterung und Lösung sich entwickeln können.

Entwicklung vollzieht sich nur bei liebevollem, akzeptierendem Wahrnehmen. In dieser stützenden Beziehung verhalten wir uns wie eine Mutter, die ihr Kind hält und ihm Sicherheit gibt. Unsere Bestätigungen müssen die Äußerungen des Klienten unter-stützen, d. h. von unten stützen, so daß er sich getragen fühlen kann. Fühlt er sich sicher genug, kann er weiter voranschreiten. Im Folgen gebe ich dem Klienten das Gefühl, als ob ich ihn von unten mit einer großen Hand halte, so daß sein ganzer Rücken geschützt und bedeckt ist. Nach vorn hin hat er vollkommene Bewegungsfreiheit. Ob er allerdings weitergeht oder erst einmal verweilt, ist ganz seine Sache und Entscheidung.

Praktisch bedeutet das, daß wir während einer Sitzung zum größten Teil folgenden Rhythmus haben: Klientenäußerung – Begleiteräußerung – Pause, Klientenäußerung – Begleiteräußerung – Pause. Erst kommt der Klient, dann kommst du. Er führt das Gespräch, du folgst. Bei Fragen wird dieser Rhythmus umgedreht. Deswegen mußt du bei Fragen immer vorsichtig sein, wenn du folgen willst. Denn die Gefahr ist groß, daß wir beim Fragen anfangen zu führen und der Klient dann uns folgt.

Im Souling unterscheiden wir fünf verschiedene Arten des Folgens, die sich in fünf verbalen Techniken darstellen: *Nachfragen*, *Verbalisierung*, *Kurzverbalisierung*, *Zurücksagen* und *Genauern*.

Doch bevor ich diese fünf Techniken vorstelle, möchte ich noch einige allgemeine Anmerkungen zum Atem während des Folgens machen. Bei unseren partnerschaftlichen Souling-Sitzungen werden wir immer wieder auf den Atem unseres Klienten achten und bemerken können, wie sehr dieser mit seinen Gefühlen, Gedanken und Körperempfindungen verbunden ist. Ebenso wird es einen recht subtilen Austausch zwischen unserer Atembewegung und der des Klienten geben. Da ist es wichtig, daß du als Begleiter immer wieder in dich hineinhorchst und deinen eigenen Atem wahrnimmst. Ist er angehalten, aufgeregt oder irgendwo blockiert? Am günstigsten wäre es, wenn dein Atem ausdrücken könnte: «Alles ist in Ordnung! Alles wird akzeptiert. Ich habe Vertrauen.» Das gelingt am leichtesten, wenn du in deinen Bauch-Becken-Raum atmest, d. h. wenn du mit deinem Gefühl dort unten sein und die Atembewegung im Bauchraum wahrnehmen kannst. Für ein gutes Begleiten und Folgen solltest du also immer wieder in deinen eigenen Körper hineinspüren und überprüfen, wie du dich fühlst, wie sich der Körper anfühlt und wie dein Atem fließt.

- **Nachfragen:** Ein einfaches Mittel, um den Prozeß des Klienten zu fördern, ohne ihn zu lenken oder zu stören, sind allgemeine Fragen, wie beispielsweise:
- Magst du mehr davon erzählen?
- Wie meinst du das genau?
- Wie fühlt sich das an?
- Wie hast du dich dabei gefühlt?
- Wie war das für dich?

Diese Fragen signalisieren einfach dein Interesse und kommen der normalen Gesprächsform von Frage und Antwort entgegen, ohne jedoch echte Fragen zu sein, für deren Beantwortung der Klient nachdenken müßte. Sie fordern ihn einfach auf, bei seinem Prozeß zu bleiben.

- **Verbalisierung:** Du versuchst deinem Klienten sprachlich wiederzugeben, wie du seine Äußerung verstanden hast. Unausgesprochen schwingt dabei immer mit: «Wenn ich dich richtig verstanden habe, dann meinst du...» Dabei liegt die Betonung nicht auf den äußeren Sachverhalten, sondern auf dem inneren Erleben des Klienten. Du fragst dich als Begleiter, was der Klient bei der Situation, von der er gerade berichtet, erlebt und fühlt. Dies machst du dann dem Klienten durch deine Verbalisierung deutlich. Ein Beispiel:

  Klient: «Da hatte ich dann wirklich keine Lust mehr. Ich hab ihn einfach stehenlassen.»

  Begleiter: «Du warst so enttäuscht, daß du einfach nicht mehr bleiben wolltest?!»

Die Verbalisierung ist eine Mischung zwischen Frage und Aussage, so als könnten Frage- und Ausrufungszeichen zugleich hinter einem Satz stehen. Entweder fühlt sich der Klient nach solch einer Verbalisierung verstanden, bestätigt sie und fährt in seiner Selbsterforschung fort oder atmet vielleicht erleichtert auf – oder aber du hast den Punkt nicht vollkommen erfaßt. Dann wird der Klient dich korrigieren und auf diese Weise mit seiner Selbsterforschung fortfahren. Es macht also nichts, wenn du daneben tippst, auch das kann dem Klienten helfen, weiter in sich hineinzuhorchen und noch klarer zu formulieren.

Hier das Beispiel eines Gespräches, in dem der Begleiter nur verbalisiert:

Klient: ... (schweigt und atmet schwerer als normal)

Begleiter: «Schwer für dich, anzufangen?!»

Klient: «Ja, bei mir geht es immer erst im Körper los, und im Kopf ist eine vollkommene Blockade.»

Begleiter: «Dir fallen gar keine Gedanken ein, aber im Körper ist viel los?!»

Klient: «Ja, was soll ich überhaupt machen und tun?»

Begleiter: «Du fühlst dich unter Leistungsdruck?»

Klient: «Ja, es fällt mir schwer, überhaupt aktiv zu werden. Nicht nur jetzt. Wenn etwas schwierig ist, dann habe ich eher die Tendenz, gar nichts zu machen.»

Begleiter: «Da ist dann ein Widerstand, aktiv zu werden?!»

Klient: «Ja, bei Schwierigkeiten habe ich eine Tendenz, aufzugeben. Oder alles lange vor mir herzuschieben ... sehr lange vor mir herzuschieben.»

Begleiter: «Das steht dann so unangenehm vor dir wie ein hoher Berg?»

Klient: «Ja, da denk ich dann, das schaffe ich nie. Warum dann überhaupt anfangen ... Auf der anderen Seite habe ich aber auch die Erfahrung gemacht, daß ich mich, wenn ich etwas gleich angehe, viel besser fühle.»

Begleiter: «Es zahlt sich positiv aus, wenn du gleich rangehst?!»

Klient: «Ja, und wenn ich denke, ich schaffe das nicht, ich kann das nicht, dann mache ich nichts.»

Begleiter: «Diese Sätze ‹Ich schaffe das nicht› und ‹Ich kann das nicht› machen alles viel mühsamer für dich?!»

Klient: «Ja, das ist es, was mich immer behindert und fertigmacht.»

Begleiter: «Ja, diese Sätze sind so richtig ein Klotz am Bein?!»

Klient: «Ja, genau ... Andererseits, wenn ich gelobt werde, dann fühle ich mich wie ein Kind. Das bewirkt dann ganz viel.»

Begleiter: «Du freust dich dann so sehr darüber, daß du gelobt wirst?!»

Klient: «Ja, weil ich sonst immer an mir zweifle.»

Begleiter: «Du zweifelst, ob du gut bist?!»

Klient: «Ja, meistens denke ich, daß alles schlecht ist, was ich mache, und habe immer Angst, daß mich gleich einer kritisiert.»

Begleiter: «Du bist dann ständig unter Druck, ob du auch gut genug bist?!»

Klient: «Ja, ein ständiger Druck – (atmet erleichtert) – das ist richtig im Körper da als eine ständige Spannung. Aber im Moment geht die gerade aus meinem Körper heraus.»

Begleiter: «Aha. Irgendwie wird's jetzt freier?!»

Klient: «Ja, die Brust ist weiter geworden, und der ganze Körper fühlt sich gelöster an. Gestern war da noch etwas: Eine Kollegin sagte mir, daß ich eine beliebte Mitarbeiterin sei. Und ich habe richtig gemerkt, wie ich dachte: Sie hat recht.»

Begleiter: «Du konntest ihr das glauben?!»

Klient: «Ja. Hinterher habe ich gemerkt, daß ich mich ganz selbstbewußt verhalten habe.»

- **Kurzverbalisierung:** Die Kurzverbalisierung ist eine spezielle Art der Verbalisierung, bei der wir das beherrschende Gefühl in einem Wort zurückspiegeln. Wir sagen z. B.: «Traurig, hm...?!» – «Ärgerlich, hm?!» – «Enttäuscht?!» – usw. Diese Art des Reagierens ist dann besonders angemessen, wenn der Klient das betreffende Gefühl gerade im Hier und Jetzt erlebt. Hier ist ein längerer Satz häufig unangemessen, und der Klient fühlt sich durch eine kurze, prägnante Art der Verbalisierung am ehesten verstanden. Wenn z. B. ein Klient am Boden liegt, gerade von einem traurigen Erlebnis erzählt und ihm die Tränen aus den Augen rinnen, wird ihm ein mitfühlendes «Traurig, mmh?» das Gefühl geben, daß seine Traurigkeit gesehen und verstanden wird. Er kann sein Gefühl dann noch deutlicher erleben.

  Genausogut ist die Formel, die der amerikanische Therapeut Albert Pesso häufig benutzt: «Ich sehe, wie traurig du bist!» Diese Kurzverbalisierung benutzen wir später im heilenden Dialog mit unserem inneren Kind, und sie ist genauso hilfreich, wenn du sie bei einem Klienten anwendest: «Ich sehe, wie ärgerlich du bist, wenn du...» – «Ich sehe, wie weh es tut, wenn du...!»

- **Zurücksagen:** Das Zurücksagen ist eine wichtige und hilfreiche Intervention. Es ist sehr einfach – du brauchst als Begleiter noch weniger zu überlegen als bei der Verbalisierung –

und wird nur dadurch erschwert, daß der Begleiter oft Hemmungen hat, dabei dumm zu erscheinen. Wenn du diese Hemmung überwindest, dann kannst du dich immer wieder auf das Zurücksagen als Basisverhalten zurückziehen – besonders dann, wenn du bei anderen Interventionen unsicher bist.

Beim Zurücksagen wiederholst du einfach die wichtigsten oder letzten Worte des Klienten in unveränderter Weise. Wenn ihr euch im Gespräch mit offenen Augen gegenübersitzt, kann dieses Zurücksagen dem Klienten vielleicht seltsam erscheinen. Es ist aber gerade beim Sprechen mit geschlossenen Augen aus der inneren Achtsamkeit heraus sehr hilfreich, weil der Klient durch die Wort-Wiederholung nicht über die Rückspiegelung nachdenken muß. Noch ein Beispieldialog, bei dem das Zurücksagen deutlich wird (lies bitte langsam, mit vielen Pausen):

Klient: «Ich spüre jetzt eine große Wut in den Schultern.»

Begleiter: «Aha. Eine große Wut.»

Klient: «Die Arme wollen am liebsten zupacken, und ich möchte ihn schütteln.»

Begleiter: «Ja, ihn mal so richtig schütteln.»

Klient: «Ja, ihn schütteln und sagen: ‹Das machst du nicht noch mal!›» (atmet schwer)

Begleiter: «Das machst du nicht noch mal!»

Klient: «Jetzt entspannt es sich. Die Wut ist irgendwie raus ... es fühlt sich ganz entspannt an.»

Begleiter: «Ja, ganz entspannt.»

Klient: «Jetzt geht das Gefühl aber in den Bauch. Es fängt richtig an zu brennen. Wie Feuer.»

Begleiter: «Ja, im Bauch brennt es wie Feuer.»

Klient: «Das macht mir angst. Es fühlt sich an wie ein heißer Stein.»

Begleiter: «Wie ein heißer Stein.»

Klient: «Ja, ich kann nichts anderes machen, als einfach dabeibleiben und hineinatmen.»

Begleiter: «O. K.»

Klient: (schweigt länger und atmet tief) «Jetzt ist ein richtiger Vulkan in meinem Bauch, eine große Kraft.»

Begleiter: «Aha, ein richtiger Vulkan.»

Klient: «Ich fühle eine Mordskraft. Ich kann explodieren und Feuer speien. Ich habe überhaupt keine Angst mehr.»

Begleiter: «Alle Angst ist weg.»

Klient: «Ich bin richtig glücklich. Diese Kraft habe ich immer gesucht. Und jetzt ist sie da.»

Begleiter: «Jetzt ist sie da, deine Kraft.»

Klient: «Ja, jetzt möchte ich einfach so daliegen und das noch ein wenig spüren und gar nichts mehr sagen.»

Begleiter: «O. K., nimm dir so viel Zeit, wie du möchtest.»

Wenn der Klient mit seinem inneren Erleben in Kontakt ist und aus seinem Körper-Gefühl spricht, ist das Zurücksagen auf jeden Fall angemessener als eine Verbalisierung. So wird der Klient nicht abgelenkt, muß nicht nachdenken und prüfen, ob wir ihn als Begleiter auch richtig verstanden haben. Das Gefühl des Klienten im Liegen mit geschlossenen Augen unterscheidet sich von dem im Sitzen: Wenn die Verbalisierungen seinen Formulierungen sehr ähnlich sind, dann hat er ohnehin nicht das Gefühl, als säße eine andere Person bei ihm, sondern empfindet es eher so, als wäre der Begleiter seine zweite Stimme. Obwohl das Zurücksagen auf andere lächerlich wirken könnte, wird es vom Klienten nicht so wahrgenommen. Es kann sogar sein, daß dieser ein identisch zurückgesagtes Wort ganz erstaunt hört, als hätte er es vorher gar nicht selbst geäußert. Ihm wird erst beim Zurücksagen bewußt, was er da eben geäußert hat.

- **Genauern:** Die letzte Art des Folgens ist das «Genauern». Damit ist gemeint, daß der Klient bei einem Bild, einer Körperempfindung oder auch bei Gedanken des Klienten nachfragt, um das jeweilige Erleben ganz genau zu erfassen. Der Begriff «Genauern» hat sich in der Souling-Arbeit etabliert, und obwohl dieses Wort sehr ungewöhnlich klingt, möchte ich es beibehalten, weil ich keinen passenderen Ausdruck kenne.

Wenn der Klient beispielsweise von einem Schmerz am Herzen berichtet, kann es sein, daß diese Wahrnehmung flüchtig ist und schnell wieder in den Hintergrund tritt, sofern wir den Klienten nicht bei der Wahrnehmung «halten». Schon die allgemeine Frage, «Magst du mehr über diesen Schmerz erzählen?» oder «Was für eine Art Schmerz ist das?», fordert ihn auf, dabei zu verweilen. In den Sitzungen ist es oftmals wichtig, den Klienten auf diese Weise bei seinem inneren Erleben zu halten, ihn verweilen zu lassen, ohne daß sich die Wahrnehmung verflüchtigt. Dabei ist es hilfreich, das Erleben durch Nachfragen immer genauer und plastischer werden zu lassen. Das gelingt am besten mit vielen differenzierenden Fragen, z. B. ob der Schmerz groß oder klein, vorne oder hinten, unten oder oben, stechend oder drückend, hell oder dunkel ist. Die Antwort des Klienten ist nicht so wichtig wie allein die Tatsache, daß er sich weiter mit seiner Wahrnehmung beschäftigt und so mit seiner Achtsamkeit dort verweilt. Auch hierzu wieder eine Beispielsituation:

Klient: «Jetzt spüre ich einen richtigen Schmerz am Herzen.»

Begleiter: «Aha, einen Schmerz am Herzen (Zurücksagen). Was für eine Art Schmerz ist das (Genauern)?»

Klient: «Das ist merkwürdig, so als ob etwas um das Herz herum ist.»

Begleiter: «Hm, da ist etwas um das Herz herum (Zurücksagen). Ist das etwas Weiches oder etwas Hartes (Genauern)?»

Klient: «Das ist richtig hart, so als ob eine Mauer um das Herz herum ist. Ja, jetzt kann ich eine Mauer erkennen.»

Begleiter: «Und wie sieht die genau aus? Ist die aus Stein (Genauern)?»

Klient: «Ja, so ganz dicke Feldsteine.»

Begleiter: «Und wie hoch ist die (Genauern)?»

Klient: «So etwa drei Meter hoch. Ich kann nicht drübergucken.»

Begleiter: «Wie fühlst du dich, jetzt wo du auf diese hohe Steinmauer guckst?»

Klient: «Ich bin traurig, weil ich so abgeschlossen bin. Die Mauer ist so dick. Da komme ich nie raus (er seufzt).»

Begleiter: «Ein bißchen hoffnungslos, mmh (Kurzverbalisierung)?»

An diesem kurzen Abschnitt kann man sehen, wie durch das Genauern die Wahrnehmung des Klienten immer deutlicher wird, bis zum Schluß das darunterliegende Gefühl gespürt werden kann. Hätte der Begleiter gleich nach dem ersten Satz des Klienten («Jetzt spüre ich einen richtigen Schmerz am Herzen») gefragt, wie sich das anfühlt, wäre es für diesen evtl. noch nicht möglich gewesen, die damit verbundene Traurigkeit zu spüren. Erst durch die Sammlung der Achtsamkeit und die Entfaltung der Bilder wurde es ihm möglich, diese Traurigkeit wirklich zu empfinden.

Diese fünf Arten des Folgens kannst du auch in Begegnungen und Gesprächen mit Menschen, die dir wichtig sind, verwenden. Probiere in der nächsten Zeit einmal, in einem solchen Gespräch nicht mit eigenen Erfahrungen, Ratschlägen oder Besserwisserei zu reagieren, sondern dich selbst zurückzustellen und dich mit Hilfe der oben beschriebenen Verhaltensweisen ganz auf das innere Erleben des anderen einzustellen. Vielleicht nimmt dieses Gespräch einen fruchtbareren Verlauf als sonst. Voraussetzung dafür ist, daß du dir Zeit nehmen und dich ganz auf den anderen einstellen kannst. Wenn ein anderer dich im Alltag mit Äußerungen oder Klagen belästigt zu Zeiten, wo diese nicht angemessen sind, dann ist es vollkommen richtig, den Gesprächsversuch in diesem Moment abzublocken und ihm einen anderen Zeitpunkt für das Gespräch vorzuschlagen.

Doch Begleiten und Folgen sind nicht nur im partnerschaftlichen Souling wichtig. Auch in der Souling-Selbsthilfe-Arbeit kannst du dich selbst mit diesen Interventionen begleiten, um dich zwischen Identifikation und Disidentifikation zu bewegen. Zunächst gehst du tiefer in deine Gefühle und Gedanken hinein, dann nimmst du wieder Abstand und schaust aus der Mitte, aus dem bewußten Ich auf diese Gefühle und Gedanken, verbalisierst oder genauerst sie. Diese Bewegung kann sich im normalen Fluß unseres Denkens und Fühlens vollziehen oder aber die spezielle Form von inneren Dialogen annehmen, wie sie im nächsten Kapitel beschrieben werden.

Dialoge mit Unterpersonen (Punkt 1 a)

Viele psychotherapeutische Schulen – z. B. die Psychosynthese von Roberto Assagioli, die Gestalt-Therapie von Fritz Perls und der Voice-Dialog von Hal und Sidra Stone – arbeiten mit einem Modell, in dem unsere verschiedenen Persönlichkeitsanteile als Unterpersonen bildlich vorgestellt werden. Dein bewußtes Ich kann – wie du es schon im Souling-Märchen erlebt hast – mit all diesen Unterpersonen in einen Dialog kommen. Die Dialoge mit Unterpersonen sind ein wichtiger Teil der Souling-Arbeit; hier kannst du die Identifikation und Disidentifikation praktisch erleben. Als Unterpersonen können z. B. auftreten:

die sogenannten «Über-Ich-Stimmen», Unterpersonen, die für Kritik und mangelnde Selbstliebe stehen. Der Begriff «Über-Ich» stammt aus der Psychoanalyse und beschreibt den Teil in uns, der die Ver- und Gebote, die Normen und Ansprüche von Gesellschaft, Eltern, Lehrern und Autoritätspersonen verinnerlicht hat. Dieser Teil hat meist keine freundliche Stimme, sondern schimpft, kritisiert und tadelt.

Als nächstes erscheinen meist verschiedene Varianten unseres alltäglichen Selbst, beispielsweise der Verantwortliche oder die gute Mutter, mit denen wir uns normalerweise sehr identifizieren. Danach tauchen dann die Schattenfiguren auf, die Teile in uns, mit denen wir uns nicht allzugern beschäftigen. Sie

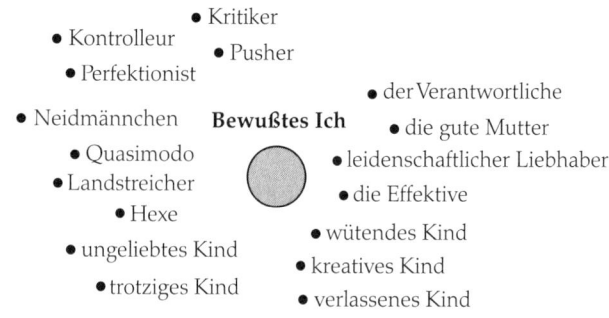

● Kritiker
● Kontrolleur
 ● Pusher
 ● Perfektionist
  ● der Verantwortliche
● Neidmännchen **Bewußtes Ich** ● die gute Mutter
 ● Quasimodo ● leidenschaftlicher Liebhaber
 ● Landstreicher ● die Effektive
  ● Hexe
   ● wütendes Kind
 ● ungeliebtes Kind
  ● kreatives Kind
 ●trotziges Kind
  ● verlassenes Kind

stehen für Gefühle, die wir an uns selbst ungern akzeptieren und am liebsten unterdrücken möchten, z. B. unsere innere Hexe, den Trotzkopf, Trauerkloß oder den boshaften inneren Teufel. Schließlich gibt es unser inneres Kind in all seinen verschiedenen Facetten: das Kind, das wir einst waren und dessen schmerzliche oder unerlaubte Gefühle und dessen Angst wir unterdrückt haben.

Man kann diese verschiedenen Unterpersonen auch den klassischen vier Elementen zuordnen. Jeder Mensch hat schon in seinem Geburtshoroskop ein besonderes Verhältnis zu den Elementen Erde, Feuer, Wasser und Luft. Der eine hat mehr Erdelemente mitbekommen und wird sich eher in einem gemächlichen, etwas konservativen Lebensstil wohl fühlen, der andere hat den größten Teil seiner Persönlichkeit im Element Feuer und fühlt sich bei abenteuerlichen, draufgängerischen Aktionen, wo er alles riskieren muß, am wohlsten. Der Wassermensch hält es vor allem mit Gefühlen, und der Luftmensch liebt das Denken, das Neue und Abwechslungsreiche.

Wenn man dann noch die vier Elemente den vier Himmelsrichtungen zuordnet, wie es viele indianische Medizinkreise

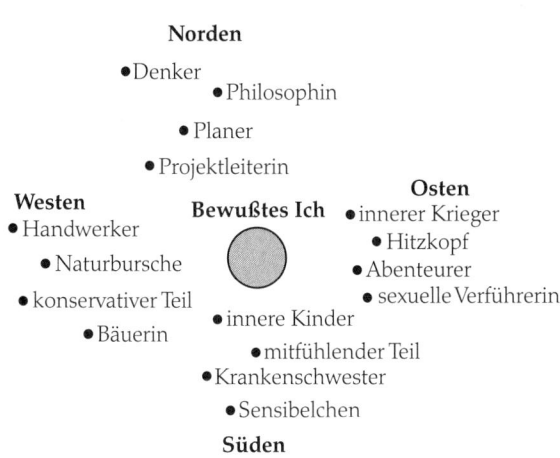

Norden
- Denker
  - Philosophin
  - Planer
  - Projektleiterin

Westen   **Bewußtes Ich**   **Osten**
- Handwerker
  - Naturbursche
  - konservativer Teil
    - Bäuerin
- innerer Krieger
  - Hitzkopf
  - Abenteurer
  - sexuelle Verführerin
- innere Kinder
  - mitfühlender Teil
  - Krankenschwester
  - Sensibelchen

Süden

und alte schamanische Traditionen tun, dann sieht die Gruppierung der Unterpersonen so aus: Norden – Luft – Denken, Osten – Feuer – Vitalität, Süden – Wasser – Gefühle und Westen – Erde – Körper.

Für die Arbeit im Souling-Prozeß ist es sehr hilfreich, wenn wir aus der Position des bewußten Ich das Gespräch mit den einzelnen Teilen suchen. Dieser Dialog findet in unserer Vorstellung statt. Wir fragen in der Rolle unseres bewußten Ich den inneren Kritiker, warum er denn schon wieder so schimpft, um anschließend dann zu diesem Kritiker zu werden, der dem bewußten Ich antwortet. Auf diese Weise wandern wir zwischen unseren verschiedenen Unterpersonen hin und her. Das mag dir zunächst merkwürdig vorkommen – aber der innere Dialog kann die Selbsterforschung durch dieses Gedankenspiel sehr unterstützen.

Du kannst diesen Dialog auch äußerlich darstellen, indem du zwischen zwei Stühlen hin und her wechselst. Auf dem einen Stuhl bist du das bewußte Ich, auf dem anderen dein Kritiker, und so läßt du sie miteinander sprechen. Auf diese Weise kannst du mit all den verschiedenen Teilen in dir ins Gespräch kommen. Diese inneren Dialoge können sehr spannend sein. Du kannst aber nicht nur das bewußte Ich mit anderen Unterpersonen sprechen lassen, sondern auch zwei verschiedene Unterpersonen nehmen, die z. B. im Streit miteinander liegen, um diese miteinander ins Gespräch zu bringen: z. B. den vernünftigen Geldverdiener und das sabotierende Kind oder den spirituellen Teil mit dem gierigen Genußsüchtigen. Beim Spielen der Unterpersonen wirst du merken, daß sie alle eine spezifische Körperenergie haben. Du selbst spürst eine andere Haltung, Stimme oder ein anderes Körpergefühl, wenn du auf dem Stuhl des Kritikers oder auf dem des trotzigen Kindes sitzt. Wenn du gerade die Rolle des bewußten Ich spielst, ist es immer gut, ganz gerade zu sitzen und den Atem im Unterbauch zu spüren. Auf dem Platz des «Opfers» kannst du dich z. B. auch hinlegen und evtl. ganz zusammenfallen.

In den folgenden Abschnitten wollen wir uns einige der Unterpersonen genauer ansehen. Besonders wichtig sind dabei die, die uns im Prozeß der Selbsterforschung die größten Schwierigkeiten machen: die Über-Ich-Stimmen.

Die innere Kritik

Kennst du diese Situation? Dir ist irgendein Mißgeschick passiert, du fühlst dich verletzt, beschämt oder traurig – aber du nimmst diese Gefühle gar nicht wahr, sondern schimpfst noch selbst mit dir herum? Gerade jetzt, wo du eigentlich Mitgefühl und Verständnis bräuchtest, machst du dich fertig mit Sätzen wie «Ich bin ja wirklich zu doof!» – «Ich lerne das wohl nie!» – «Ich könnte mich ohrfeigen!» oder gar «Du Versager!».

Auf ein solches inneres Geschimpfe folgen meist depressive Gefühle. Uns ist zwar klar, daß wir auf diese Weise nicht mit anderen Menschen sprechen wollen, weil wir wissen, daß das nie etwas ändert, aber mit uns selbst gehen wir so kritisch um. Meist denken wir bei diesen selbstabwertenden Gedanken einfach drauf los und haben dabei das Gefühl, daß wir selbst es sind, die so von uns denken. Daher ist es zunächst hilfreich, sich bewußt zu machen, daß dies eigentlich fremde Stimmen sind, die uns früher einmal von Eltern, Lehrern und anderen Autoritätspersonen «eingeimpft» wurden. Heute sind diese «fremden Stimmen» unsere Unterpersonen, die wir z. B. den Kritiker, den Antreiber, den Perfektionisten oder Kontrolleur nennen und von denen wir uns disidentifizieren können.

Dieses Verständnis wird uns helfen, wenn die Über-Ich-Stimmen uns das nächste Mal kritisieren und angreifen. Anstatt unbewußt weiter auf uns zu schimpfen, können wir wahrnehmen: «Aha, mein Kritiker meckert wieder mit mir», oder: «Mein Antreiber ist schon wieder beim Schubsen!» Schon indem wir dieses innere Erleben so formulieren und uns damit distanzieren können, gewinnen wir mehr Leichtigkeit sowie die Fähigkeit, diese Selbstanklagen zu unterbrechen und über dieses innere Geschimpfe vielleicht sogar zu lachen. Wir können diese Teile häufig nicht verändern, aber wir können uns entscheiden, uns nicht länger von ihnen beeinflussen zu lassen. Vom bewußten Ich her können wir feststellen: «Mein lieber Kritiker, du bist ja schon wieder furchtbar am Schimpfen, aber ich habe Besseres zu tun, als dir zuzuhören. Ich glaube, mein inneres Kind braucht jetzt Unterstützung – das ist wichtiger!»

Es ist absolut notwendig, daß du die Selbstdisziplin gewinnst, solche selbstdestruktiven Dialoge zu unterbrechen. So mögen früher andere Menschen mit uns gesprochen haben – schlimm genug –, doch das dürfen wir heute nicht selbst fortsetzen. Um für diese Unterpersonen zukünftig sensibler zu sein, wollen wir sie im einzelnen betrachten und Dialoge mit ihnen führen. Das ist gerade am Beginn des Arbeitens mit Souling oder auch am Beginn einer Therapie sehr sinnvoll. Diese Teile sind als Schutz vor tieferen Gefühlen entstanden. Werden sie nicht geklärt, so verhindern sie, daß wir diese Gefühle wahrnehmen und spüren können. Im Souling-Prozeß selbst lernen wir, sie einfach nur wahrzunehmen, wenn sie auftreten, und ihnen zu sagen, daß wir uns bei unserem Prozeß nicht stören lassen werden.

So notwendig es ist, sich klar und selbstbehauptend von diesen Stimmen abzugrenzen, d. h. ihr Agieren zu stoppen, so können wir sie auch in einem Interview näher kennenlernen, respektieren und anerkennen, daß sie ja eigentlich zu unserem Schutz entstanden sind. Sie haben verhindert, daß wir von außen kritisiert oder verletzt wurden. Bevor das passierte (und das war für uns als Kinder wirklich sehr bedrohlich), haben diese Teile selbst auf uns aufgepaßt. Bevor meine Mutter mit mir schimpft, schimpfe ich mich lieber selbst aus, damit ich nicht etwas Verbotenes tue. Hinter der Aggression der Unterpersonen steckt also meist eine Sorge. Sie sollte akzeptiert, und die Teile sollten gewürdigt werden. Vielleicht können wir ihnen ja ein «Verdienstkreuz» überreichen und sie in Rente schicken, denn jetzt sind wir erwachsen und können mit dem bewußten Ich selbst auf uns aufpassen.

Der Kritiker

Dies ist der Teil, der uns kritisiert und abwertet. Für ihn sind wir nie gut genug, und es ist sinnlos, mit ihm zu argumentieren. Dabei wird er immer stärker sein. Bei den einen stürzt er sich auf die Leistung, bei anderen hat er immer etwas am eigenen Körper auszusetzen, egal, wie heftig man sich auch anstrengt, er hat immer etwas zu bemängeln. Man kann es ihm nie recht machen.

Um diesen Teil kennenzulernen, möchte ich dir einen Dialog zwischen deinem Kritiker und deinem bewußten Ich vorschlagen. Du stellst dafür zwei Stühle auf: auf dem einen bist du der Kritiker, auf dem anderen das bewußte Ich. Du beginnst als bewußtes Ich mit der Anrede: «Hallo, Kritiker, ich möchte dich kennenlernen. Du schimpfst ja so oft auf dem Martin herum!» Dann wechselst du den Stuhl und antwortest als Kritiker: «Natürlich muß ich mit ihm schimpfen. Guck dir doch nur mal den Martin an! Schon seine Stimme ist doch nicht zum Aushalten!» Laß den Kritiker in der dritten Person über dich selbst sprechen, so daß du als bewußtes Ich ein neutraler und wohlwollender Therapeut und Interviewer sein kannst, der aus dem Kritiker so viele Informationen wie möglich herausholt. Ein Beispiel:

Bewußtes Ich: «*Wie machst du denn den Martin fertig? Benutzt du Sätze oder eher Körpergefühle?*»

Kritiker: «Sätze. Ich mag ihn gern ankeifen. Dann zuckt er ordentlich zusammen. Manchmal benutze ich auch unangenehme Körpergefühle, die ihm klarmachen, daß er nicht in Ordnung ist.»

Bewußtes Ich: «*Warum machst du das eigentlich?*»

Kritiker: «Ja, wenn ich das nicht machen würde, was würden denn die Leute von ihm denken!»

Bewußtes Ich: «*Was würden die denn von ihm denken?*»

Kritiker: «Die würden ihn auslachen, so wie damals auf dem Kindergeburtstag, als er den neuen Anzug falsch herum angezogen hatte.» (usw.)

Es ist wichtig, daß du als bewußtes Ich beim Interview den Kritiker wirklich akzeptierst – auch wenn er noch so scheußliche Dinge über sich eröffnet. Denn sonst wird er dir nicht viel von sich zeigen.

Der Antreiber

Dies ist der Teil in dir, der dich antreibt und pusht. «Mach schneller! Leiste mehr! Keine Zeit! Nun mach schon! Halt durch», tönt es da in uns. In jedem sehen diese Teile verschieden aus. Daher kann es vorkommen, daß bei dir der Antreiber dem Kritiker ähnlich ist, doch bei anderen unterscheiden sie sich stärker.

Ich möchte dir vorschlagen, mit allen hier angesprochenen Teilen im folgenden in einen Dialog zu treten, so wie er oben beim Kritiker beschrieben wurde. Auf dem einen Stuhl bist du jetzt der Antreiber und auf dem anderen das bewußte Ich als Therapeut oder Interviewer. Viel Spaß! *Nun mach schon!*

Der Perfektionist

Bei diesem Persönlichkeitsanteil ist wichtig, daß du wirklich perfekt bist und keinen Makel aufweist. Der Perfektionist kann eine fehlerhafte, unvollkommene Welt nicht akzeptieren. Und bei ihm kannst du sicher sein, daß du dich noch so stark anstrengen kannst – er wird nie zufrieden sein. Es wird immer noch etwas Schöneres und Besseres geben, das du erreichen könntest. Führe auch mit ihm einen Dialog. *Du willst doch wohl ein wirklich lernwilliger Leser sein – oder nicht?*

Der Kontrolleur

Diese Unterperson in dir hält dich davon ab, spontan zu handeln und dich auszudrücken. «Was könnten die Leute denken! Halt dich zurück! Reiß dich zusammen! Mach dich unsichtbar!» – das sind nur einige Sätze, mit denen er dich stoppt. Häufig kontrolliert er dich auch ohne Sätze, einfach durch Kontraktion der Muskeln, die deine inneren Impulse zurückhalten. Er läßt dich auf die Zähne beißen, damit kein falsches Wort herauskommt, er schnürt dir die Kehle ein, damit dir nicht die Tränen kommen, er verursacht eine Dauerspannung zwischen den Schulterblättern, damit du deine Wut nicht durch das Schlagen mit den Armen ausdrückst, und er läßt dich deinen Po zusammenkneifen, damit sich auf keinen Fall dein Becken löst und du zu heftige sexuelle Empfindungen spürst.

Führe auch mit ihm ein Gespräch. Du wirst ihn dann im Alltag leichter erkennen und kannst ihn bewußt verändern. Oder hat er dich schon so im Griff, daß er jetzt sagt: «*Probiere es nicht aus. Du machst dich nur lächerlich!*»

Der Analytiker

Das ist der Teil in dir, der alles verstehen, begreifen und mit dem analytischen Verstand lösen will. Dabei entfernt er dich immer mehr von deinem Körper und deinen Gefühlen. Natürlich ist es wichtig, Empfindung und Verstand zusammenzubekommen, doch die Aktionen des Analytikers sind einfach dumm. Er besitzt keine Sensibilität, keine Demut und keine Höflichkeit – meist ist er ein grober, maskuliner Despot, der mit Ungeduld oder sogar Gewalttätigkeit ein Ergebnis erzwingen will. Aber wie gesagt – bei jedem Menschen nehmen die Unterpersonen verschiedene Gestalten an. Wie ist dein Analytiker? Lerne ihn mit Hilfe eines Dialoges mit dem bewußten Ich kennen. Oder bremst er dich im Moment und fordert: «*Das müssen wir aber erst genau untersuchen, bevor wir es ausprobieren können!*»?

Selbstverteidigung im Alltag

Zwischendurch zeige ich dir schon mal ein paar kleine Tricks, die du anwenden kannst, wenn die Über-Ich-Angriffe im Alltag zu heftig sein sollten. Manchmal ist der Kritiker wirklich so furchterregend wie eine mächtige Hexe oder ein großer Moloch, und wir fühlen uns so klein und ängstlich, daß wir uns gar nicht dagegen wehren können. In diesem Fall hilft dir eine Grundgesetzmäßigkeit unseres Gehirns, die du dir immer und auch während der ganzen Arbeit mit dem Souling zunutze machen kannst. Willst du dein inneres Erleben stärker und kräftiger machen, dann stelle dir vor, du befindest dich direkt im Geschehen, die Farben sind hell, bunt und strahlend, und deine Sinne sind kräftig beteiligt (Identifikation). Willst du dich aber disidentifizieren und mehr Abstand zum Erleben haben, dann stelle dir die Szene in einiger Entfernung vor, am besten eingerahmt wie in einem Fernsehmonitor, drehe in deiner Vorstellung die Farbe heraus, lasse die Bilder etwas undeutlich werden und die Töne leiser.

Ist dein Kritiker oder dein Antreiber also wirklich ein Monster, dann stelle ihn dir in größerer Entfernung vor, lasse ihn schwarzweiß und zu einer seltsamen Karikatur werden, ziehe z.B. der Hexe ihr Kleid aus und stecke sie in ein lustiges Dirndl, setze den Unterpersonen komische Hüte auf oder lasse sie einfach schrumpfen. Hilfreich ist auch die Vorstellung, daß du an deinem Fernsehmonitor für die inneren Bilder einen Knopf für schnellen Vor- und Rücklauf hast. So kannst du sehen, wie die Figur schimpft, und dabei den Film so schnell werden lassen, daß ihre Stimme ganz hoch und hastig wird. Oder aber du drehst die Geschwindigkeit herab und läßt Bewegungen sowie Stimmen ganz langsam und tief werden. Deiner Kreativität sind keine Grenzen gesetzt, und du kannst dich kaputtlachen über diese Figuren in deinem Kopf.

Auf diese Weise kannst du auch mit den folgenden drei Unterpersonen verfahren, wenn sie wieder einmal zu mächtig werden oder dir den Prozeß der Selbsterforschung erschweren. Denn wenn diese Unterpersonen sehr aktiv sind, dann läuft die innere wie auch äußere Verständigung meist schief. Sie sind ein häufiger Grund für destruktive Kommunikation in Partnerschaften.

Der Vernünftige

Diese Unterperson ähnelt dem Analytiker, doch hier geht es um einen anderen Aspekt. Sie steht für den Teil in dir, der weiß, was gut und richtig ist, und doch verhindert, daß du deine eigene Wahrheit entdeckst. Häufig ist er sehr bewandert in allen möglichen therapeutischen und spirituellen Theorien. Er weiß, daß es sich nicht lohnt und nicht gut ist, sich zu ärgern, daß Eifersucht kindlich und neurotisch ist, daß die Traurigkeit von heute ja eigentlich aus der Kindheit stammt und deswegen unerheblich ist, und er weiß genau, warum du so bist, wie du bist. Er kann alles erklären. Inhaltlich hat dieser Teil meist recht, und es wäre schwierig, mit ihm zu argumentieren. Aber häufig hat er zugleich die Funktion, uns von unserer tiefen inneren Wahrheit zu trennen, damit wir sie nicht sehen müssen. Damit wird er ein Teil unserer Abwehr, so gut sich seine Argumente auch anhören mögen. Führe auch mit ihm einen Dialog. *Du weißt doch, wie gut das für dein Wachstum ist!*

Das Opfer

Diese Unterperson übernimmt keine Verantwortung für sich selbst und sieht sich ständig als Opfer äußerer Umstände. Sie klagt und jammert zu gern und fühlt sich dabei vollkommen macht- und hilflos. Für das, was ihr geschieht, kann sie nie etwas. Letztlich will sie immer die «Gute» bleiben – die anderen und die Welt sind die «Bösen». Häufig verführt sie durch ihre jammernde Art andere Menschen zu Aggressionen und fühlt sich dann bestätigt, wie gemein die anderen sind. Diese Unterperson steht oft am Beginn einer Souling-Sitzung: Wir klagen über unsere Sorgen und Probleme. Das ist völlig in Ordnung. Zunächst darfst du so heftig, wie du willst, jammern und klagen. Danach solltest du dich disidentifizieren, den Platz wechseln und zu deinem bewußten Ich werden, das sich von deinem «Opfer» lösen und Distanz aufnehmen kann. Laß die beiden miteinander sprechen. *Aber das ist wahrscheinlich zu schwierig für dich!*

Der Rechthaber

Dieser Teil tritt besonders bei Konfliktsituationen in der Partnerschaft hervor und macht die Kommunikation zum Kampf. Das erkennen wir meist schon an der Körperhaltung: Wir spannen den ganzen Körper an, die Stimme bekommt diesen erwachsenen, belehrenden und rechthaberischen Ton, und häufig benutzen wir vermehrt den Zeigefinger. Wenn wir diese Unterperson genauer ansschauen, können wir erkennen, wieviel Genuß für uns darin steckt, recht zu haben. Wir fühlen uns dann so wichtig, plustern uns richtig auf, und – Hurra! – wir sind auf der richtigen Seite, wir haben endlich recht! Dieses Gefühl genießen wir so sehr, daß wir alle unsere Kraft verausgaben und bis zum letzten kämpfen werden. Wenn du bemerkst, daß du im Prozeß der Selbsterforschung oder in einem Partnergespräch mit dieser Unterperson identifiziert bist, wird das weitere Gespräch nicht zu einem konstruktiven Ergebnis führen. Beginne deshalb sofort, dich zunächst zu disidentifizieren, in dein bewußtes Ich zu gehen, dich vielleicht erst einmal zu schütteln und zu lachen. Erst dann kann gute Kommunikation oder Selbsterforschung weitergehen. Suche das Gespräch mit deinem Rechthaber, oder hat er dich so in der Hand, daß er dir sagt: «*Solch ein Spiel ist albern, und ich weiß, daß ich recht habe!*»?

Der Dialog mit dem sabotierenden inneren Kind

Einer der wichtigsten Dialoge in deinem Alltag wird wahrscheinlich das Gespräch zwischen deinem bewußten Ich und deinem inneren Kind sein. Damit ist zunächst mehr der Teil in uns gemeint, der häufig als sabotierendes oder trotziges Kind auftritt und uns im Alltag bei unseren Vorhaben stört. Dieser Persönlichkeitsteil hat keine Lust, sich anzustrengen, will meist nur sofortige Bedürfnisbefriedigung und von allem so viel wie möglich. Wenn wir mit diesem Teil nicht kommunizieren, wird er in unser Unbewußtes abtauchen und uns von dort aus mit Unfällen, Krankheit, Fehlleistungen und anderem ärgern.

Suche auch mit dem sabotierenden Kind den inneren Dialog, um mehr Informationen über euer Verhältnis zu sammeln. Am besten verteilst du wieder die zwei Rollen auf zwei verschiedene Plätze. An dem einen bist du dein bewußtes Ich, an dem anderen dein trotziges inneres Kind. Beginne und beende den Dialog in jedem Fall auf dem Stuhl des bewußten Ich. Das bewußte Ich muß Regisseur und Herr im Haus sein. Sitze auf diesem Platz gerade und aufrecht, und sei in dir zentriert. Auf dem Platz des inneren Kindes kannst du gern die Augen schließen, es dir bequemer machen, dich vielleicht sogar hinlegen. Wechsle beim Dialog zwischen den beiden Plätzen hin und her, und kläre euer Verhältnis.

Ich möchte dir empfehlen, diesen Dialog jeden Tag etwa fünfzehn Minuten zu machen. Die Zeit direkt nach dem Aufwachen ist dafür besonders günstig. Die psychische Abwehr ist noch niedrig, das Unbewußte näher an der Oberfläche, nicht zuletzt durch die Erinnerung an nächtliche Träume. Hier ein kleines Beispiel:

Bewußtes Ich: «Hallo, liebes inneres Kind, wie geht es dir heute morgen?»

Inneres Kind: «Ach, ich bin quengelig. Ich habe keine Lust zu diesem Dialog. Mußt du mich schon so früh aus dem Bett holen und mich interviewen? Ich habe keine Lust auf diesen ganzen bewußtseinserweiternden Kram. Ich will einfach, daß es mir gut geht, und ich habe keine Lust, dafür etwas zu tun.»

Bewußtes Ich: «So, so. Ich weiß aber, daß es uns beiden hinterher immer besser geht und der vor uns liegende Tag erfüllender wird, wenn wir uns aussprechen. Häufig vergesse ich dich sonst, gehe dann nicht auf dich ein, und dann rächst du dich irgendwie durch Müdigkeit, Krankheit oder Sabotage. Also laß uns doch etwas sprechen.»

Inneres Kind: «Ja, ich bin aber trotzig und will, daß du mich verstehst, auch ohne Gespräch. Du bist immer so vernünftig und erwachsen, und durch Dialoge mit dir verliere ich meine Macht. Ich will chaotisch und unberechenbar bleiben – und das geht am besten, wenn ich nicht mit dir spreche.»

Bewußtes Ich: «Ja, das glaube ich gern. Das merke ich ja auch, wenn du durch Süchte und Krankheiten ausdrückst, wie mächtig du bist. Ich dringe ja auf einen Dialog, weil ich keine Lust mehr habe, von dir auf diese Weise beherrscht zu werden. Und vielleicht hast du auch schon erfahren, daß ich viel besser auf dich eingehen kann, wenn du mir deine tieferen Bedürfnisse mitteilst. Also, ich bleibe streng und will jetzt wirklich wissen, wie es dir geht und warum du dich quengelig fühlst.»

Inneres Kind: «Na gut. Dann muß ich mal die Augen schließen und sehen, wie ich mich im Körper fühle. Ja, da ist solch eine Enttäuschung, daß mich Elisabeth gestern versetzt hat. Ich mußte die ganze Nacht allein schlafen, und sie fehlte mir.»

Bewußtes Ich: «Aha, das ist es also. Aber sie sagte ja, daß sie an ihrer Examensarbeit sitzen würde. Du weißt sicher, daß es nichts mit dir zu tun hatte, daß sie nicht konnte. Was steckt also noch hinter diesem Gefühl von Enttäuschung?»

Inneres Kind: «Na, du weißt schon, das ist doch wieder die alte Geschichte mit meiner Mutter. Die hat mich doch auch so oft alleingelassen. Wieder diese alte Verletzung.»

Bewußtes Ich: «Ich weiß, daß du da schon oft hineingefühlt hast. Aber tu das jetzt noch mal. Spüre dieses alte Gefühl von Allein-gelassen-Sein in deinem Bauch- und Brustraum. Und laß den Atem da hineinfließen.»

Inneres Kind: «Ah, ja. Ich spüre es noch mal . . . Es fängt schon an, sich zu lösen. So stark war es ja gar nicht.»

Bewußtes Ich: «Mir scheint, daß du nun weniger quengelig bist und daß es dir doch gutgetan hat, das zu klären und mir mitzuteilen. Sehe ich das richtig?»

Inneres Kind: «Ja, ja – du hast ja recht. Es ist ja auch in Ordnung, wenn du mich drängelst und zum Reden bringst. Das tut mir ja auch gut.»

Bewußtes Ich: «Gibt es sonst noch etwas, was für den heutigen Tag wichtig wäre und worüber wir sprechen müssen?»

Inneres Kind: «Ja, ich brauche heute auf jeden Fall ein paar Streicheleinheiten und kann nicht die ganze Zeit zurückstecken, wenn du deinem harten Arbeitsalltag nachgehst. Bitte sorge irgendwie dafür, sonst graust mir vor dem heutigen Tag.»

Bewußtes Ich: «In Ordnung. Wie wäre es, wenn wir beide in der Mittagspause in den Park gehen. Die Sonne scheint heute, wir können es uns dort gutgehen lassen und weiter miteinander sprechen.»

Inneres Kind: «Ja, das ist fein. Durch unser Gespräch bin ich jetzt sowieso die ganze Zeit bei dir. Schön, daß wir so ein gutes Verhältnis zueinander bekommen. Ich mag dich immer lieber.»

Bewußtes Ich: «Ich liebe dich auch, mein inneres Kind. Es war gut, mit dir zu sprechen. Ich fühle mich jetzt ganz wohlig in meinem Körper. Laß uns duschen gehen!»

Andere Dialoge

Auf die hier am Beispiel des trotzigen inneren Kindes beschriebene Weise kannst du alle deine Unterpersonen aus dem bewußten Ich interviewen. Suche das Gespräch auch mit einer Unterperson deines Alltags, z. B. mit deiner Berufsrolle. Das sind ja meist positive Unterpersonen, die uns in unserem Leben immens helfen, aber die Fähigkeit zur Disidentifikation ist immer wertvoll. Wenn ich z. B. selbst mit meiner Rolle als Helfer ständig identifiziert bin, kein bewußtes Ich habe und diese Rolle nicht mehr verlassen kann, dann wird mein Leben unter Umständen ziemlich schwierig. Denn es gibt sicherlich Situationen, in denen es angemessener ist, mit meinem inneren Kind, meinem spielerischen Teil oder sogar mit meinem aggressiven Teil, der sich abgrenzen will, zu reagieren, als ständig mit meinem Helfer.

Ebenso kannst du mit einer Schattenfigur kommunizieren, z. B. mit deiner inneren Hexe oder dem inneren Krieger. Die Dialoge werden dir diese Teile bewußter machen. Du lernst, sie zu akzeptieren, und kannst so auch in den Genuß der vitalen Energien kommen, über die diese Unterpersonen in ihrem Kern verfügen.

Außerdem kannst du mit einer Unterperson kommunizieren, die mit einem aktuellen Problem im Zusammenhang steht, z. B. mit dem schüchternen Teil oder mit deiner «Beziehungsklette». Du gehst dabei genauso vor, wie bisher in den Dialogen geschildert. Auf dem einen Stuhl bist du das bewußte Ich, auf dem anderen Stuhl die betreffende Unterperson. Du kannst auch auf jeden Stuhl eine Unterperson setzen, besonders wenn sie miteinander im Konflikt liegen. Bei einem aktuellen Problem sind es meist zwei Unterpersonen, die Gegensätzliches wollen. Häufig gibt es einen Teil, der Wachstum und Risiko will, und einen anderen, dem Sicherheit das Wichtigste ist. Laß dann deinen Wachstumsteil und deinen Sicherheitsteil miteinander sprechen. Bei einem solchen Dialog zwischen zwei Unterpersonen kannst du dich neben die beiden Stühle stellen und von dort aus das ganze Gespräch mit den Augen des bewußten Ich anschauen. Was nimmst du wahr? Gibt es eine Direktive, die du beiden Teilen sagen willst, z. B.: «Ich möchte, daß ihr euch konstruktiver auseinandersetzt», oder «Nun sagt euch doch einmal ganz ehrlich, was ihr nicht aneinander mögt, anstatt so rumzukeifen!»

Dialoge in innerer Achtsamkeit

Der Dialog mit unseren Unterpersonen kann, wie eben beschrieben, äußerlich dargestellt werden, indem wir den verschiedenen Teilen verschiedene Plätze zuordnen, er kann sich aber auch allein in unserem Inneren abspielen. Wenn wir uns aus unserem Alltag zurückziehen und uns Zeit für einen Souling-Prozeß nehmen, können wir irgendwo ruhig sitzen und die Augen schließen, um von der Umwelt ungestörter zu sein. In diesem Zustand der «inneren Achtsamkeit» können wir natürlich nicht die Form der Dialoge auf zwei Stühlen benutzen. Wir gehen dann – in der inneren Achtsamkeit mit geschlossenen Augen – folgendermaßen vor:

- Wir stellen uns die Unterperson vor uns im Raum vor – nicht in unserem Körper, sondern vor uns. Wir gehen so in die Identifikation mit dem bewußten Ich.
- Dann sprechen wir die Unterperson an: «Hallo, Kritiker, ich nehme dich wahr», oder «Hallo Kritiker, ich sehe dich». Außerdem fügen wir an, wie wir dieser Unterperson gegenüberstehen, z. B.: «... und ich mag dich nicht!», oder «... und du störst mich!», oder «... und ich habe Angst vor dir».
- Wir spüren aus unserem Bauch- und Brustraum zur Unterperson hinüber, spüren, wie sie sich bei dieser Begrüßung fühlt, wie ihre Befindlichkeit ist, und fassen diese Gefühle in Worte. Wir stellen uns vor, daß die Unterperson diese Worte zu uns sagt. Dabei sind wir zum Teil im bewußten Ich und zum Teil in der Unterperson.
- Im Anschluß schauen wir, wie wir uns im bewußten Ich dabei fühlen, wenn die Unterperson diesen Satz zu uns sagt.
- Auf diese Weise lassen wir einen inneren Dialog hin und her gehen, schlüpfen dabei also nie ganz, sondern nur halb in die Rolle der Unterperson.
- Zum Abschluß achten wir darauf, daß wir in unserem bewußten Ich in einer starken Position sind, und geben von dort aus eine Direktive für die Zukunft, z. B.: «Ich werde mich von dir weniger stören lassen!»

Hier noch ein Beispiel für einen Dialog mit dem inneren Kritiker:

Ich spüre schon seit einiger Zeit, daß immer mehr destruktive und herabsetzende Stimmen in mir laut werden, aber erst jetzt wird mir bewußt, daß mein innerer Kritiker wieder am Werk ist. Ich nehme mir einige Minuten Zeit, um ihn darauf anzusprechen.

Ich sage: «Hallo Kritiker, du bist also schon wieder am Schimpfen!» und stelle ihn mir dabei vor, wie er vor mir in der Luft schwebt. Er hat noch keine Form, ist einfach Energie, eine formlose Wolke. Ich spreche weiter: «Du machst mir wirklich das Leben schwer!»

Nun spüre ich zu ihm hin, dorthin, wo ich seine Energie lokalisiert habe, und lausche, wie es ihm damit geht, daß ich ihn angesprochen habe. Er scheint sich ganz vergnügt zu fühlen. «Endlich sprichst du mit mir!» sagt er, und ich spüre, wie ich mich körperlich erleichtert fühle. Der Kritiker erscheint jetzt gar nicht so böse. «Warum schimpfst du so viel mit mir? Was ist denn los?» frage ich, und er antwortet: «Ich weiß es selbst nicht, ich bin wohl heute mit dem falschen Bein aufgestanden.» Ich fühle mich noch erleichterter und nehme in meiner Vorstellung den Kritiker in den Arm. Zu meinem Erstaunen verwandelt der sich in einen tollpatschigen Pinguin, der sich wohlig an mich schmiegt. Ich begreife zwar überhaupt nicht, was das bedeutet, genieße aber das kuschelige Gefühl, das auch in mir entsteht, und freue mich über die Entspannung und Ausgeglichenheit. Ich sage zum Pinguin: «Wenn ich dich streichle, dann brauchst du gar nicht zu meckern!» Er nickt bestätigend, und ich wende mich wieder meiner Arbeit zu.

Schreib-Dialoge

In diesem Kapitel will ich dir zeigen, wie du weitere Unterpersonen kennenlernen kannst. Dabei nutzen wir nicht, wie eben beschrieben, das Spiel und den inneren Dialog, sondern das Schreiben mit zwei Händen. Du kannst dieses Kapitel richtig durcharbeiten und die Dialoge schriftlich durchführen. Das dauert dann etwa zwei Stunden und kann erfahrungsgemäß sehr viel bewirken. Unter Umständen verändert es dein Denken und Fühlen.

Du kannst aber genausogut die verschiedenen Dialogvorschläge zunächst nur lesen. Nimm dir bei der Lektüre der verschiedenen Anweisungen etwas mehr Zeit, und stelle dir kurz vor, du würdest die einzelnen Übungen durchführen. Dann bekommst du einen kleinen Vorgeschmack – aber auch das kann schon bewußtseinserweiternd und -verändernd wirken.

Wenn du die Übung wirklich durchführst, wirst du zum einem verschiedene Persönlichkeitteile deiner selbst neu kennenlernen und zum anderen etwas darüber erfahren, was das Schreiben mit der dominanten und nichtdominanten Hand auslösen kann. Viele Menschen, die mit Souling arbeiten, benutzen ab und zu diese Technik, um innerlich mehr Klarheit zu bekommen.

Das Schreiben mit der «anderen» Hand

Wie Du gleich merken kannst, passiert etwas Tiefes in Dir, wenn Du mit der linken Hand schreibst.

Ja, es ist wahr. Normalerweise sind wir Rechtshänder gewöhnt, mit unserer dominanten rechten Hand zu schreiben, die mit der linken Gehirnhälfte verbunden ist. Diese steht für das begriffliche Denken, Logik, Begreifen und Vernunft. Unsere ganze Gesellschaft ist von dieser linken Gehirnhälfte dominiert.

Schreibst du nun mit deiner linken Hand, wird die Schrift, wie meine dort oben, wahrscheinlich krickelig, kindlich und ungelenk sein. Aber du kannst dabei eine ganz andere innere Beteiligung spüren. Häufig fühlt man sich dabei wieder als das kleine Kind, welches gerade Schreiben lernt. Das Schreiben wird sehr viel emotionaler und intuitiver.

Die linke Hand ist mit der rechten Gehirnhälfte verbunden, und die steht für Intuition, Bilder, Gefühl, Raumempfinden – sozusagen für unser Traumbewußtsein. Dieses Buch ist mindestens zur Hälfte aus dem Empfinden der rechten Gehirnhälfte geschrieben worden und wendet sich auch an deine rechte Gehirnhälfte. Denn nur mit Beteiligung dieser intuitiven Seite kann es innere Bewegung und Veränderung geben.

Versuche es doch auch einmal.
Schreib einfach drauflos!
Ich bin das innere Kind
von Martin und rufe
Dein inneres Kind.

Für Linkshänder ist es umgekehrt, da ist meist die linke Hand mit der begrifflichen Gehirnseite verbunden, und die rechte Hand steht für das Intuitive und Emotionale. Doch das stimmt nicht immer. Manche Linkshänder spüren auch das Intuitive links und das Logische rechts. Falls du Linkshänder bist, mußt du selbst experimentieren, wie das bei dir aussieht. Leider kann das kein anderer feststellen. Ich werde in diesem Kapitel «linke Hand» und «rechte Hand» sagen, wenn ich die nichtdominante und die dominante Hand meine. Der Einfachheit halber beziehe ich mich auf die Wahrnehmung der Rechtshänder und bitte die Linkshänder, gegebenenfalls alles umzudrehen.

Falls du auch geschrieben hast, hast du gemerkt, was dabei passiert ist? Wie waren deine Gefühle dabei? Was macht dein Körpergefühl? Häufig verändert sich auch der Atem – deswegen ist es wichtig, beim Schreiben immer wieder auf den Atem zu achten.

Für viele meiner Gruppenteilnehmer wurde dieses Schreiben mit der nichtdominanten Hand ein wichtiges Arbeitsmittel im Alltag. Es kann wirklich verändern und dir sehr dabei helfen, mit deinem inneren Kind in Kontakt zu kommen. Es kann dich darin unterstützen, deine Kreativität und deine innere Weisheit freizusetzen. Ich selbst schreibe jedesmal mit der linken Hand, wenn ich eine Schreibblockade habe und mir nichts mehr einfällt – auch bei diesem Buch. Das Schreiben mit der linken Hand befreit mich immer wieder und macht häufig auch klar, was der Grund für die Blockade war. Es gibt Menschen, die durch eine Verletzung ihres dominanten Armes bzw. ihrer Hand gezwungen waren, alles mit der nichtdominanten Hand zu machen, nicht nur das Schreiben – und das soll sie in ihrer Persönlichkeit ganz positiv beeinflußt haben.

Falls du Tagebuch oder andere längere Texte schreibst, ist es meist bequemer, mit der rechten Hand zu schreiben. Aber je mehr du mit deiner intuitiven, kindlichen Seite in Kontakt gekommen bist, desto mehr wird sich diese auch beim Schreiben mit der rechten Hand zeigen. Im folgenden kannst du anhand eines Schreibprogramms die Wirkungen des Schreibens mit der nichtdominanten Hand testen.

Den Namen schreiben

Nimm ein Blatt Papier, das du in zwei Schreibspalten unterteilst. Schreibe mit der *linken Hand* zunächst nur deinen Namen und dann einfach einige Sätze, die dir gerade in den Sinn kommen. Schreibe in die linke Spalte. Nimm danach den Stift in die *rechte Hand* und schreibe damit alle Reaktionen, Kommentare oder Analysen in die rechte Spalte, die dir zu diesen Sätzen einfallen («Was für ein Quatsch!», «Sieht ja wirklich komisch aus» usw.).

- **Mein Name (links) und mein Kommentar (rechts):**

Mein Herzenswunsch

Schreibe zunächst mit der *linken Hand* einen «Herzenswunsch» auf, irgend etwas, das du dir sehr wünschst. Dieser Wunsch braucht nicht realistisch zu sein – ein großer Traum, eine Vision, einfach etwas, das du dir von Herzen wünschst. Schreibe – wie bei allen kommenden Übungen dieses Schreibprogramms – auf ein Blatt Papier.

- **Mein Herzenswunsch:**

Schreibe dann mit der *rechten Hand* auf, warum die Erfüllung dieses Wunsches nicht möglich ist, warum das Quatsch ist oder warum du mit solchen Wünschen ein Träumer bist. Wahrscheinlich wirst du zunächst einen Widerstand spüren, vom Herzenswunsch zu dieser kritischen Stimme, zu deiner «Blockade», zu wechseln. Tue es trotzdem, es gibt nämlich diese Stimme in dir.

• **Meine Blockade:**

Die Über-Ich-Stimmen

Wahrscheinlich hat sich in der letzten Übung bei der Kritik deines Herzenswunsches schon eine deiner verschiedenen Über-Ich-Stimmen gemeldet. Über-Ich-Stimmen sind häufig die ersten, die wir entdecken, wenn wir nach innen schauen und uns erforschen. Sie sind meist schon vor unseren inneren Kindern da. Wenn wir genau hinhören, kommen ihre Sätze meist von oben aus dem Kopfbereich, während die Stimmen unserer inneren Kinder von unten aus dem Bauch zu kommen scheinen.

Schreibe mit der *rechten Hand* als die Über-Ich-Stimme, die dir im Moment am nächsten ist und die sich vielleicht schon eben gemeldet hat. Oder suche dir eine der früher beschriebenen Über-Ich-Stimmen aus. Laß diese Stimme ihre ganze Strenge, Härte und Gemeinheit ausdrücken. Denn wenn wir sie ganz genau anschauen, sind diese Stimmen häufig sehr grausam, ja fast sadistisch.

• **Meine Über-Ich-Stimme:**

Schreibe dann mit der *linken Hand* auf, welche Gefühle und Reaktionen diese Über-Ich-Stimme in dir auslöst. Häufig macht sie depressiv, traurig oder wütend.

Sich wehren

Wenn wir verhindern wollen, daß diese Über-Ich-Stimmen unser Leben negativ beeinflussen, ist es wichtig, sie bewußt wahrzunehmen. Häufig denken wir einfach diese kritischen, pushenden, kontrollierenden und perfektionistischen Gedanken und setzen dabei voraus: «Das bin ich.» Aber das ist nicht richtig. Diese Teile und Stimmen haben wir von außen aufgenommen; unsere Eltern, Lehrer oder die Gesellschaft haben sie uns vorgegeben, und sie sind nicht unser wahres Ich. In der Vergangenheit haben diese Teile ihren Dienst getan und uns geholfen, ein erwachsener Mensch zu werden. Ohne den inneren Kontrolleur wären wir bei Rot über die Ampel gelaufen und jetzt vielleicht schon tot. Ohne inneren Pusher hätten wir nie die Schule geschafft und säßen heute auf der Straße. Aber wenn unser bewußtes Ich größer wird, können wir von dort aus selbst die Führung übernehmen – ohne Kontrolleur und Pusher.

Wenn wir uns diese Stimmen als Erwachsene nicht bewußt machen, uns nicht disidentifizieren, dann regieren sie unbewußt unser Leben, und unser psychisches Wachstum macht dort halt. Im ersten Schritt ist es wichtig zu erkennen: «Da mekkert mein Kritiker!», oder: «Hallo, bist du es vielleicht wieder, lieber Perfektionist?» Im zweiten Schritt müssen wir lernen, uns zu wehren und abzugrenzen. Wir müssen diesen Stimmen etwas entgegensetzen und beispielsweise sagen können: «Jetzt halt aber den Mund!», oder: «Du sagst sowieso immer das gleiche, erzähl es einem anderen!»

Um diesen Widerstand zu üben, schreibe jetzt mit der *linken Hand* und drücke allen Ärger und alle Wut gegen die Über-Ich-Stimme aus, die du oben hast schreiben lassen. Übertreibe ruhig dabei, spüre deinen Atem, laß auch deine Stimme dazukommen und schreibe ruhig ganz groß.

- **Mein Ärger:**

Dieses «Ausschreiben» von Ärger und Wut kann auch helfen, wenn du sehr verärgert bist über einen anderen Menschen und nicht die Möglichkeit hast, diesen Ärger direkt zu äußern. Manchmal ist der Ärger auch so groß, daß es ratsam ist, ihn erst einmal allein zu verarbeiten, bevor du ihn nach außen trägst. Wenn man sich erst einmal von den Über-Ich-Stimmen abgrenzen kann und sich ausführlicher mit ihnen beschäftigt, dann stellt sich häufig heraus, daß hinter ihrer Aggression einfach Sorge um einen selbst steht. Wenn sie das zugeben können, kann man sie akzeptieren und ihnen klarmachen, daß sie früher eine wichtige Aufgabe übernommen haben, für die sie sogar einen Verdienstorden bekommen könnten. Dann verlieren sie ihre Destruktivität, können sich auf ihr «Altenteil» zurückziehen, ihr Leben genießen und dann und wann einmal einen Rat geben.

Das innere Kind

Die eben beschriebenen Über-Ich-Stimmen haben sich in unserer Kindheit entwickelt, um unser inneres Kind zu schützen. Sie halfen uns, ein braves Kind zu werden, das von seinen Eltern und seiner Umgebung geliebt wurde, und schützten uns so vor den Gefahren, nicht geliebt oder nicht gesehen zu werden, vor dem Schmerz und der Verlassenheit. Vielleicht haben wir auch gegen die Über-Ich-Stimmen rebelliert, was sie aber nicht unwirksam gemacht haben muß.

Im Prozeß der Selbstentfaltung ist die Beschäftigung mit den inneren Kindern, die die Über-Ich-Stimmen vor solchen negativen Gefühlen bewahren wollten, von entscheidender Bedeutung. Leider sind es zunächst die schwierigen Teile – das verletzte Kind, das ängstliche, traurige oder verlassene innere Kind –, die sich als erstes melden. Ihre Stimmen wollten wir irgendwann nicht mehr bewußt wahrnehmen und haben sie verdrängt. Wenn wir uns nun wieder mit ihnen beschäftigen, dann winkt zugleich die «Belohnung», auch mit unserem spielerischen, magischen und kreativen inneren Kind wieder mehr in

Kontakt zu kommen. Diese schönen Teile liegen noch unter den schwierigen verborgen und warten nur darauf, den Kontakt mit dir aufzunehmen. Außerdem ist das innere Kind die Brücke zu unserer Spiritualität. Mit seiner Hilfe kommen wir in Kontakt mit archetypischen Bildern und bringen die naive, unschuldige und staunende Haltung auf, mit der wir dem Göttlichen in uns begegnen können.

Schließe nun die Augen und stell dir in deiner Phantasiewelt einen Ort vor, der deinem inneren Kind gefällt, vielleicht nahe an einem See, dem Ozean oder einem Fluß; auf einer Wiese, im Wald oder in einem Garten. Stell dir jetzt vor, daß du als kompetenter Erwachsener dort in der Landschaft stehst und aus der Ferne einen kleinen Punkt auf dich zukommen siehst. Der Punkt wird größer und größer. Du kannst jetzt erkennen, daß es dein kleiner innerer Junge oder dein kleines inneres Mädchen ist, das da auf dich zukommt. Er oder sie kommt näher und näher. Schau genau hin, wie dieses Kind geht, was es für Kleidung trägt, wie es aussieht und wie alt es sein mag. Es kann entweder so aussehen, wie du früher wirklich ausgesehen hast, oder auch ganz anders.

Nimm jetzt den Stift in die *rechte Hand* und beginne einen Dialog mit dem inneren Kind. Begrüße es, frage es, wie es heißt, was es für Vorlieben und Abneigungen hat, wie es ihm so geht usw.
- **Mein Erwachsener:**

Nimm jetzt den Stift in die *linke Hand* und sei dein kleines inneres Kind und antworte dem Erwachsenen.
- **Mein inneres Kind:**

Schreibe den Dialog immer im Wechsel weiter. Mit der *rechten Hand* bist du der Erwachsene, mit der *linken Hand* bist du das innere Kind. Sei als Erwachsener ein guter Zuhörer und hilf dem

Kind, sich auszudrücken. Falls es dir im Moment schwerfällt, dein inneres Kind anzunehmen, kannst du auch die Übung hier abbrechen, später mit einer Begleitung an diesem Thema weiterarbeiten oder den Dialog wiederaufnehmen, wenn du dein inneres Kind besser akzeptieren kannst.

Sei zum Schluß ein magischer Erwachsener, der dein inneres Kind nähren und seine Bedürfnisse befriedigen kann. Frage es, was es sich von dir wünscht, was es braucht und wie du ihm helfen kannst. Vielleicht möchte es, daß du es im Arm hältst, daß du mit ihm spielst oder schwimmen gehst. Schreibe das in Form eines Dialoges im Wechsel der beiden Hände auf.

Zum Schluß dieser Übung sei dein inneres Kind und stell dir vor, du hättest eine «Wunderspritze» bekommen, außerdem ideale Eltern und wärest so, wie es hätte sein können, wenn dich nichts gehemmt, eingeengt oder betrübt hätte und du das Potential, mit dem du auf die Erde kamst, hättest vollkommen ausleben können. Dies ist dein spielerisches, magisches und kreatives Kind, mit anderem Namen: *dein Seelenkind*. Schreibe als dein Seelenkind all dein Glück und deine Freude mit der *linken Hand* auf.

• **Mein Seelenkind:**

Der innere Teenager
Die Pubertät ist eine sehr wichtige Periode, in der viele problematische Seiten in uns aktiviert werden können. Man ist kein Kind mehr, aber auch noch nicht richtig erwachsen. Die Sexualität meldet sich, häufig zunächst bedrohlich und neu.

Laß nun diesen inneren Teenager sich ausdrücken, nimm den Stift in die *linke Hand* und schreibe auf, was dir in den Sinn kommt.

• **Mein innerer Teenager:**

Der innere Künstler

Laß jetzt deinen inneren Dichter zu Wort kommen. Nimm den Stift in die *linke Hand* und schreibe ein kurzes Gedicht. Du sollst dabei all deine Vorstellungen über Kunst und guten Stil vergessen. Laß dich überraschen, was passiert, wenn die kontrollierende linke Gehirnhälfte still ist und du das Gedicht einfach von deinem Inneren aufsteigen läßt.

• **Mein Gedicht:**

Befreie nun deinen inneren Maler oder Zeichner. Laß dich überraschen. Selbst wenn du normalerweise nicht malst oder zeichnest – vielleicht inspiriert dich das Malen mit der linken Hand so sehr, daß du dich zukünftig stärker darum kümmern möchtest. Es gibt ganze Zeichenschulen, in denen das Zeichnen über die linke Hand gelehrt wird. Nimm also deinen Stift in die *linke Hand*, und zeichne einfach drauf los.

• **Mein Bild:**

Körperteile und Organe

Wenn du krank bist, wenn ein Körperteil schmerzt oder in irgendeiner Weise behindert ist, dann kannst du das Schreiben mit der linken Hand benutzen, um mehr darüber zu erfahren. Häufig können sich die Körperteile (das geht auch mit inneren Organen) über die linke Hand ausdrücken und äußern, warum sie krank sind und was sie – oft noch wichtiger – zu ihrer Heilung brauchen.

Stelle dir einen Körperteil oder ein Organ vor, das krank oder belastet ist, nimm den Stift in die *linke Hand*, sei dieser Körperteil und laß ihn durch die linke Hand sprechen:

• **Mein Körperteil:**

Das Krafttier

In schamanischen Methoden wird häufig mit einem Krafttier gearbeitet. Dabei sucht man sich mit Hilfe verschiedener Methoden in der Vorstellung ein Tier aus, das einen beschützen und unterstützen soll. Du hast solch ein Krafttier ja schon in dem Souling-Märchen kennengelernt. Auch in einer Souling-Sitzung können wir Kontakt mit diesem Krafttier aufnehmen, das wirklich eine starke helfende und unterstützende Wirkung hat. Nicht immer erscheint das Tier, das man gern sein möchte – aber gerade die unerwartet kommenden Tiere zeigen einem mit der Zeit, wie gut sie ihre Kraft in unseren Dienst stellen können.

So sah z. B. ein Freund eine Schildkröte und war erst sehr enttäuscht. Gern hätte er einen Tiger oder Löwen gehabt. Aber mit der Zeit merkte er, wie gut er die Kraft des Sich-Schützens der Schildkröte nutzen kann und wie groß ihre Weisheit ist. Heute fragt er immer wieder gelegentlich seine innere Schildkröte um Rat.

Schließe jetzt kurz die Augen und stelle dir vor, daß die Geister aller Tiere zu dir gekommen sind. Nur die Insekten lassen wir erst einmal außen vor. All die Tiere werden jetzt vor deinem geistigen Auge vorbeiziehen – die Affen, Löwen, Elefanten, Schlangen, Tiger, Pumas, Bären, Adler, Geier, Eulen, Hirsche, Antilopen, Hasen, Schildkröten, Fische, Wale, Haie, Hunde, Katzen, Pferde, Kühe und Schweine usw. Eines dieser Tiere soll im Moment dein Krafttier sein. Es wird sich dir zu erkennen geben. Folge deinem ersten Impuls. Wähle jetzt: Das ist im Moment dein Krafttier.

Nimm nun wieder den Stift in die *linke Hand*, sei dieses Krafttier und drücke dich durch das Schreiben aus. Erzähle, wie du lebst, wer du bist, was du für Kräfte hast und wie du dir helfen kannst.

• **Mein Krafttier:**

Schattenfiguren

Manchmal kommen wir in Kontakt mit Teilen oder Stimmen in uns, die wir «Schattenfiguren» nennen können. Sie sind gleichsam die Monster in uns. Ursprünglich verkörpern sie eine gesunde und positive Energie, sind aber durch Verdrängung und Störung häßlich und deformiert. Solche inneren Schattenfiguren sind z. B. der Rächer, die Kröte, die exaltierte Dame, das Stinktier, der Tyrann, die Hure, die Hexe oder der Teufel. Wenn sich so eine Figur äußern kann, ist das sehr erleichternd. Sie wird sich verändern, wenn sie vom bewußten Ich gesehen und verstanden wird. Vielleicht braucht es noch etwas Arbeit und Zeit, aber meist wird aus dem Häßlichen etwas Schönes – so wie im Märchen –, wo aus dem Frosch ein Prinz wird.

Nimm also wieder den Stift in die *linke Hand* und suche dir eine für dich wichtige Schattenfigur, eine Figur in deinem Inneren, die dein Leben stark bestimmt.

- **Meine Schattenfigur:**

Ein früheres Leben

Nun wird es noch «verrückter». Du sollst jetzt eine Person in dir, die aus einem früheren Leben stammt, sprechen lassen. Dabei ist völlig gleichgültig, ob du selbst an die Realität früherer Leben glaubst. Nimm diese Vorstellung einfach als ein Bild, das dir ermöglicht, bestimmte Teile deiner selbst zu erkennen – wie in Mythen und Märchen. Durch die Idee einer anderen Zeit oder eines anderen Landes entsteht eine Art innerer Leinwand, auf die unsere Seele ein wichtiges Thema projizieren kann. Zur Einführung eine kleine Phantasiereise:

Stell dir vor, daß du in deiner Phantasielandschaft auf einem Weg, einer Straße oder einem Pfad wanderst. Schau genau hin, wie dein Weg aussieht und durch welche Landschaft er führt. Sind es die Berge? Oder liegt er am Ozean? Geht der Weg durch Wiesen an Seen und Wäldern entlang, oder geht er durch eine öde und karge Gegend?

Jetzt macht der Weg vor dir eine Biegung, und als du um die Biegung kommst, siehst du vor dir eine Brücke. Schau genau hin, wie diese Brücke aussieht. Ist sie aus Holz oder Eisen? Geht sie über einen Fluß oder ein Tal? Zähle jetzt von 1 bis 10. Während du zählst, gehst du über die Brücke, und bei 10 wirst du auf der anderen Seite angekommen sein und dich in einem anderen Körper, einer anderen Zeit und in einem anderen Land wiederfinden.

1...2...3...4...5...6...7...8...9...10!

Du bist jetzt in einem anderen Körper, einer anderen Zeit und in einem anderen Land!

Schau an dir hinunter. Was hast du für Schuhe an? Oder bist du vielleicht barfuß? Sind das Männer- oder Frauenfüße? Dann schau höher. Was hast du an den Beinen für Kleidung? Sind es Hosen oder ein Rock? Was für ein Material und was für eine Farbe? Und schau noch höher. Wie sind Bauch, Brust und Arme bekleidet?

Jetzt geh aus diesem Körper hinaus und stell dich vor ihn hin und betrachte diese Person von außen. Wie sieht das Gesicht aus? Schau ihr in die Augen. Wie sehen sie aus? Was hat diese Person für Haare, was für eine Kopfbedeckung? Wie alt mag sie sein? Sieht sie glücklich, ärgerlich oder depressiv aus?

Nun komm wieder hinein in diesen Körper und spüre ihn von innen. Was für ein Lebensgefühl hast du als diese Person? Schau dich in deiner Umgebung um: Wie sieht die Landschaft um dich herum aus? In welchem Land magst du sein? Spanien, Italien, Norwegen, Rußland, Amerika? Und in welcher Zeit? Noch vor Christi Geburt, im Mittelalter, in diesem Jahrhundert? Was machst du gerade? Gehst du irgendwo hin, kommst du irgendwo her?

Nimm jetzt wieder deinen Stift in die *rechte Hand*. Stell dir vor, daß eine Verbindung zur linken Hand und zu deiner intuitiven Seite bestehen bleibt, und beschreibe mit ein paar Zeilen, wer du jetzt bist und was gerade in diesem anderen Leben geschieht.

- **Mein früheres Ich:**

Dann geh zurück in deine frühe Kindheit in jenem Leben und schau, wie es dort aussieht. Wie wohnst du, wie ist der Vater und wie die Mutter, hast du Geschwister? Schreib einfach weiter und weiter, dein ganzes früheres Leben, von der frühen Kindheit bis zum Tod. Spinne einfach drauflos und laß dich überraschen.

Wenn du kurz vor deinem Tod stehst, schau noch einmal auf das Leben zurück. Frage dich, ob es irgendwann schiefgelaufen ist – und wenn ja, wann das anfing. Notiere, ob du irgend etwas anders machen würdest, wenn du dies Leben noch einmal leben würdest. Mit welchem Gefühl stirbst du?

Dann laß dich in jenem Leben sterben und stell dir vor, daß deine Seele aus dem Körper hinausgeht, bis du über dir schwebst und dich von oben sehen kannst. Laß alle Probleme und Schmerzen jenes Lebens dort unten im toten Körper und fühle dich ganz frei und losgelöst. Schreibe mit der *rechten Hand*.

• **Mein damaliger Lebenslauf:**

Der innere Mann

In unserem Inneren können wir uns alle das Bild eines Mannes vorstellen, der all die positiven Eigenschaften hat, die wir uns bei einem Mann wünschen – also ein Idealbild. Auch du kannst dir diesen idealen Mann vorstellen, egal, ob du nun ein Mann oder eine Frau bist. Um dieses Bild zu finden, brauchst du nur an all die Männer zu denken, die dich anziehen, die du bewunderst oder mit denen du gern zusammen bist. Vielleicht denkst du auch an Helden deiner Kindheit aus Märchen und Sagen, die es dir besonders angetan hatten. Ein Siegfried, ein Till Eulenspiegel oder Winnetou. Denk auch an Vorbilder, die du hattest und bewundertest: Lehrer oder Nachbarn usw. Wer von den Götterfiguren hatte es dir am meisten angetan? Ein Zeus, ein Poseidon oder ein Dionysos?

Stell dir vor, du stehst in der Nachmittagszeit in einer sonnigen Berglandschaft, die Sonne wird etwas gülden, und in der Ferne siehst du jemanden auf dich zukommen. Als er näher kommt, erkennst du, daß es dein innerer Mann ist. Wie sieht er aus, was hat er an, wie bewegt er sich? Wenn ihr euch begegnet, umarmt ihr euch, und in dieser Umarmung wirst du zu ihm. Du bist jetzt dein innerer Mann.

Nimm den Stift in die *rechte Hand* (halte dabei Kontakt zu deiner intuitiven Seite) und schreibe, wer du bist, wie du lebst, was deine Kräfte und Werte sind, welche Rolle du bisher in deinem Leben spielst und welche du spielen möchtest.

- **Mein innerer Mann:**

Dieser innere Mann kann auf deinem Weg der Selbstentfaltung eine wichtige Hilfe werden. Du kannst ihn jederzeit aufsuchen, wenn du seine Energie und Kraft brauchst und mit ihm sprechen möchtest. Das macht dich unabhängiger von den realen Männern. Wir können unter vielen möglichen Sichtweisen auch diese erwägen: Vielleicht sind die Erfahrungen mit äußeren Männern nur Hilfen, unser inneres Bild vom idealen Mann immer mehr zu vervollständigen.

Du kannst dir diesen inneren Mann auch zu einem *inneren Geliebten* aufbauen, zu einem Idealfreund, den du jederzeit aufsuchen kannst und der dir Liebe, Trost, Führung und gemeinsames Spiel bietet, so wie du es schon in der Phantasiereise kennengelernt hast.

Die innere Frau

Nun kannst du dich – entsprechend der Übung mit dem inneren Mann – deiner inneren Frau zuwenden. Das ganze Buch ist schon eine Integration der inneren Frau, weil es sich um Gefühle, Intuition und Seele bemüht, um die Seiten des weiblichen Teils in uns. Wenn wir Angst vor diesem Teil in uns haben, werden wir steif, ernst und unangenehm seriös. Uns fehlen der freie Fluß und die Natürlichkeit, wir können nichts einfach geschehen lassen und uns nicht hingeben. Haben wir zuviel von dieser weiblichen Seiten oder dominiert sie den männlichen Teil, kann auch das zu Unglück führen. In uns fließen nur noch Gefühle und Stimmungen, es gibt keine Klarheit, Struktur oder Richtung. So geht es auch hier – wie bei allen Dingen – um die richtige Balance zwischen den verschiedenen Polen.

Stell dir vor, du gehst in der Abenddämmerung am Meer entlang, die Sonne geht gerade unter, und der Mond ist schon zu sehen. Da siehst du von weitem eine Figur auf dich zukommen. Als sie näher kommt, kannst du erkennen, daß es deine innere Frau ist. Schau sie genau an: Wie sieht sie aus, was hat sie an, wie bewegt sie sich? Dann umarmt ihr euch beide, und du wirst jetzt sie.

Nimm den Schreiber in die *rechte oder linke Hand*, so wie es sich für dich besser anfühlt. Es könnte sein, daß die kindlich-krickelige Schrift der linken Hand für dieses archetypische Bild nicht paßt. Dann nimm die rechte Hand, integriere aber deine intuitive Seite. Schreibe auf, wie du lebst, was deine Werte sind, was für Kräfte du dir geben kannst und welche Rolle du in deinem Leben spielen möchtest.

- **Meine innere Frau:**

Das Seelen-Selbst

Zum Abschluß dieses Kapitels kannst du dein Seelen-Selbst sich äußern lassen, so wie du es in der Phantasiereise kennengelernt hast und jedesmal in der Souling-Meditation erlebst. Wenn du das Schreibprogramm bis hierhin durchgeführt hast, dann bist du jetzt sehr gut vorbereitet, damit in dieser Schreibübung für dich Wichtiges geschehen kann. Falls noch nichts passiert, dann hat das seinen Sinn. Laß dir davon nicht die Stimmung verderben und warte ab. Aber wer weiß: Laß dich überraschen.

Nimm jetzt den Stift in die *rechte Hand* und stell dir vor, daß durch all die Übungen mit der linken Hand deine intuitive, emotionale und bildhafte Seite Zugang zu deinem Schreiben hat, auch wenn du mit der rechten Hand schreibst. Sei dein Seelen-Selbst, deine Weisheitsstimme oder wie du sonst diesen inneren Teil nennen möchtest, und schreibe an dich selbst. Es ist gut, zunächst ganz ruhig und still zu werden. Dann laß das Seelen-Selbst schreiben, laß es dir Hilfe, Trost, Weisheit, Ratschläge und Visionen für dein weiteres Leben geben.

• **Mein Seelen-Selbst:**

Das Spürbewußtsein
(Punkt 2)

Schauen wir noch einmal zurück auf die Schritte, die wir bis jetzt gemacht haben. Zunächst haben wir für unser bewußtes Ich Raum geschaffen, dann haben wir uns durch Selbstausdruck erforscht und dabei unter Umständen verschiedene Unterpersonen entdeckt und einen Dialog mit ihnen geführt. Diese Übungsschritte dauern in einem kurzen Selbsthilfeprozeß etwa drei Minuten, in einer partnerschaftlichen Sitzung etwa fünfzehn Minuten. Nun aber kommt der wichtigste Schritt beim Souling: das Arbeiten im Spürbewußtsein. Im Zentrum steht dabei die Frage nach unserem Körpergefühl oder auch Körperecho: «Wie fühlt sich das, was ich gerade erzählt habe, in meinem Körper an, besonders im Bauch- und Brustraum?»

In der Phase der Selbsterforschung hattest du die Augen entweder offen oder geschlossen. Der Prozeß spielte sich meist auf der gedanklichen Ebene ab, obwohl die Frage nach deinem Gefühl und inneren Erleben schon sehr präsent war. Jetzt, beim Spürbewußtsein, gehst du ganz bewußt in deinen Körper hinein, schließt die Augen, gehst in den Zustand innerer Achtsamkeit und erlebst dich von innen. In diesem inneren Bewußtseinszustand entfaltet sich jetzt dein seelischer und therapeutischer Prozeß wie von selbst. Das kann zwar auch mit offenen Augen geschehen, aber die geschlossenen Augen erleichtern es sehr, sich auf diese Führung von innen einzulassen. Du erlebst die Wechselwirkung zwischen Körperempfindungen, Gedanken, Bildern und Atem sehr viel stärker und kannst dir sehr viel mehr Zeit nehmen, einfach nur zu spüren, um dann aus dem Spüren Wörter, Bilder oder Bewegungen aufsteigen zu lassen. Dieser Prozeß gelingt am besten im Liegen. Wenn du allein und ohne Begleiter arbeitest, kannst du ihn auch mit geschlossenen Augen im Sitzen erleben, falls du befürchtest, sonst einzuschlafen.

Die *Bewußtheitsübung*, die ich schon im Kapitel über das bewußte Ich beschrieben habe (vgl. S. 71) – du schließt die Augen und bildest Sätze mit «Ich nehme jetzt wahr...» –, ist eine gute Möglichkeit, auch bei Punkt 2 die innere Achtsamkeit zu vertiefen. Sie führt ins Spürbewußtsein und aktiviert zur gleichen Zeit das bewußte Ich. Denn wir versinken nicht in diesem Spüren und inneren Fühlen wie z. B. in der Meditation, sondern stellen in dieser Phase aus unserem bewußten Ich ganz aktiv Fragen und suchen den Dialog mit unserem Körperecho. Wir bemühen uns dabei um den richtigen Abstand zu unserem inneren Spüren – und zwar durch die wechselnde Identifikation mit dem Spüren und dem bewußten Ich. Einmal bin ich mein trauriges Gefühl im Halsbereich, spüre es, bleibe dabei und atme in es hinein; zum anderen identifiziere ich mich mit meinem bewußten Ich, gehe auf Distanz und frage mich beispielsweise: «Was ist das Schlimme an diesem Gefühl?», oder: «Woher kennst du das Gefühl?» Vielleicht gebe ich auch eine Regieanweisung wie: «Sprich dieses Gefühl jetzt einmal an!», oder: «Mache einmal mit deinen Händen eine Bewegung, die diesem Gefühl entspricht!» Dann identifiziere ich mich wieder mit dem Spüren und schaue, ob sich etwas in mir bewegt oder verändert, ob mir das Gefühl in irgendeiner Weise ein Echo auf diese Fragen gibt. Es ist wie bei Beziehungen: Bin ich mit dem Partner (hier mit dem Spüren) zu stark verschmolzen, kommt keine rechte Kommunikation zustande. Für einen guten Dialog brauche ich den richtigen Abstand – nicht zu nah und nicht zu weit weg.

Das Körpergefühl oder auch Körperecho

Mit den im Souling verwendeten Begriffen «Körpergefühl» oder «Körperecho» sind keine fest umrissenen, klaren Körperempfindungen gemeint – z. B. ein Kribbeln in den Händen, ein stechender Schmerz am Brustbein, ein Ziehen im Bauch –, sondern eine feinere Ebene, ein Gesamtgefühl im Bauch- und Brustraum, das sich auf eine bestimmte Person, Situation oder auf ein bestimmtes Problem bezieht. Es ist wesentlich für dieses Körpergefühl, daß es noch ganz vage ist, zum Bereich des Ungeformten gehört und noch keine festen Empfindungen, Bilder oder Worte hat. Das Körpergefühl ist so etwas wie eine innere Stimmung, Schwingung, eine «Gefühlswolke». Wir können es nicht recht benennen, sondern nur spüren. Wenn wir dieses Spüren verlassen, fallen uns Bilder und Worte ein, und wir spüren erneut in dieses Körpergefühl hinein, ob die Worte und Bilder auch passen. Das Körperecho ist noch nicht so verdichtet wie Gedanken, Gefühle, Bilder und Empfindungen, es ist ein Bereich des «Nicht-Wissens». Wir müssen immer wieder hineintauchen, um unser seelisches Wachstum in Bewegung zu bringen.

Ich nenne dieses Körpergefühl auch deshalb gern Körperecho, weil die inneren Schwingungen so etwas wie eine körperliche Resonanz sind, ein Echo auf das, worüber wir gerade nachdenken. Unsere Seele schickt uns ein Echo in den Bauch- und Brustraum, das nicht wie bei einem Computer aus digitalen Informationen besteht, sondern vielmehr ein vages Gesamtgefühl ist, aus dem ich durch Abfragen immer wieder neue Informationen schöpfen kann.

Wenn ich frage: «Ja, was ist es denn eigentlich. Ist es etwas Ärger?», bekomme ich eine ganz klare Antwort aus diesem Ge-

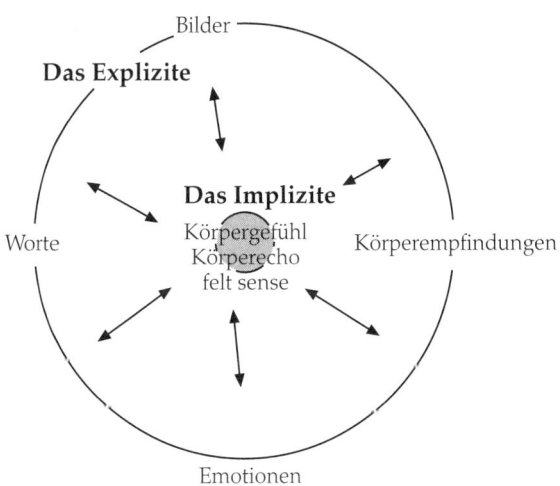

Bilder

Das Explizite

Das Implizite

Körpergefühl
Körperecho
felt sense

Worte

Körperempfindungen

Emotionen

fühl. Entweder: «Ja, das ist es», und dann fühle ich eine kleine Erleichterung, oder aber: «Nein, es ist irgendwie anders», und ich frage weiter in das Echo hinein. Dieses vage Unbestimmte wird das «Implizite» genannt – eine ungeformte Welt voller Potentialitäten –, während die festen Formen, die daraus entstehen – die Worte, Bilder und deutlichen Körperempfindungen –, das «Explizite» sind.

Der amerikanische Psychologe Eugene Gendlin hat sich ausführlich mit diesem Körpergefühl beschäftigt. Er nannte dieses Körperecho «felt sense», also «gefühlten Sinn», und entwickelte einen Prozeß, mit diesem «felt sense» zu arbeiten, den er «Focusing» nannte. In meinem Buch *Dein Körper weiß die Antwort* habe ich die sechs Schritte Gendlins näher beschrieben. Unser Vorgehen beim «Körperspüren» ähnelt dem Prozeß des Focusing, aber wir benutzen eine andere Sprache, wenden verstärkt Interventionen an und gehen fließender voran, als Gendlin es vorsieht.

Gendlin hatte in seinen Forschungen zur Psychotherapie festgestellt, daß Klienten, die ihr inneres Erleben im Körper spüren, bei einer Psychotherapie stärker profitieren als Klienten, die beim Sprechen nur im Denken und im Kopf sind und ihren Körper nicht erleben. Diese Ergebnisse waren unabhängig von der Ausrichtung und Persönlichkeit des Therapeuten. Das unterstreicht die Bedeutung des Körpergefühls für jeden therapeutischen Prozeß und also auch für das Souling. Um einen ersten Eindruck dieser Wahrnehmung zu bekommen, stell dir einfach deine Mutter vor und frage dich, welche Resonanz diese Vorstellung in deinem Körper hinterläßt. Wie fühlt es sich in Bauch- und Brustraum an, wenn du an sie denkst? Wahrscheinlich hast du keine scharfen Empfindungen, kein Drücken oder Ziehen, sondern eine subtilere Empfindung in deinem Körper. Und gerade dieses unklare Gefühl ist wichtig bei der Selbsterforschung. Aus ihm werden sich mit der Zeit Bilder, Wörter, deutliche Körperempfindungen, -bewegungen oder Emotionen entfalten können, doch das vage Körpergefühl ist Zentrum all dieser Geschehnisse. Am Anfang eines Souling-Prozesses ist es gut, erst einmal mit diesem Körpergefühl zu sitzen und zu atmen. Denn wenn wir vierzig Sekunden beim Körpergefühl bleiben, fängt es an, sich zu bewegen und zu verändern. Meistens nehmen wir uns nicht die Zeit, es so aufmerksam zu beobachten, und das macht den Selbsterforschungsprozeß unfruchtbar.

Der Dialog mit dem Körperecho

Wichtig bei der Selbsterforschung ist der schon beschriebene Dialog zwischen bewußtem Ich und Körpergefühl. Der Wechsel der Perspektiven bewirkt eine größere Veränderung, als wenn wir uns ganz in das Gefühl versenken und uns in ihm verlieren würden. Natürlich kann es vorkommen, daß wir von einer Emotion überschwemmt werden. Dann müssen wir mit dem Strom schwimmen, bis nach diesen Stromschnellen wieder ruhigeres Gewässer kommt. Aber wenn sich die Emotionen beruhigt haben, ist es wichtig, den Dialog wiederherzustellen. Hier ein Beispiel:

Die Äußerung eines Freundes hat mich verletzt. Ich nehme mir etwas Zeit, schaue nach innen und frage mich: «Wie fühlt sich das in meinem Bauch- und Brustraum an? Welche körperliche Resonanz gibt es in mir als Reaktion auf die Sätze des Freundes?»

«Ah ja, da zieht sich etwas in meiner Brust zusammen, und da ist so ein vages Gefühl in meinem Hals, als müßte ich weinen.»

Jetzt ist es wichtig, in einer forschenden Haltung zu bleiben und einfach dem Erleben zu folgen. Gerade, wenn dies noch vage ist und keine Klarheit hat, sollten wir einfach dabei verweilen, es spüren und den Atem hineinfließen lassen. Wenn wir diese Ruhe aufbringen, werden wir meist dadurch belohnt, daß sich etwas in diesem inneren Erleben bewegt und verändert oder Worte und Bilder dazukommen.

«Jetzt wird der Atem größer, und ich spüre, wie ganz fein eine Traurigkeit in mein Gesicht steigt. Es kommen keine Tränen, aber es ist so, als ob die Augen und der ganze Kopf von innen feuchter werden. Es fühlt sich erleichternd an, und mir fällt der Satz ein: ‹Ich werde abgelehnt!›»

Jetzt kommen einige Gedanken, denen ich nachgehe. Klar – da habe ich die doch eigentlich recht sachliche Kritik des Freundes innerlich als Ablehnung wahrgenommen. Jetzt zieht es mich wieder zu der Empfindung in meiner Brust; ich gehe mit meiner Aufmerksamkeit wieder dorthin und verweile dort. Ein Schmerz meldet sich auf dem Brustbein, und es kommen Bilder und Erinnerungen, daß ich mich häufig von meinem Vater kritisiert und abgelehnt fühlte. Ich lasse diese Bilder an mir vorbeiziehen und dabei meinen Atem in den Brustschmerz hineinfließen, erlebe ihn und die Bilder sozusagen im Ein- und Ausatmen und spüre, wie der Schmerz anfängt, sich zu lösen. Vielleicht sind auch Tränen geflossen, das ist aber für den Lösungsprozeß nicht ausschlaggebend.

Ich fühle mich nun befreiter und spüre, wie ein wohliges Gefühl durch meinen Körper strömt. Ganz von selbst kommt mir ein Bild von einem guten Freund, bei dem ich im Schoß liege und der mir seine Liebe zeigt. Er streichelt mich und sagt mir.

«Du bist in Ordnung, so wie du bist!» Dieser Satz erfüllt mich ganz, mein Körper wird warm und weich, und ich fühle mich sehr wohl. Wenn ich an die Ausgangssituation zurückdenke, spüre ich die emotionale Belastung nicht mehr und kann die sachlich gemeinte Kritik gut annehmen.

In dieser Beispiel-Situation ist schon fast das ganze Innere-Kind-Souling beschrieben. Häufig ergibt sich das ganz von selbst, wenn ich erst einmal anfange, in mich hineinzuspüren.

Die im folgenden genannten Interventionen können das Spüren des Körpergefühls noch intensivieren. Wenn du allein arbeitest, stelle dir selbst diese Fragen, wenn du einen Begleiter hast, kann der diesen Part übernehmen. Unser Ziel ist die Balance zwischen Spüren und Verbalisieren, zwischen Implizitem und Explizitem. Wenn du schon lange im Spüren und Fühlen bist, dann sind Fragen nach Bildern und Gedanken angebracht, bist du beim Verbalisieren, sind es eher Fragen, die dich zum Spüren und Verweilen einladen.

Hinein-Fragen
- Wie fühlt sich das im Bauch- und Brustraum an?
- Kannst du das, was du erzählst, im Körper spüren?
- Nimm mal alles, was du erzählt hast, und packe es bildlich in einen Sack. Wie fühlt sich das Ganze im Körper an?

Aufforderungen zum Dabeibleiben
- Bleib für eine Weile bei deinem Erleben. Nimm dir Zeit.
- Dein Erleben kann ganz vage und noch ohne Form sein. Das ist in Ordnung, bleib einfach dabei.
- Laß den Atem in das Erleben hineinfließen, und bleib einige Atemzüge dabei.
- Lege deine Hand dorthin, wo sich das Körpergefühl befindet, und spüre dich unter der Hand.
- Atme tiefer und voller durch den Mund, und bleib für eine Weile dabei.

Hinaus-Fragen

- Was geschieht gerade?
- Was denkst oder fühlst du?
- Magst du sagen, was geschieht?
- Wenn das Gefühl sprechen könnte, was würde es sagen?
- Was ist das Schlimme an dem Gefühl?
- Was könnte schlimmstenfalls geschehen?

Das Ansprechen der Wahrnehmungsinhalte

Eine weitere Interventionsmöglichkeit für das Spürbewußtsein ist von dem Hamburger Begleiter sogenannter «Innerer Reisen», Klaus Lange, entwickelt worden: das Ansprechen der Wahrnehmungsinhalte. Ich verwende sie seit Jahren mit sehr guten Erfolgen auch im Souling.

Du sprichst dabei einfach deine Gefühle, Organe oder auch Körperteile, mit denen du im Moment gerade arbeitest, verbal an, als ob sie Personen wären. Dieser Prozeß geschieht ebenfalls mit geschlossenen Augen in innerer Achtsamkeit und ähnelt der Beschreibung des inneren Dialoges mit dem Kritiker. Du sagst dann z. B. zu deinem Gefühl von Traurigkeit: «Hallo, Traurigkeit. Ich spüre dich.» Du erzählst ihr, wie du sie findest und wie deine Beziehung zu ihr ist – entweder: «Ich mag dich», oder auch: «Ich mag dich gar nicht», oder: «Ich habe Angst vor dir.» Dann spürst du hinüber zur Traurigkeit und fragst sie, wie sie sich fühlt, wenn sie so angesprochen wird, ob sie sich freut, ob sie erschrickt oder ärgerlich wird. Das mag dir am Anfang vielleicht komisch vorkommen, aber du wirst sehen, wie das innere Erleben dabei beseelt wird und sich kreativ gestaltet.

Das Ansprechen der Wahrnehmungsinhalte ist sehr gut geeignet, um die Beziehung zu deinen Gefühlen genauer anzuschauen und zu verändern. Häufig erscheint dir das angesprochene Gefühl wie eine Wesenheit, die vor dir steht. Sie hat vielleicht noch keine Form, ähnelt einer Wolke oder schwebt als Energie vor dir, kann aber während des Dialoges noch eine prägnantere Form bekommen. Laß den Dialog mit dem Gefühl hin und her gehen. Du brauchst immer nur auszusprechen, was du fühlst und denkst.

Dabei kannst du zwei weitere Interventionen anwenden: Zum einen kannst du die folgende Formel benutzen, um deine Angst vor dem jeweiligen Gefühl zu verringern. Sage z. B.: «Traurigkeit, ich gebe mich dir hin, mach mit mir, was du willst!» – lausche auf das Echo in dir und gib dich tatsächlich allem hin, was geschehen will. Es ist meist halb so schlimm, wie du befürchtest. Zum anderen kannt du deinem Gefühl heilende Energie geben, indem du es in der Vorstellung mit deinen Händen berührst. Das ermöglicht oftmals eine Versöhnung mit ungeliebten Gefühlsteilen sowie deren Transformation und Veränderung. Hier ein Beispiel:

Ich spüre eine Angst in mir und sage zu ihr: «Hallo, Angst, ich spüre dich. Und du kommst mir gar nicht recht!»

Ich spüre zur Angst hin und sehe vor meinem inneren Auge ein dunkles, unheimliches Etwas, das sich irgendwie beleidigt fühlt. Wenn ich das in einen Satz verwandle, sagt die Angst zu mir: «Du wirst schon sehen, was du davon hast, wenn du mich nicht magst!»

«Ich bin schon bereit, dich jetzt anzuschauen. Ich hätte mir nur gewünscht, daß es auch anders hätte gehen können. Ich lehne dich nicht ab!» sage ich zur Angst.

Diese wird nun zu einer dicken, schwarzen Kugel, die mich frech angrinst und sagt: «Schön, daß du mich nicht wieder verbannst. Ich freu mich!»

Ich probiere den Satz: «Angst, ich gebe mich dir hin, mach mit mir, was du willst!» und bemerke im Nachspüren, wie mein Atem größer wird, sich etwas am Zwerchfell löst und einige Zitterbewegungen durch meine Schultern gehen.

Die schwarze Kugel ist etwas kleiner und heller geworden, und ich nehme sie in meinen Arm. Sie fühlt sich ganz vertraut an, und mir geht auf, wie gut doch das Verhältnis zu meiner Angst schon geworden ist. Ich streichle ihr über den Kopf, was sie schnurren läßt, und nehme sie an der Hand mit in meinen Alltag. Meine Angst und auch all meine anderen Gefühle dürfen an meiner Hand mit in meinen Alltag kommen.

Ich will noch ein Beispiel beschreiben, nämlich das Ansprechen der «Leere». Oftmals kommt es beim Souling zu einer Empfindung der Leere, genauer gesagt erlebt man eher die Angst vor dieser Leere, die zum Motor für die verschiedensten Formen von Ablenkungsverhalten wird. Es ist wichtig, diese Leere zu akzeptieren und so die Angst vor ihr zu verlieren, denn dann wird sie zu einer erholsamen Stille und zur Quelle einer starken Kraft.

Hier nun eine Beispielsituation, die ich selbst immer wieder erlebt habe: Ich sitze im Zug und spüre nach innen. Dabei bemerke ich, wie voll mein Kopf während der letzten Stunde war. Nun spüre ich ein großes Bedürfnis nach Leere. Ich spreche die Leere, die mir durch vorangegangene Dialoge schon recht vertraut ist, an und sage ihr, daß ich Sehnsucht nach ihr habe. Sie ist jetzt spürbar da, aber ganz ohne Form, völlig ungestaltet. Dann sage ich: «Leere, ich gebe mich dir hin, mach mit mir, was du willst!», lasse mich dabei nach innen sacken und falle in diesen leeren Raum. Mein Atem wird größer und tiefer, ich bekomme mehr Raum, und es fühlt sich sehr gut an. Einige Augenblicke später spüre ich, daß ich wieder zurück in die reale Welt muß – eigentlich möchte ich noch gar nicht –, und so danke ich der Leere und schaue auf die Felder und Wiesen, an denen der Zug gerade vorbeifährt.

Atem und Bewegung

Eine weitere gute Möglichkeit, stärker ins Spürbewußtsein zu gelangen, ist die Konzentration auf den Atem oder die Bewegung. Manchmal ist es hilfreich, für zehn oder mehr Atemzüge gar nicht zu sprechen, sondern nur im Atem zu sein. Wir atmen dann wie in der Souling-Atem-Meditation – Bauch-Brust Einatmen, alles Ausatmen – vielleicht ist es sinnvoll, dabei durch den Mund zu atmen. Probiere selbst, was angenehmer ist. Dieser Souling-Prozeß wird später im Kapitel über das energetische Souling noch genauer erläutert.

Auch die Konzentration auf unsere Bewegung ermöglicht uns, noch stärker ins Spürbewußtsein zu kommen. Besonders im partnerschaftlichen Souling kommt es häufig schon in der Phase der Selbsterforschung dazu, daß wir unsere Worte mit starken Gesten und Bewegungen untermalen. Der Begleiter kann diese Bewegungen dann wahrnehmen und direkt ansprechen, z. B.: «Wenn du von deiner Frau erzählst, schlägst du stark mit deinem rechten Arm in die Luft! Verstärke diese Bewegung und spüre, mit welchem Gefühl sie verbunden ist.» Die amerikanischen Therapeuten Gay und Kathleen Hendricks nennen diese Bewegungen «Fähnchen», weil sie so aussehen, als ob das Unbewußte oder die Seele uns mit diesen Bewegungen wie mit Flaggen Zeichen geben will: «Hier bin ich, hier läuft der wahre Prozeß!» Mit der Sprache erzählt uns der Klient, wie sehr er seine Frau liebt, aber sein rechter Arm schlägt dabei in die Luft. Das könnte seine «andere» Seite sein, die sich in dieser Bewegung zeigen will.

Du kannst aber auch im Spürbewußtsein die Bewegung ganz gezielt so einsetzen, daß du versuchst, mit den Händen dein inneres Körpergefühl in Bewegung umzusetzen. Du läßt deine Hände sich so bewegen, wie es deinem inneren Körperecho entspricht. Sie machen gleichsam einen Handtanz über das Körpergefühl. Du überläßt dich dieser Bewegung und schaust, wo sie dich hinführt. Sie wird dein Körpergefühl verändern und deutlicher machen.

Versuche das nun mit einem Gefühl, das dir in den letzten Tagen zu schaffen machte. Lege das Buch zur Seite, schließe deine Augen und versuche, mit deinen Händen dieses Gefühl auszudrücken, zu gestalten, zu tanzen. Überlaß dich einige Minuten diesen Bewegungen. Spüre dann noch einmal nach: Wie fühlt es sich jetzt in deinem Körper an?

Dieser Souling-Prozeß, in dem die Bewegung eine zentrale Rolle spielt, wird ebenfalls in dem Kapitel über das energetische Souling noch genauer besprochen.

Sonden

Zur Selbsterforschung im Spürbewußtsein können wir auch sogenannte «Sonden» verwenden. Ron Kurtz hat diese Methode in der Hakomi-Therapie entwickelt. Sonden sind positive Sätze, die der Klient von seinem Therapeuten hört und schaut, was sie in seinem Körper und in seinen Gedanken auslösen. Sie beziehen sich auf Grundmuster des Klienten, die bereits während der Selbsterforschung sichtbar wurden, so z. B. der Satz: «Ich werde dich nicht verlassen», wenn der Klient gerade über die Angst gesprochen hat, von anderen Menschen verlassen zu werden.

Es wird nicht erwartet, daß der Klient diese Sätze glaubt, wie das z. B. bei Affirmationen angestrebt wird. Wenn er den Sonden glaubt, ist das meist mit wohligen und warmen inneren Empfindungen verbunden. Wenn er die Sätze nicht glauben kann, ist das Anlaß, weiter zu erforschen, wo es körperliche oder gedankliche Blockaden gibt. Es ist ebenso möglich, daß eine Sonde zunächst positiv wirkt und später eher negative Gefühle hervorruft – oder umgekehrt. Die Sonde ist wie ein Stein, den wir ins Wasser werfen, um zu schauen, wie sich langsam Kreise im Wasser ausbreiten. Wir beobachten die Resonanz – körperlich wie psychisch –, die die Sonde bewirkt.

In der Phantasie dessen, der die Sonde erhält, können verschiedene Personen Sprecher dieser Sonde sein: ein Freund, ein Bekannter, Vater, Mutter, ein Lehrer oder andere wichtige Personen, die mit dem Thema zusammenhängen. Du kannst dir diese Sonden auch selbst aus dem bewußten Ich sagen und beobachten, welche Reaktionen sie in deinem Spürbewußtsein hervorrufen. Damit dir das Vorgehen deutlicher wird, will ich an einer Beispielgeschichte erläutern, wie man im partnerschaftlichen Souling mit Sonden arbeitet. Auch wenn du allein arbeitest, kann dir an diesem Beispiel deutlich werden, wie du die Sondentechnik in der Selbsthilfe anwenden kannst. Dann übernimmst du mit deinem bewußten Ich wieder die Rolle des Begleiters. Hier das Beispiel:

Ein Klient spricht über seine Schwierigkeiten in Gruppen. Er fühlt sich immer als Außenseiter, nie so richtig dazugehörig. Um ihn mit seinem momentanen Erleben dieses Themas in Kontakt zu bringen, könnte ich ihn fragen, wie er das alles in Bauch- und Brustraum fühlt. Ich kann ihm aber auch eine verbale Sonde geben, z. B. den Satz: «Du gehörst zu uns.» Ich fordere ihn dafür zunächst auf, achtsam zu werden und in die beobachtende Haltung zu gehen.

Dann sage ich zum Klienten: «Was geschieht in dir, wenn du folgenden Satz hörst... (etwa drei Sekunden Pause)... ‹Wolfgang, du gehörst zu uns!›» Ich nenne dabei immer, und zwar vor dem jeweiligen Satz, den Namen des Klienten.

Der Klient bleibt in der beobachtenden Haltung, nimmt wahr, welche Körperempfindungen, Bilder oder Worte ihm in den Sinn kommen und berichtet sie mir. Normalerweise warte ich etwa zehn Sekunden, und falls der Klient nicht von sich aus anfängt zu berichten, stelle ich die Frage: «Was ist geschehen?» Trifft die Sonde das Hauptthema gut, geht die nachfolgende Selbsterforschung des Klienten in der Regel sehr tief. Trifft die Sonde nicht, dann kann ich eine andere probieren, oder der Klient gibt selbst einen Hinweis, wie der Satz für ihn noch treffender formuliert werden könnte.

So könnten bei unserem Klienten aus dem Beispiel durch die Sonde Erinnerungen an Erlebnisse in früheren Gruppen ausgelöst werden. Dabei durchlebt er noch einmal Einsamkeit und Traurigkeit, und merkt, daß der Satz: «Wolfgang, wir werden dich nicht rauswerfen», noch besser passen würde, weil das eigentlich seine Grundangst ist.

Sind die negativen Gefühle ausreichend erforscht, wirkt eine Sonde häufig positiv. Wir sagen dann, daß sie «reingeht». Der Klient fühlt sich wohl, wird richtig glücklich, Wärme zieht durch seinen ganzen Körper, der Atem wird freier. Sonden sind immer *positive* Sätze, zum einen, weil es gefährlich sein kann, den Klienten im geöffneten Zustand der inneren Achtsamkeit etwas Negatives zuzumuten, zum anderen, weil positive Sonden die negativen Erfahrungen und Glaubenssysteme viel eher zutage fördern als negative Sätze. Negative Sätze provozieren nur und steigern letztlich Abwehr und Schutzpanzer des Klienten. Zur Veranschaulichung noch zwei weitere Beispiele:

1. Beispiel

Begleiter: «Was geschieht, wenn du hörst: ‹Klaus, ich werde dich nicht verlassen›?»

Klient: *(einige Sekunden Pause und stärkerer Atem)*
«Fühlt sich gut an!»

Begleiter: «Woran merkst du das?»

Klient: «Ich kann besser durchatmen, und alles wird irgendwie heller!»

Begleiter: «Aha, alles wird heller.»

Klient: «Und es kommt ein Schmerz in der Brustgegend!»

Begleiter: «Wie fühlt sich der genau an?»

Klient: «So ein dumpfer Schmerz unterm Brustbein.»

Begleiter: «Wenn dieser Schmerz sprechen könnte, was würde er sagen?»

Klient: «Ich bin immer verlassen worden» *(Gesicht wird traurig).*

Begleiter: «Ja, diese Traurigkeit... ‹Ich bin immer verlassen worden.› Bleib einfach dabei. Laß den Atem in den Schmerz hineinfließen. Nimm dir Zeit dafür.»

Klient: *(atmet, spürt und weint)* «Es kommen so viele Bilder durcheinander. Wie ich als Kind in die Besenkammer gesteckt wurde, wie ich ins Kinderheim verschickt wurde, wie meine frühere Freundin mich verlassen hat.»

Begleiter: «Gut. Bleib bei dem Gefühl und atme in es hinein. Und was macht jetzt der Schmerz in der Brust?»

Klient: «Der ist jetzt weniger geworden. Ich würde jetzt gern die Sonde noch einmal hören.»

Begleiter: «*O. k. Was passiert, wenn du hörst:* ‹*Klaus, ich werde dich nicht verlassen*›*?*»

Klient: «Ah, jetzt kann ich den Satz annehmen. Die Brust wird ganz hell und ausgefüllt, und meine Arme werden ganz lebendig. Als ob sie umarmen wollen. Das fühlt sich wirklich sehr schön an.»

2. Beispiel

Klient: «Immer laufe ich unter Druck herum. Dauernd bin ich angespannt, besonders in der Schule, wenn ich unterrichten muß.»

Begleiter: «*Da ist ständig so ein Druck in der Schule.*»

Klient: «Ja. Ich will es immer allen recht machen. Mir kommt es so vor, als ob mein Gehirn dauernd damit beschäftigt ist nachzudenken, was denn die anderen von mir erwarten, und sich zu fragen, ob ich es ihnen auch recht mache.»

Begleiter: «*Du fragst dich dauernd, ob du auch die anderen zufriedenstellst?*»

Klient: «Ja, genau. Als ob ich ständig von Forderungen und Erwartungen umgeben bin. Von morgens bis abends.»

Begleiter: «*Ich würde da gern einmal eine Sonde probieren. Bist du einverstanden?*»

Klient: «Ja, in Ordnung.»

Begleiter: «*Dann spüre, was geschieht, wenn du hörst:* «*Petra, du brauchst unsere Erwartungen nicht zu erfüllen!*»

Klient: (nach einigen Sekunden Pause) «Das ist erleichternd. Es kribbelt so ganz fein durch den ganzen Körper. Jetzt kommt mir ein Bild meiner Mutter, und ich habe Angst. Ich glaube, ich muß ihre Erwartungen erfüllen.»

Begleiter: «*Was sagt sie zu dir?*»

Klient: «Du mußt das tun, was ich will.»

Während eines Selbsthilfe-Prozesses würdest du dir eine Sonde suchen, die zu deinem momentanen Thema paßt. Die Sonden stellen häufig einen Zusammenhang zu deinem inneren Kind her, das muß aber nicht so sein. Die folgenden Beispielsätze können dir einen ersten Eindruck vermitteln, welche Gefühle verschiedene Sonden in dir auslösen können. Sie gehören zu den verschiedenen Charakterdramen, die auf S. 20/21 beschrieben werden.

Lies diese Sätze einfach, und laß dir Zeit, um zu spüren, wie sie in dir nachklingen und was sie bewirken. Schließe nach jedem Satz die Augen und fühle in deinen Bauch- und Brustraum hinein. Bleib jedesmal so lang dabei, wie du Lust hast.

- Was geschieht, wenn du hörst, «– dein eigener Name –, ich freue mich daß du da bist!»

- Was geschieht, wenn du hörst: «– dein eigener Name –, du gehörst zu uns!»

- Was geschieht, wenn du hörst: «– dein eigener Name –, du kannst dich hier ganz sicher fühlen!»

- Was geschieht, wenn du hörst: «– dein eigener Name –, ich werde dich nicht verlassen.»

- Was geschieht, wenn du hörst: «– dein eigener Name –, du wirst es schaffen!»

- Was geschieht, wenn du hörst: «– dein eigener Name –, du kannst bekommen, was du brauchst.»

- Was geschieht, wenn du hörst: «– dein eigener Name –, wir respektieren dich!»

- Was geschieht, wenn du hörst: «– dein eigener Name –, ich bin auf deiner Seite!»

- Was geschieht, wenn du hörst: «– dein eigener Name –, dein Leben gehört dir!»

- Was geschieht, wenn du hörst: «– dein eigener Name –, du hast ein Recht, glücklich zu sein.»

- Was geschieht, wenn du hörst: «– dein eigener Name –, ich bin stolz auf dich!»

- Was geschieht, wenn du hörst: «– dein eigener Name –, du brauchst gar nichts zu tun, damit ich dich mag!»

- Was geschieht, wenn du hörst: «– dein eigener Name –, ich werde dich nicht zurückstoßen!»

- Was geschieht, wenn du hörst: «– dein eigener Name –, alle deine Gefühle sind vollkommen in Ordnung!»

- Was geschieht, wenn du hörst: «– dein eigener Name –, in Wirklichkeit bist du immer geliebt worden.»

Das freie Souling

Jeder Souling-Prozeß fängt mit diesen zwei Schritten an: Selbsterforschung (Punkt 1) und Arbeit im Spürbewußtsein (Punkt 2). In der Selbsthilfe können beide Punkte recht schnell durchlaufen werden: kurz das Problem formulieren, dann in den Bauch- und Brustraum spüren, wie es sich dort anfühlt.

Genauso sieht es beim partnerschaftlichen Souling aus, nur daß wir dabei länger bei den einzelnen Punkten verweilen. Normalerweise nehmen wir uns etwa fünfzehn Minuten Zeit für die Selbsterforschung in Punkt 1, dann bittet der Begleiter den Klienten, die Augen zu schließen und zu schauen, wie sich das, was er eben erzählt hat, in seinem Inneren anfühlt (Spürbewußtsein, Punkt 2). Wenn wir uns entschieden haben, mit welchem der verschiedenen Souling-Prozesse wir weiterarbeiten wollen, bittet der Begleiter den Klienten, sich hinzulegen. Dann arbeiten wir im Liegen weiter. Das folgende Schema verdeutlicht dieses Vorgehen:

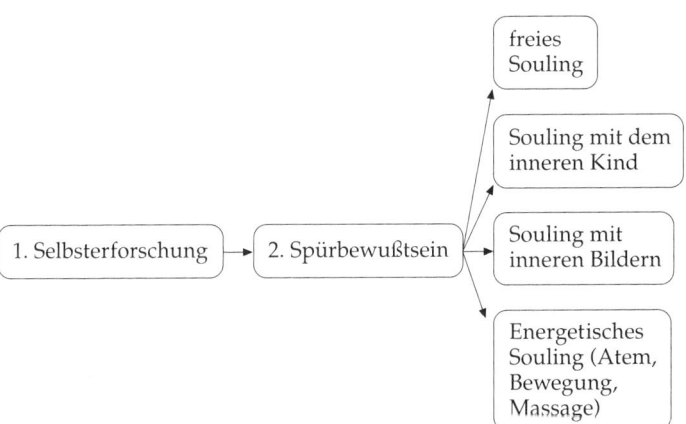

Alle diese Prozesse, egal ob in der Selbsthilfe oder im partnerschaftlichen Souling, gehen von Punkt 2 des Spürbewußtseins aus. Wenn wir uns über längere Zeit mit Hilfe der bisher beschriebenen Interventionen mit unserem inneren Gefühl beschäftigen, sind wir im Prozeß des «freien Souling». Wir folgen ohne feste Struktur einfach unserem inneren Prozeß, so wie er sich ganz von selbst entfaltet.

Du kannst das freie Souling mit *folgenden Interventionen*, wie wie schon im Kapitel über «Selbsterforschung» (ab S. 97) beschrieben wurden, und *führenden Interventionen* unterstützen. Folgen und Führen, das im partnerschaftlichen Souling der Begleiter übernimmt, kannst du in der Selbsthilfe aus dem bewußten Ich durchführen. Du legst dich einfach hin, schließt die Augen und läßt kommen, was kommen will: Gedanken, Bilder, Empfindungen, Gefühle. Du folgst diesen und läßt dich dabei von deiner Seele führen. Häufig wirst du nicht wissen, ob du noch auf der richtigen Spur bist, ob das Ganze einen Sinn hat oder wie es weitergehen soll. Dann spüre dich einfach, nimm deinem Atem wahr, sei einfach mit ihm und deiner inneren Befindlichkeit. Nach einiger Zeit wird wieder Bewegung in den Prozeß kommen, entweder ein neuer Gedanke oder vielleicht eine Bewegung im Körper. Folge dem und benutze evtl. eine der genannten Interventionen.

Hier noch einmal eine Zusammenfassung der verschiedenen Interventionsmöglichkeiten beim freien Souling:
- Hinein-Fragen
- Aufforderungen zum Dabeibleiben
- Hinaus-Fragen
- Ansprechen der Gefühle, vielleicht mit der Formel «...ich gebe mich dir hin», und dem Berühren des Gefühls
- Spüren des Körpergefühls im Atem, dabei vielleicht für eine Weile durch den Mund atmen
- Ausdrücken des Körpergefühls durch Bewegung der Hände
- Ansprechen dieser Bewegungs-Fähnchen
- Sonden ausprobieren.

Hier ein Beispiel für das Arbeiten im Spürbewußtsein und das freie Souling mit einem Begleiter, bei dem die Interventionen demonstriert werden.

Beispiel

Klient: «Mich hat in den letzten Tagen sehr bedrückt, daß ich mich in der Wohngemeinschaft so isoliert gefühlt habe. Irgendwie kam ich mit keinem zurecht.»

Begleiter: «Du fühltest dich so allein unter den anderen?!» (Verbalisierung)

Klient: «Ja, Ich habe zwar ganz normale Gespräche mit ihnen gehabt, aber mein Gefühl dabei war ganz anders als sonst.»

Begleiter: «Ja, so wie du dich dabei in dir gefühlt hast, das war anders?!» (Verbalisierung)

Klient: «Ja, da war so etwas Neues, und das fühlte sich ein wenig unheimlich an.»

Begleiter: «Mir fällt auf, daß du beim Erzählen öfter die Schultern nach oben gezogen hast. Kannst du das noch einmal tun und schauen, ob das mit einem Gefühl verbunden ist?» (Fähnchen)

Klient (zieht mit Achtsamkeit mehrere Male die Schultern hoch): «Ja, ich spüre jetzt dieses Unheimliche und eine gewisse Angst noch deutlicher.»

Begleiter: «Vielleicht wäre dies ein guter Zeitpunkt, nach Innen zu gehen und zu schauen, ob du dieses Gefühl im Bauch- und Brustraum wiederfinden kannst.» (Hinein-Fragen)

Klient: «Ja, ich spüre mal hin» (schweigt und atmet stärker).

Begleiter: «Nimm dir all die Zeit, die du brauchst, um mit diesem Gefühl in Kontakt zu kommen.» (Aufforderung zum Dabeibleiben)

Klient: «Das Gefühl ist jetzt ganz plastisch spürbar, genauso wie zu Haus in der Wohngemeinschaft.»

Begleiter: «Kannst du es näher beschreiben?» (Genauern)

Klient: «Ja, der ganze Rumpf fühlt sich irgendwie tot an, und in der Kehle spüre ich ein kleines Würgen.»

Begleiter: «Bleib bei diesem Gefühl und schau, ob Worte oder Bilder kommen wollen.» (Hinaus-Fragen)

Klient: «Das Wort ist ‹unheimlich›. Alles fühlt sich unheimlich an.»

Begleiter: «Aha, unheimlich.» (Zurücksagen)

Klient: «Ja, als ob ich unter den anderen fremd wäre, als ob ich gar nicht zu ihnen gehörte.»

Begleiter: «Welchen Satz würde dieses Gefühl sagen, wenn es sprechen könnte?» (Hinaus-Fragen)

Klient: «Ja, das wäre: ‹Ich gehöre nicht zu euch› (fängt an zu schluchzen und weint).

Begleiter: «Das tut so weh, sich fremd und anders zu fühlen?!» (Verbalisieren)

Klient: «Ja. Ich glaube, ich habe das Gefühl oft gehabt.»

Begleiter: «Kannst du, bevor wir weitergehen, noch einmal schauen, ob sich jetzt etwas in deinem Körper verändert hat?» (Hinein-Fragen)

Klient: «Ja. Die Kehle fühlt sich freier an. Das Gefühl ist auch nicht mehr so unheimlich. Aber das Tote ist noch da. Es ist einfach dieses große Gefühl der Fremdheit.»

Begleiter: «Sprich dieses Gefühl der ‹Fremdheit› direkt an. Sage ihm, daß du es wahrnimmst und wie du zu ihm stehst.» (Ansprechen des Gefühls)

Klient: «Hallo Fremdheit, ich spüre dich, und du machst mir Angst.»

Begleiter: «Spüre mal zur Fremdheit. Wie reagiert sie? Hat sie eine Form?»

Klient: «Ja, sie sieht aus wie ein weißes Gespenst und sagt zu mir: ‹Du machst alles nur schlimmer, wenn du soviel Angst vor mir hast. Ich will von dir akzeptiert werden.›»

Begleiter: «Magst du dich diesem Gespenst nähern und schauen, ob du es irgendwie heilend oder liebevoll berühren kannst?»

Klient: «Ja, ich berühre einmal sein weißes Kleid. Es fühlt sich gar nicht so kalt an. Jetzt nehme ich es in den Arm. Es wird ganz weich und traurig. Mir geht es genauso. Jetzt ist das Gespenst wie ich früher als Kind. Ich glaube, ich muß noch einmal an meine Schulzeit heran.»

Begleiter: «Du spürst, daß die Schulzeit damit zusammenhängt?!» (Verbalisieren)

Klient: «Ja, mir kommen Bilder von Pausensituationen. Die anderen spielen alle miteinander, ich aber hänge ganz allein herum und gucke traurig zu.»

Begleiter: «Du warst immer ganz allein und konntest nicht mitmachen?»

Klient: «Ich glaube, ich wollte nicht. Jetzt wird mir ganz heiß. Jetzt entsteht etwas Neues im Körper.»

Begleiter: «Bleibe dabei. Atme hinein und schau, was da Neues entsteht.» (Hinein-Fragen)

Klient (schweigt und atmet): «Es ist ganz heiß, und der Satz, der mir in den Sinn kommen will, lautet: ‹Das ist mir peinlich.›»

Begleiter: «Aha, was ist dir peinlich?» (Genauern)

Klient: «Es war mir eben auf einmal so deutlich, daß ich selbst nicht mitmachen wollte und mich rausgehalten habe. Und zu sehen, wie ich das selbst verursacht habe, das gibt mir so ein Gefühl von Peinlichkeit.»

Begleiter: «Was hat sich jetzt im Bauch- und Brustraum verändert? Fühlt sich das noch so tot an?» (Hinein-Fragen)

Klient: «Nein, gar nicht mehr. Eher richtig lebendig und eben heiß. Ich kann besser atmen. Aber gleichzeitig fühle ich mich auch verletzt und traurig.»

Begleiter: «Kannst du versuchen, dieses Gefühl mit deinen Händen auszudrücken?» (Gefühle in Bewegung übersetzen)

Klient (läßt seine Hände sich bewegen, während er die Augen geschlossen hält, die Bewegungen werden dabei langsam größer und schwingender): «Oh, jetzt wachse ich irgendwie, als ob ich mehr Luft bekomme, mehr Raum, und besser mit der Verletztheit und Traurigkeit umgehen kann. Aber ich möchte das noch genauer erleben, was da eigentlich in der Klasse los war. Kannst du mir nicht eine passende Sonde geben?»

Begleiter: «Gut. Schau einmal, was geschieht, wenn du hörst... (etwa drei Sekunden Pause)... ‹Michael, du gehörst zu uns!›... (etwa zehn Sekunden Pause)... Was geschieht?» (Sonde geben)

Klient: «Kurz habe ich gefühlt, wie es gewesen wäre, wenn ich in der Klasse angenommen worden wäre. Da wurde es ganz hell und weit im Körper. Aber dann kamen mir mehrere Situationen in den Sinn, in denen die mich furchtbar verhauen haben. Ich spüre den körperlichen Schmerz richtig. Aua.»

Begleiter: «Ja, spüre diesen Schmerz und bleibe dabei, damit er sich auflösen kann. Atme ein paar Mal tiefer durch den Mund, atme in den Schmerz hinein.» (Aufforderung zum Atmen)

Klient (atmet ein paar Minuten – tief durch den Mund-Brust-Bauch einatmen, alles ausatmen – und stöhnt ein paarmal, als ob er den Schmerz noch einmal erlebt): «Ja, jetzt wird es weniger. Es tut nicht mehr so weh.»

Begleiter: «Dann schau doch mal, ob du etwas Abstand gewinnen, deinen kleinen traurigen Jungen in den Arm nehmen und mit ihm sprechen kannst.»

Beispiele für das freie Souling

Es folgen jetzt noch einige Beispiele für das freie Souling, bei denen nicht wie eben der genaue Wortlaut beschrieben wird, sondern der Verlauf des gesamten Prozesses. Auf diese Weise kannst du sehen, wie unterschiedlich solche Prozesse ablaufen können und wie die Seele jedesmal ganz individuell ihren Weg der Befreiung geht.

Die Beispiele stammen aus dem partnerschaftlichen Souling mit Begleiter; die Klienten haben schon ausführlich mit anderen Souling-Prozessen, die im folgenden noch beschrieben werden, gearbeitet. Hier im freien Souling lassen sie diese Strukturen hinter sich und folgen ganz dem eigenen Prozeß, wie er sich in diesem Moment entfalten will. Der Souling-Prozeß kann sich auf das Hier und Jetzt beziehen, zu Kindheitsszenen führen, auf die Bilderebene gehen oder sich in Körperbewegungen und Atem abspielen. All diese Ebenen mischen sich spontan und frei, auf allen drückt sich das Körpergefühl oder Körperecho aus. Man könnte also sagen, daß diese Beispiele ein fortgeschrittenes freies Souling zeigen. Dagegen ist das Vorgehen mit Hilfe der Interventionen für die Arbeit im Spürbewußtsein ein freies

Souling für Anfänger, mit dem jeder auch ohne die Kenntnis der anderen Prozesse sofort beginnen kann.

Alle Souling-Prozesse folgen dem Prinzip des «guten Endes». Das bedeutet, daß nach einer Phase des Spürens auch der negativen Gefühle immer ein heilendes, tröstendes und entspannendes Ende gesucht wird. Das entspricht dem natürlichen Verlauf der Körperenergie während eines solchen Prozesses, bei dem sich die Energie zunächst intensiviert, sich dann im Ausdruck entlädt, um schließlich zu einer Entspannung und Beruhigung zu kommen. Bei den folgenden Beispielen hätten die betreffenden Personen auch andere Interventionen benutzen können, die ebenfalls stimmig gewesen wären. Sie hätten dann gleichsam eine andere «Reiseroute» genommen, aber viele Wege führen nach Rom, und jeder Weg ist auf seine Weise richtig. Bei jedem freien Souling folgst und führst du so, wie es dir im Moment gerade passend erscheint. Du läßt dich von deinem Inneren und von deinem Seelen-Selbst führen, was häufig heißt, daß du dich auf das Unbekannte einläßt, du weißt nicht genau, ob du noch den richtigen Weg gehst. Habe Vertrauen, und geh einfach weiter. Hinterher wirst du merken, wie sinnvoll du von deiner Seele geführt wurdest. Mit der Zeit bekommst du immer mehr Vertrauen zu deiner inneren Führung. Hilfreich kann dabei der Satz «Ich freu mich auf das Unbekannte!» sein.

Auch wenn du selbst Prozesse wie die unten beschriebenen wahrscheinlich noch nicht durchführen kannst, laß sie dir eine Anregung sein und Appetit auf das weitere Lernen machen.

1. Manfred

Manfred hat als Ausdruck seiner inneren Entwicklung den Mut gefunden, seiner Freundin zu erzählen, daß ihm im Moment ihre sexuelle Beziehung nicht mehr gefällt und er sich unbefriedigt fühlt. Seine Freundin hat darauf mit Traurigkeit und Schmerz reagiert, und nun hat er ein schlechtes Gewissen. Er erforscht dieses Gefühl, und ihm wird bewußt, wie häufig jenes Muster auch in früheren Beziehungen bestimmend war. Oft hat er sein Verhalten so ausgerichtet, daß er andere Menschen schützte, um sie auf keinen Fall zu verletzen.

Er schließt die Augen, geht nach innen und spürt, wie sich dieses schlechte Gewissen als Druck auf seiner Brust zeigt. Er atmet stärker in den Druck hinein und fragt sich, welches Bild oder welche Erinnerung zu diesem Gefühl paßt. Ihm fällt der Ausdruck ein «...der dunkle und schwarze Teil der Mutter», und vor sich sieht er eine schwarze Hexe, die sehr bedrohlich wirkt und vor der er starke Angst hat. Er stellt sich vor, daß ein Bannkreis, den die Hexe nicht überschreiten kann, ihn schützt, so daß er sich etwas sicherer fühlt und nun die Hexe genauer anschauen kann. Die Hexe schreit ständig: «Ich will dein Herz!» Manfred spricht sie laut und selbstbewußt an und sagt ihr: «Du bekommst mein Herz nicht!» Die Hexe wird dabei immer kleiner und weniger bedrohlich. Manfred fühlt sich immer mutiger und stärker. Er freut sich sehr über das Gefühl eines eigenen Raumes, das ihm der Bannkreis vermittelt, und möchte dieses Gefühl mit in den Alltag nehmen. Es kommen dann noch Bilder, in denen er als Kleinkind seinen eigenen Raum erforscht und ganz deutlich spürt: «Das ist mein Körper, dies sind meine Arme und meine Beine!»

2. Sabine

Sabine ist häufig depressiv und fühlt sich minderwertig. Im Verlauf ihrer Selbsterforschung schält sich immer mehr eine Kritiker-Stimme heraus, die Sabine sehr gehässig behandelt und sie zerstören möchte. Sabine legt sich hin, und bevor sie in innerer Achtsamkeit mit dieser Stimme einen Dialog führt, wünscht sie sich zunächst etwas zur Stärkung. Sie sucht sich eine Stimme, die sie akzeptiert und ihr immer wieder sagt: «Sabine, du bist gut so, wie du bist!» Mit dieser unterstützenden Stimme im Rücken spricht sie mit der zerstörerischen und wechselt dabei ständig die Rollen zwischen Stimme und bewußtem Ich. Dieser Wechsel vollzieht sich nicht im äußeren Spiel, sondern in der Vorstellung und in innerer Achtsamkeit. Während des Dialoges wird die Gehässigkeit und Zerstörungswut der Stimme so deutlich, daß es für Sabine ein leichtes ist, sich von ihr loszusagen und ihr klarzumachen, daß sie sich in Zukunft nicht mehr von ihr tyrannisieren lassen wird. Die Stimme wird kleiner und bekommt die Form eines Gnoms. Sabine gibt ihm in ihrer Vorstellung mit den Händen Energie und streichelt ihn. Da zerbricht dieser Gnom mit einem Geräusch, als ob eine Flasche zerschlägt, eine blaue Energie schwebt hervor und löst sich auf. Sabine fühlt sich körperlich sehr erleichtert und hört in sich den Satz: «Ich darf es mir gut gehen lassen!»

3. Karsten

Karsten leidet darunter, daß er in Streßsituationen voller Angst und mit stechendem Schmerz sein Herz spürt. Der Arzt hat ihm gesagt, daß körperlich nichts zu finden sei. Nun will er sein Herz in einem Souling-Prozeß erforschen. Er legt sich hin, atmet tiefer und spürt seinen Körper von innen. Als erstes nimmt er eine Spannung in der Stirn wahr, und entwickelt daraus das Bild einer Spinne. Er spricht die Spinne an und sagt ihr: «Spinne, ich nehme dich wahr, und ich mag dich nicht!» Da wird aus der Spinne ein Bild seiner Mutter, die ihm fordernd sagt: «Du mußt mich lieben!» Karsten spürt seine Angst und sein zusammengezogenes Herz, disidentifiziert sich, geht in das bewußte Ich und sieht von dort aus klar, wie absurd diese Forderung seiner Mutter ist. Er kommt auf den selbstbehauptenden Satz: «Liebe Mutter, manchmal liebe ich dich, und manchmal mag ich dich nicht!» und sagt ihr diesen Satz mit der Stimme des inneren Kindes. Er fühlt sich erleichtert und wendet sich wieder seinem Herz zu. Es fühlt sich so an, als ob es eine Haut um sich herum hätte. Er spricht sein Herz direkt an und bekommt ein Bild, bei dem das Herz von Nadeln und Pfeilen bedroht wird. Er hält in der Vorstellung seine Hände schützend zwischen das Herz und die Pfeile. Das Herz freut sich und fühlt sich sicherer. Es kommen ihm dann noch Gedanken, wie häufig er sich durch die Forderungen seiner Mutter und jetzt durch die seiner Freundin hat verletzen lassen, ohne sich zu schützen. In Zukunft will er mehr auf sein Herz aufpassen.

4. Maria

Maria erforscht ihren Atem. Dabei fällt ihr auf, wie wenig sie in ihren Bauch atmet. Als sie stärker dorthin spürt und in den Bauch hineinatmet, bemerkt sie eine tiefe Angst. Ihr erscheint das Bild eines Abgrunds. Vorsichtig atmet sie weiter in den Bauch und schaut vom Rand des Abgrundes nach unten. Sie versucht dabei, sich zu entspannen, spricht den Abgrund an und sagt: «Abgrund, ich gebe mich dir hin – mach mit mir, was du willst!» Ihr Atem wird stärker, sie gibt sich dem Prozeß hin, und plötzlich verwandeln sich das Gefühl im Bauch sowie der Abgrund. Der ist jetzt ein Vulkankrater, in dem das rote Magma zu sehen ist. Maria fühlt eine große Wut und Kraft im Bauch und hat starke Angst, diese auszudrücken. Sie erforscht diese Angst und erhält Bilder von ihrer Mutter, die in der Kindheit, wenn sie größere Gefühle äußerte, immer wieder sagte: «Kind, sei doch nicht hysterisch!» Sie wird immer wütender auf die Mutter und schlägt mit Armen und Beinen auf die Matratze. Danach fühlt sie sich erleichtert und mutig. Sie probiert die Sonde: «Maria, du darfst alle deine Gefühle kraftvoll ausdrücken!» Die Sonde geht in ihren Körper hinein und verstärkt ihr gutes und vitales Gefühl.

5. Claudia

Claudia erforscht ihr Verhältnis zu Männern. Diese erleben sie häufig als unnahbar. Claudia selbst erfährt kaum wirklich vertrauten und intimen Kontakt. Sie legt sich hin, schließt die Augen und fragt sich, wie sie sich im Körper fühlt, wenn sie sich einige dieser Männer vorstellt. Sie merkt, wie sie sich in ihrem Körper verhärtet und sich gegen die Möglichkeit, sich anzulehnen, wehrt. Sie probiert die Sonde: «Claudia, du kannst dich ruhig bei mir anlehnen!» und spürt, wie sie noch stärker ins Hohlkreuz geht und alle Rückenmuskeln anspannt. Nun atmet sie für eine längere Zeit in diese Spannungen hinein und übt die Beckenschaukel (siehe S. 285). Es werden ihr zwar keine Ängste oder Gefühle bewußt, die diese Spannungen verursacht haben, aber sie erlebt jetzt eine Lösung der Spannungen. Ihr Körper rundet sich jetzt nach unten hin, so als ob Kreuz und Nacken sich anschmiegen und ankuscheln wollen. Sie weiß, daß sie in Zukunft an diesen Ängsten, sich anzulehnen, weiterarbeiten sollte, genießt aber jetzt schon ihren weichen Zustand. Claudia plant, täglich mit Atemübungen und Beckenschaukel zu arbeiten, um aus ihrer Verhärtung herauszukommen, die sie in diesem Prozeß besonders deutlich gespürt hat.

6. Karl

Karl erforscht sein Lebensgefühl der Unfreiheit. Es fällt ihm schwer zu tun, was er möchte, und er fühlt sich ständig verantwortlich für das Glück seiner Freundin. Wenn sie Migräneanfälle bekommt, ist er innerlich so in Sorge um sie, daß er seine eigenen Anliegen nicht weiterverfolgen kann.

Er legt sich hin, atmet eine Zeitlang stärker und spürt in seinen Bauch- und Brustraum, wie sich dort diese ganze Problematik anfühlt. Er genauert sein Körpergefühl. Dann steigt eine Kindheitsszene auf, in der er etwa sechs Jahre alt ist: Seine Mutter ist krank und hat keine Zeit für ihn. Er fühlt sich auf der einen Seite unbefriedigt, auf der anderen angebunden und unfrei. Er bleibt länger bei diesem Gefühl und bemerkt dann, wie seine Beine immer mehr Impulse bekommen, sich zu bewegen. Er folgt diesen Impulsen, spürt dabei immer mehr Wut und beginnt, auf die Matratze einzutreten. Er schreit dabei: «Ich hau ab. Ich mach das nicht mehr mit!» Dann phantasiert er zu seinem eigenen Erschrecken, daß er alle – die Mutter, die Freundin und andere wichtige Personen auffrißt. Er schreit dabei: «Ich freß euch alle auf.» Dann spürt er wieder ruhig nach. Plötzlich imaginiert er eine Szene, in der er weiß, daß er mit dem Boxchampion des nächsten Dorfes einen Kampf austragen wird. Er ist dabei ganz ruhig, angstfrei und auf die Vorbereitung für den Kampf konzentriert. Dies ist ein ganz neues Gefühl für Karl, der sich sonst eher ängstlich und feige fühlt, wenn es ums Kämpfen geht.

7. Siegfried

Siegfried hat in der letzten Zeit sehr nah am Wasser gebaut und spürt immer wieder ein tiefes Gefühl von Verlassenheit und Bedürftigkeit. Er legt sich hin, spürt diese Gefühle im Körper und führt einen Dialog mit der Verlassenheit. Nachdem er sie stärker akzeptieren und annehmen kann, erlebt er eine Kindheitsszene wieder, in der er als Baby allein im Flur liegt. Die Mutter hat sich von ihm abgewandt, um mit dem Vater allein und ungestört zu sein. Er atmet stärker und weint heftig. Dann hat er das Gefühl, als sei der Mond, der durch das Fenster scheint, sein einziger Freund. Er probiert eine Sonde, die der Mond sagt: «Siegfried, ich sehe, wie allein du bist, und ich bin ganz mit dir!» Das fühlt sich zwar schön an, aber es genügt ihm nicht. Er wünscht sich ideale Eltern, die ihm geben, was er braucht. Er imaginiert eine üppige Mutter mit einem riesigen Korb voll praller Lebensmittel und einen ganz freundlichen Vater. Beide sagen ihm: «Siegfried, bei uns kannst du alles bekommen, was du brauchst, wir verlassen dich nicht!» Siegfried atmet erleichtert und genußvoll. Er saugt im Atem all das Positive, das er sich mit diesen «idealen Eltern» imaginiert, in seinen Körper hinein.

8. Stefan

Stefan, der in seinen Souling-Prozessen häufiger mit den Themen «innere Angst» und «Terror» zu tun hatte, erforscht diesmal das Gefühl, eigentlich ganz ohne Herz zu leben und sein Herz gar nicht richtig zu merken. Er legt sich hin, spürt nach innen und bemerkt, wie sein Bauch und seine Brust getrennt sind. Er spürt eine Traurigkeit, nicht in sich zu Hause zu sein, und probiert die Sonde: «Stefan, du bist willkommen!» Ihm kommen die Tränen, und er fühlt sich ganz schutzlos und nackt. Wieder spürt er die Muster, die er schon von den Angstthemen her kennt – der Körper wird steif, die Finger werden kalt –, berührt seinen Körper und gibt ihm Schutz mit seinen Händen. Er spürt dabei die ganze Zeit sein Herz deutlicher als sonst. Dann läßt er seine Hände tanzen und drückt dabei die Gefühle seines Herzens aus. Es zeigt sich eine neue zarte und sensible Energie, für die er sich zunächst etwas schämt. Er fühlt sich wie ein junges Mädchen; sein Herz aber fühlt sich ganz warm und weich an.

9. Simone

Simone wird bewußt, wie nervös und hektisch sie in der letzten Zeit ist, sie fühlt, es ist höchste Zeit, einmal nach innen zu spüren und nachzuschauen. Sie legt sich hin, atmet in sich hinein, merkt aber, daß sie ihren Körper gar nicht richtig spüren kann. Sie muß an ihren Freund denken, der sie vor einiger Zeit verlassen hat, und spürt eine große Wut in sich. Sie schlägt mit Armen und Beinen auf die Matratze, schreit und tobt dabei. Hinterher fühlt sie sich erleichtert und entspannter. Jetzt spürt sie auch mehr im Bauch- und Brustraum. Sie fühlt wieder den Schmerz, von diesem Freund nicht richtig angenommen und akzeptiert worden zu sein, und wird dabei weicher. Ihr wird bewußt, daß sie sich in der letzten Zeit gesagt hat: «Ich will diesen Schmerz nicht mehr spüren! Ich habe genug davon!» Nun führt Simone einen Dialog mit dem Schmerz, bis dieser sich angenommen fühlt und ihr verspricht, daß er sich in Zukunft auf weichere Weise melden wird, wenn sie sich nicht wieder vor ihm verschließt. Zum Abschluß stellt Simone sich vor, im Schoß eines neuen Freundes zu liegen, den sie gerade kennengelernt hat. Dieser sagt ihr: «Simone, ich freue mich, daß du da bist!» Sie kann den Satz annehmen, entspannt sich und fühlt sich glücklich.

10. Gisela

Gisela will ihre Ängstlichkeit und Gehemmtheit in Gruppen und besonders im Umgang mit Männern erforschen. Sie legt sich hin, atmet in sich hinein und erforscht ihr Körpergefühl. Es zeigen sich schnell Szenen aus ihrer Kindheit. Ihr Vater war Alkoholiker, und wenn er abends nach Haus kam, dann holte ihre Mutter die Tochter Gisela aus dem Bett und stellte diese als Schutz vor sich selbst, weil sie wußte, daß der Vater Gisela nicht schlagen würde. Gisela spürt noch einmal diese Angst und auch

Trotz und Empörung: «Was machen die da eigentlich mit mir. Das geht mich doch gar nichts an. Die sollen ihren Streit gefälligst allein ausmachen!» Ihr wird klar, daß sie jetzt unbedingt eine unterstützende Person in der Szene braucht, um sie diesmal nicht wieder in derselben Hilflosigkeit zu erleben wie damals. Sie stellt sich «Detlev» vor, einen Freund aus ihrer späteren Schulzeit, der Rocker war. Der kommt nun in die Szene hinein. Gisela wird ganz klein, hockt auf seiner Schulter und schaut zu, wie Detlev ihre Eltern mit einer Peitsche bestraft. Ihre Eltern jammern und schreien und werden dabei immer kleiner. Dann packt Detlev die Eltern hinten auf sein Motorrad und rast mit ihnen in gefährlichen Schlenkern an Abgründen vorbei. Gisela freut sich ungemein, ihre sonst so ängstlichen Eltern in dieser Gefahr zu sehen. Sie genießt ihre etwas sadistische Freude und empfindet das als eine gerechte Bestrafung der Eltern, die sie selbst entspannt.

Danach imaginiert sie ideale Eltern, die sich sehr lieben und nicht streiten. Sie beobachtet sie dabei, wie sie miteinander schlafen, und sie fühlt sich frei und unabhängig. Jetzt ist sie nicht mehr verantwortlich für das Wohlergehen ihrer Mutter. Sie findet für ihr Körpergefühl die drei Worte: «prickelnd, lebendig und frei». Sie erlebt in der Vorstellung noch einige abenteuerliche Dinge mit gleichaltrigen Schulfreunden und versucht dann, sich ihren heutigen Alltag mit diesem neuen guten Körpergefühl vorzustellen. Dabei trifft sie auf ein neues Problem, weil ihr bewußt wird, wieviel erotische Anziehung sie jetzt gegenüber allen möglichen Männern spürt. Das ist für sie verboten. Sie erinnert sich an Sätze ihrer Mutter wie «Du bist eine Hure!» Ihr wird bewußt, daß sie fürchtet, ihr Familienleben könne vollkommen durcheinander kommen, wenn sie ihrer Sexualität freien Lauf läßt. Sie geht in das bewußte Ich und macht sich klar, daß das Zulassen erotischer Gefühle und Wünsche etwas anderes ist, als das Ausagieren sexueller Phantasien. Für ihre Lebendigkeit ist das Zulassen der inneren Gefühle, Phantasien und Empfindungen wichtig – sie muß aber deswegen nicht mit jedem Mann ins Bett gehen. Diese Erkenntnis beruhigt sie, und sie überläßt sich genüßlich der Erinnerung an eine Situation, in der ein Mann sie so liebevoll und sinnlich angeschaut hatte, daß sie sich so begehrt fühlte wie noch nie in ihrem Leben.

Souling mit dem inneren Kind

Bei jedem belastenden Gefühl, jedem bedrückenden Problem, das wir erleben, können wir davon ausgehen, daß wir nicht vollkommen im Hier und Jetzt sind, sondern daß alte Erfahrungen unseren gegenwärtigen Zustand beeinflussen. Nur mit ganz seltenen Ausnahmen sind wir allein wegen aktueller Erfahrungen ängstlich, wütend oder traurig. Meist haben sich alte Erfahrungen ähnlicher Art in uns gesammelt, die durch die momentane Situation nur aktiviert werden. Wenn wir in Ruhe darüber nachdenken, ist diese Verbindung den meisten Menschen einsichtig, aber im Alltag verfallen wir immer wieder in die Vorstellung, daß äußere Umstände unsere negativen Gefühle auslösen. Deshalb ist es immer wieder hilfreich, sich zu fragen: «In welchem Ausmaß bin ich im Moment in der Erinnerung?» So mache ich mir immer wieder bewußt, daß ich eigentlich an einen alten Schmerz erinnert werde.

Wenn ich mir die Situationen, die mich erregen, wütend, traurig oder ängstlich machen, vom Standpunkt des bewußten Ich anschaue, dann kann ich eigentlich über meine Reaktionen nur lachen. Bei genauerem Hinsehen merke ich, wie sich bei jedem größeren Problem mein inneres Kind meldet und ich durch diese innere Trance aus der Realität und dem Hier und Jetzt herauskatapultiert werde:

- Ich bin wütend, weil meine Partnerin sich auf der Party wieder so lange mit anderen Menschen unterhält. Dann mache ich mir bewußt, daß ich in der Erinnerung sein muß. Ich sollte mich also lieber an eine Souling-Arbeit machen, als mit meiner Partnerin grollen. Sie ist nur die Auslöserin eines alten Programms.

- Mein Kollege vermittelt mir immer wieder das schleichende Gefühl, daß ich nicht in Ordnung bin. Dies ist Anlaß für mich zu gucken, was er eigentlich macht, daß ich mich so fühle: «Was fällt ihm ein, mich so zu verunsichern!» Aber ich weiß, daß ich in der Erinnerung bin. Also vergesse ich ihn erst einmal und schaue weiter nach innen.
- Ich mache mir Sorgen um meinen Sohn. Er lernt für die Schule nicht so, wie ich es mir wünsche. Ich mache mir immer wieder große Sorgen, obwohl die Lehrer mich beruhigen. Also wird mir klar, daß ich in der Erinnerung bin. Mein Sohn scheint nur Auslöser eines alten Programms zu sein. Das will ich im Souling weiter erforschen.

Beim Souling mit dem inneren Kind fragen wir, wenn wir im Spürbewußtsein ein Gefühl erforscht haben, ob es eine vergangene Situation gibt, die mit diesem belastenden Gefühl zusammenhängt. Wir widmen uns dieser Kindheitsszene und arbeiten im Anschluß daran mit einer heilenden Szene, um die Speicherung der alten Erfahrung in uns zu ändern. Zum Abschluß kommen wir mit dem positiven inneren Gefühl zurück in unser erwachsenes Ich und erleben in der Imagination die anfängliche, schwierige Situation noch einmal. Wir gehen also mit einem belastenden Gefühl in den Souling-Prozeß hinein und kommen mit einem guten Gefühl wieder heraus. Aber beginnen wir mit dem ersten Schritt, der Regression am Punkt 3.

Regression (Punkt 3)

Häufig treten schon bei der Arbeit im Punkt 2, dem Spürbewußtsein, ganz spontan Kindheitserinnerungen auf. Dann bietet es sich an, mit dem Inneren-Kind-Souling weiterzuarbeiten, wie es im Souling-Kreis beschrieben wird (siehe S. 46). In diesem Fall gehen wir gleich zum Punkt 3 weiter, zur «Regression».

Um in die Regression zu kommen, können wir Interventionen anwenden, die eine Verbindung zur Vergangenheit erleichtern und aktivieren. So führt z. B. die Sonde häufig zu alten Kindheitserinnerungen und lädt zur Arbeit mit dem inneren Kind ein. Eine andere Methode, dich in die Regression zu führen und dein inneres Kind hervorzulocken, hast du ja schon im Kapitel «Schreibdialoge» kennengelernt: den schriftlichen Dialog mit beiden Händen.

Doch zunächst einige Bemerkungen zu der Frage: «Müssen wir denn immer wieder in die Vergangenheit zurück? Das ist doch schon so lange her!» Ich denke, daß die Arbeit mit dem inneren Kind, der Vergangenheit und den Eltern unerläßlich ist, um die eigene Seele kennenzulernen und die Liebes- und Beziehungsfähigkeit zu erhöhen. Vergegenwärtige dir noch einmal, was im ersten Kapitel über den Charakter geschrieben wurde: All unsere Glaubenssysteme über uns und über die Welt entstehen in unserer frühesten Kindheit. Die ersten Erfahrungen mit Mutter und Vater haben geprägt, wie wir uns mit uns selbst und mit anderen Menschen fühlen. Alle unsere späteren Beziehungserfahrungen und -schwierigkeiten spiegeln diese Schwierigkeiten unserer frühesten Sozialisation nur wider. Gerade deshalb sind Beziehungsschwierigkeiten eine große Chance, alte Wunden aufzuarbeiten. Wenn wir also unsere aktuellen Probleme zum Anlaß nehmen, nach innen zu schauen, und unsere alten Wunden zu heilen, anstatt den Partner oder die Welt zu beschuldigen, daß sie uns schmerzvolle Gefühle bereitet haben, können wir uns selbst weiterentwickeln und unser Leben glücklicher und lebendiger werden lassen. Dieser Versenkung in die frühen Verletzungen, dieser Arbeit in der Regression dienen die folgenden Interventionen.

Zeitregression

Diese Übung kann dir helfen, in inneren Bildern den Kontakt zu deiner Vergangenheit zu stärken. Sie geht noch hinter deine Geburt und deine Zeugung zurück und ist damit zugleich eine Einführung in das Souling mit inneren Bildern, das später ausführlich dargestellt wird.

Lege dich für diese Übung auf den Rücken. Nimm dir genügend Zeit für jede Phase.

Übung

Ich werde dich jetzt bitten, dich genau zu erinnern, was zu bestimmten Zeiten deines Lebens passiert ist, was du gemacht und wo du dich aufgehalten hast, mit wem du zusammen warst. Erinnere dich so genau wie möglich, und laß auch Bilder und Phantasien aus dieser Zeit kommen. Male sie weiter aus und achte darauf, welches Gefühl sich in deinem Bauch- und Brustraum einstellt. Wie hat es sich damals angefühlt? Wie war deine Befindlichkeit zu dieser Zeit? Vielleicht kannst du in dieser Übung bestimmte Grundgefühle und Grundmuster deines Lebens finden.

Was war vor genau einem Jahr? Das war der ... (Monat) ... (Jahr). Was hast du damals gemacht? Mit wem warst du zusammen? Laß Bilder und Phantasien kommen. Wie fühlt es sich im Bauch- und Brustraum an? Wie war damals dein Lebensgefühl?

Laß dann diese Bilder und Phantasien wieder los und gehe weiter zurück mit dem Thema: «Was war vor zwei Jahren?»

Wiederhole diese Frage: Was war vor drei, vier, fünf, zehn oder zwanzig Jahren?

Dann lasse auch diese Bilder wieder los und gehe zurück zu dem Zeitpunkt als du zwanzig Jahre alt warst. Wer so jung ist, daß er schon bei den vorangegangenen Schritten zu diesem Alter kam, bleibt einfach dabei.

Laß nun auch diese Bilder wieder los und gehe zurück zum

Alter von fünfzehn Jahren. Es wird jetzt vielleicht schwerer, sich an reale Begebenheiten zu erinnern. Dabei ist aber völlig unwichtig, ob die Bilder und Phantasien, die dir einfallen, wirklich passiert sind. Wir fragen uns vielmehr: «Wie mag es wohl gewesen sein, als ich fünfzehn Jahre alt war?» Phantasiere einfach drauf los. Was habe ich gemacht? Wie hat es sich angefühlt? Dies gilt auch für alle weiteren Phantasien.

Laß auch diese Bilder wieder los und gehe zurück zum Alter von zehn Jahren, von fünf Jahren, von einem Jahr, zurück zu einer Zeit, als du noch gar nicht sprechen konntest und bei deiner Mutter an der Brust lagst. Was für ein Gefühl stellt sich jetzt ein?

Gehe noch weiter zurück und stelle dir vor, du wärst noch im Mutterleib, kurz vor deiner Geburt. Bisher war es recht gemütlich und geborgen, aber jetzt wird es ungemütlich. Die Gebärmutter fängt an, sich zusammenzuziehen, und du weißt, gleich mußt du durch den Geburtskanal. Wie wird es wohl sein, wenn du herauskommst? Wird die Geburt leicht oder schwer sein? Wie wirst du auf dieser Erde empfangen werden? Laß einfach Bilder und Phantasien zu dem Thema kommen: «Wie mag wohl meine Geburt gewesen sein?»

Laß auch diese Bilder wieder los. Wir gehen noch weiter zurück. Stelle dir vor, du wärest ein Fötus von fünf Monaten, hättest totale Bewußtheit und könntest alles miterleben, was deine Mutter macht, wie sie sich fühlt und was so in deiner Umgebung gesprochen wird. Laß einfach Bilder und Phantasien kommen. Wie fühlt sich das an?

Laß auch diese Bilder wieder los. Stell dir vor, du bist noch gar nicht gezeugt, sondern schwebst noch irgendwo in einem geistigen Bereich. Es ist nicht wichtig, ob du an so etwas glaubst, laß dich wenn möglich einfach nur auf dieses Bild ein. Stelle dir also vor, daß du einen Sog nach unten zur Erde spürst. Du siehst unter dir deine Mutter und deinen Vater, die miteinander schlafen und dich zeugen. Schau ganz genau hin, wie die beiden zusammen sind

Laß nun auch diese Bilder wieder los, denn wir gehen noch

weiter zurück und stellen uns vor, daß es vor diesem Leben
noch ein anderes Leben gab. Und wieder ist nicht gemeint, daß
du an so etwas glauben sollst. Laß einfach Bilder und Phantasien
zum Thema kommen: «Wie war mein Tod in diesem früheren
Leben?»

Laß dann auch diese Bilder los, und male dieses frühere Leben aus. Beginne etwa im Alter von zwanzig Jahren bis zu
dem Tod, den du dir eben schon vorgestellt hast. Stell dir einfach ein fremdes Land und eine ferne Zeit vor, wo sich dein
damaliges Schicksal abspielte. Laß wieder Bilder und Phantasien kommen und achte dabei auf dein Körpergefühl.

Laß auch diese Bilder wieder los, denn wir spulen die Zeit-
uhr jetzt anders herum ab: zum Tod im früheren Leben – zur
Zeugung – zum fünften Schwangerschaftsmonat – zur Geburt
– zum ersten Lebensjahr – zum Alter von fünf Jahren – von
zehn Jahren – von fünfzehn Jahren – von zwanzig Jahren – vor
zwanzig Jahren – vor zehn Jahren – vor fünf Jahren – vor vier –
vor drei – vor zwei – vor einem Jahr – jetzt. Nun balle die
Hände fest zu Fäusten, atme tief ein und aus, recke und strecke
dich.

Regression mit dem Körpergefühl

Die Zeitregression soll dir ermöglichen, das Gefühl für deine
Vergangenheit zu stärken, eignet sich aber nicht so gut für die
Arbeit in einem konkreten Souling-Prozeß. Dort versuchen wir
zwar auch zurückzuschreiten, nehmen aber als Ausgangspunkt
das momentane belastende Körpergefühl, das wir im Spürbewußtsein herausgearbeitet haben. Wir fragen dann bei der Ein-
zelarbeit uns selbst, bei der partnerschaftlichen Arbeit den
Klienten: «Wann hast du in deiner Vergangenheit schon einmal
dieses Gefühl gehabt? Laß Bilder und Phantasien dazu kommen!» Wenn wir uns die betreffende Szene vergegenwärtigt haben, fragen wir weiter: «Woher kennst du dieses Gefühl noch?
Gehe weiter zurück!» Wenn wir einige dieser Erinnerungen er-

forscht haben, wählen wir die wichtigste für die Arbeit an der problematischen Kindheitsszene (Punkt 4) aus. Hier ein Beispiel:

Das Ausgangsgefühl: Vom Partner nicht wichtig genommen werden.

1. Erinnerung: Auch vom vorigen Partner nicht wichtig genommen worden.

2. Erinnerung: Von einem Vorgesetzten nicht wichtig genommen worden.

3. Erinnerung: Von Lehrern herabgesetzt worden.

4. Erinnerung: Vom Vater in der Pubertät links liegen gelassen.

5. Erinnerung: Die Klientin wollte mit dem Vater schmusen, wie sie es schon oft positiv erlebt hatte, diesmal aber zog sich der Vater zurück, wurde ganz steif und eisig. Die Klientin fühlte sich sehr zurückgestoßen, abgelehnt und nicht wichtig genommen.

Die Klientin entscheidet sich, mit dieser letzten Erinnerung im Inneren-Kind-Souling weiterzuarbeiten.

Familie stellen

Eine andere Möglichkeit, die Regression zu verstärken und sich auf das innere Kind einzustimmen ist das Aufstellen der Kindheitsfamilie mit kleinen Gegenständen. Wenn du Lust hast, kannst du diese Übung gleich nachvollziehen und mit dem Familiestellen beginnen. Ebensogut kannst du den Abschnitt erst einmal nur durchlesen, und die praktische Übung nachholen.

Du wählst einen Platz für dein bewußtes Ich. In zwei bis drei Meter Entfernung stellst du mit kleinen Gegenständen – mit Steinen, Holzstücken, großen Glasmurmeln, kleinen Kissen – deine Ursprungsfamilie auf, wie sie im Alter von etwa ein bis sieben Jahren aussah. Stelle alle Familienmitglieder ganz intuitiv – ohne allzuviel nachzudenken – so auf, wie sie dir im Verhältnis zueinander richtig erscheinen. Der schönste Gegenstand sollte für dich selbst sein. Stelle auch verstorbene Eltern oder leibliche Eltern auf, falls du adoptiert wurdest. Wenn Großeltern oder andere Verwandte in der Kindheit wichtig waren, werden auch die dazu gestellt. Ein Beispiel:

• Mutter

• Klient   • Vater
(ältester Sohn)

• zweitälteste Schwester

• jüngster Bruder

Nimm den Platz des bewußten Ich ein, und schau dir diese Aufstellung mit einigem Abstand an. Wenn es eine Fernseh-Familien-Serie mit diesen Personen gäbe, welche Rollen hätten die einzelnen Familienmitglieder und wie hieße wohl die Überschrift dieser Familienserie?

Steh wieder auf, und stelle dich im Raum direkt über den Platz jedes Familienmitglieds, identifiziere dich mit ihm und sprich laut mit seiner Stimme. Du selbst kommst ganz zum Schluß. Diese Identifikation mit den anderen Familienmitgliedern kann dir ganz neue Perspektiven geben. Du wirst dabei mehr Verständnis für das ganze Familiensystem entwickeln.

Zum Abschluß dieser Übung nimm wieder den Sitz des bewußten Ich ein und spüre nach, wie diese Übung auf dich gewirkt hat und wie du dich jetzt fühlst.

Neben dem Aufstellen des ganzen Familiensystems ist es manchmal schon hilfreich, während der Arbeit im Spürbewußtsein dem aus der Kindheit auftauchenden Personen ein Kissen im Raum zuzuordnen und sich vorzustellen, sie würden auf diesem Kissen sitzen. Dann kannst du sie direkt ansprechen. Auch so erscheint die alte Kindheitsszene immer deutlicher im Raum, und die Arbeit gleitet wie von selbst zu Punkt 4 in die Arbeit mit der Kindheitsszene hinüber.

Die Kindheitsszene (Punkt 4)

Wie arbeitest du nun weiter, wenn du eine konkrete Kindheitsszene gefunden hast, die dir zentral erscheint und mit deinem momentanen belastenden Gefühl zusammenhängt?

Konkretisierung der Erinnerung

Versuche dich so konkret wie möglich zu erinnern. Stelle dir die Szene mit allen deinen Sinnen vor. Dabei ist nicht so wichtig, daß du die Szene wirklichkeitstreu erinnerst, sondern daß die Erfahrung durch die Beteiligung deiner Sinne plastischer und körperlicher wird. Wie sah das Zimmer aus, wie roch es dort, wie sahen Vater, Mutter oder andere beteiligte Menschen aus? Wie waren die Körperempfindungen, wie hörten sich die Stimmen an? Eine gute Hilfe ist auch die Vorstellung, daß du jetzt das kleine Kind von damals bist und das Ereignis genau beschreibst: «Ich stehe in der Küche, es ist heller Tag und die Sonne scheint durch das Fenster. Ich bin etwa vier Jahre alt und habe einen blauen Jeans-Spiel-Anzug an. Da geht die Tür auf und meine Mutter kommt in den Raum hinein...»

Vertiefung der Erfahrung im Atem

Du kannst die Erfahrung dieser Kindheitsszene noch vertiefen, wenn du den Atem dazu nimmst. Am besten legst du dich hin (wenn du Angst hast, zu müde zu werden, kannst du dich auch hinsetzen) und atmest tief durch den Mund ein und aus. Atme wieder erst tief in den Bauch, dann hoch in die Brust und dann alles aus. Jetzt beschreibe mit hörbarer Stimme – meist wird das am besten im Ausatem gehen – wie eben erläutert deine Kindheitserinnerung, so als würde sie gerade jetzt passieren. Durch das tiefe Atmen werden die beteiligten Emotionen stärker. Wenn du laute Töne machst, Wut rausschreien oder weinen möchtest, dann lasse das geschehen. Wenn du eine Matte als Unterlage hast, kannst du auch mit Armen und Beinen auf die Matte schlagen.

Ansprechen der negativen Eltern

Da wir als Kinder in den damaligen Situationen viele Gefühle spürten, die wir den Eltern gegenüber nicht ausdrücken konnten, ist es gut und wichtig, die Eltern in der Phantasie direkt anzusprechen und ihnen zu sagen, wie traurig du warst, wie wütend, oder wieviel Angst du vor ihnen hattest. Stell dir dabei Vater, Mutter oder auch beide vor, als stünden sie dir gegenüber, und schau ihnen in die Augen. Sage ihnen alles, was du gefühlt hast und damals nicht ausdrücken konntest, direkt in die Augen. Das macht zwar mehr Angst als das Sprechen *über* sie, vertieft aber dein Erleben und macht den Ausdruck lebendiger.

Wir nennen die Seite unserer Eltern, die uns Schmerzen, Wut und Angst bereitete, die «negativen Eltern». Es ist aber wichtig, sich klarzumachen, daß dieses «negative Bild» nicht die ganze Wirklichkeit unserer Eltern ausdrückt. Sie hatten negative und positive Seiten, doch hier geht es zunächst nur um ihre «negativen».

Vielleicht hilft es dir, ein Kissen zu nehmen, um deine Wut

darauf auszuschlagen und auszutreten, oder mit den Händen eine Decke zu würgen, wenn du den Impuls spürst, Vater oder Mutter erwürgen zu wollen. Spüre zugleich immer wieder in deinen Körper hinein, welcher Ausdruck gerade paßt. Wollen die Beine treten? Wollen die Arme schlagen oder quetschen? Will die Zunge sich herausstrecken? Hab keine Angst vor der Primitivität deiner Impulse, denn kindliche Impulse sind einfach und primitiv. Kommen sie in dieser therapeutischen Situation hervor, bei der Vater und Mutter ja nicht dabei sind, so können sie keinem mehr weh tun. Bleiben sie unbewußt in deinem Körper, dann allerdings können sie auf indirekte Weise anderen Menschen oder dir selbst Schaden zufügen.

Manche Menschen meinen, daß die unkontrollierte Äußerung negativer Gefühle prinzipiell keinen Beitrag zu mehr Glück und Lebendigkeit leisten kann.

Sie fürchten, daß all das Negative uns und unsere Mitmenschen noch mehr belastet. Das ist nicht richtig. Wenn wir unsere Gefühle tatsächlich ausagieren, z. B. unserem Vater wirklich sagen, wie gemein er doch war, mit dem Bedürfnis, ihn zu verletzen, werden wir allerdings kein neues Glück schaffen. Wenn wir uns aber in einer therapeutischen Situation darum bemühen, uns von unseren negativen Gefühlen zu befreien, dann lösen sich diese Gefühle auf – wirken weder in der Welt noch in unserem Körper weiter. Wichtig ist also die Intention: wollen wir uns befreien, oder wollen wir andere verletzen und kränken. Wir drücken unsere negativen Gefühle nicht aus, um die Eltern zu bestrafen oder ins Unrecht zu setzen, sondern um uns zu entlasten und um wieder Liebe empfinden zu können.

Deshalb dürfen wir auch nicht beim Ausdruck negativer Gefühle stehenbleiben. Es geht nicht darum zu zeigen, wie sehr wir doch im Recht sind und die Eltern im Unrecht. Der Ausdruck unserer negativen Gefühle soll die Bewegung hin zu unseren Eltern, die wir ja eigentlich alle wünschen, wieder in Gang bringen. Deshalb der Blickkontakt: Fließen Angst, Wut und Schmerz aus uns heraus, kann auch die Liebe wieder fließen.

Beschwerdebriefe

Eine gute Aufgabe für diesen Punkt 4 ist es, an Vater und an Mutter je einen «Beschwerdebrief» zu schreiben. Schreibe alles auf, was dich früher als Kind an ihnen gestört, was dich verletzt hat, worüber du wütend warst und was dich traurig gemacht hat. Für «artige Kinder» und Menschen, die noch nie gewagt haben, ihre negativen Gefühle auszudrücken, ist es gut, sich in so einem Brief richtig unflätig zu äußern mit Worten, die sie normalerweise nie benutzen würden. Es liest ja hinterher keiner den Brief.

Für Menschen, die keine Mühe haben, sich aggressiv zu äußern, ist es eher sinnvoll, sachlich und ruhig zu schreiben. Fühle einmal in dich hinein und erspüre, welche Form für dich angemessen ist. Diese Briefe machen zwar Arbeit, auf der anderen Seite wirst du dich aber hinterher auch erleichtert fühlen. Du kannst dir nach dem Schreiben deine Eltern auch noch einmal vorstellen, Blickkontakt zu ihnen herstellen und ihnen in Gedanken diese Briefe vorlesen.

«Was ich von dir gebraucht hätte»

Zum Abschluß der Kindheitsszene ist es hilfreich, den Eltern Sätze zu sagen, die mit der Formulierung beginnen: «Was ich von dir gebraucht hätte...» Sie öffnen uns noch stärker für die Gefühle von Traurigkeit und Schmerz, verhindern ein Feststecken in Wut und Ärger und lenken außerdem den Blick auf das Positive, das uns damals gefehlt hat. Gerade mit diesem Positiven, das uns bereichern kann, wollen wir später weiterarbeiten. Bei der Formulierung dessen, was du damals gebraucht hättest, wirst du weicher werden und bereits ahnen, wie es gewesen wäre, wenn du das bekommen hättest. Wenn du sagst: «Ich hasse dich, weil du mich damals nie in den Arm genommen hast!», dann bist du zum größten Teil in Kontakt mit deinem Ärger. Wenn du statt dessen formulierst: «Was ich von dir gebraucht hätte, wäre, daß du mich in den Arm genommen hättest!», dann tritt deine Traurigkeit in den Vordergrund und außerdem die Ahnung, wie es eigentlich gewesen wäre, wenn der Vater dich mehr in den Arm genommen hätte.

Versuche nun in der Vorstellung Sätze zu deinen Eltern zu sagen, die alle anfangen mit: «Was ich vor dir gebraucht hätte, wäre...»

Loslassen (Punkt 5)

Das Loslassen taucht zwar als eigenständiger Punkt 5 des Souling-Kreises auf, ist aber eigentlich keine besondere Station des Prozesses, sondern spielt in vielen seiner Phasen eine wichtige Rolle. Indirekt sind wir immer dann beim Loslassen, wenn wir uns von unseren Gefühlen disidentifizieren und zum bewußten Ich gehen. Das wird auch beim nächsten Punkt des Inneren-Kind-Souling wichtig werden, wenn wir uns von unserem inneren Kind disidentifizieren müssen. Ein solches Loslassen der oft heftigen Gefühle, mit denen wir gerade gearbeitet haben, ist natürlich nicht leicht. Beim partnerschaftlichen Souling vertritt häufig der Begleiter unser bewußtes Ich und erleichtert uns, von schmerzlichen Gefühlen Abstand zu nehmen. In der Selbsthilfe dagegen ist die Fähigkeit, sich immer wieder zu disidentifizieren und selbständig zum bewußten Ich zu gehen, also loszulassen, entscheidend.

Deshalb will ich an dieser Stelle etwas über das Loslassen sagen und erlebbar machen, warum es so wichtig ist. Du kannst dadurch bereit werden, Schmerz, Angst und Wut loszulassen und diese Gefühle durch den heilenden Dialog mit dem inneren Kind und das Aufstellen einer heilenden Kindheitsszene zu transformieren.

Die Wirkungen des Loslassens

Loslassen bedeutet immer Lösung und Entspannung. Sind wir identifiziert mit unseren Gefühlen und Gedanken, dann sind wir bereit, für unseren Standpunkt zu kämpfen und wollen Recht behalten. Wenn wir loslassen – und das gelingt meist am besten, wenn wir unsere Gefühle erst einmal deutlich gespürt haben –, geben wir das Kämpfen auf und entspannen uns. Dadurch wird uns häufig viel mehr geschenkt, als wir im Kampf zu gewinnen hofften. Festhalten führt immer zu Blockaden und Behinderungen der Lebensenergie, Loslassen verbindet uns mit dem Fluß des Lebens.

Viele kennen das: «Erst als ich aufgegeben hatte, unbedingt eine Partnerin zu finden, da traf ich die Frau, mit der ich heute verheiratet bin!» – «Erst als ich die Idee losgelassen hatte, daß meine Tochter unbedingt die Beste in der Klasse sein muß, da blühte sie auf und fing an, die Schule zu genießen!» – «Erst als ich die Vorstellung losgelassen hatte, mich unbedingt verändern zu müssen, diese und jene Blockade zu lösen, war ich entspannt, und viele freundliche Menschen kamen auf mich zu. Ich hatte gar keine Zeit mehr, mich um meine Blockaden zu kümmern. Als ich dann nach einem Monat wieder zu meinem Körpertherapeuten kam, sagte der, daß alle meine Muskeln viel entspannter wären!»

Voraussetzung für das Loslassen ist immer, daß wir akzeptieren, was ist. Wenn wir das, was ist, verurteilen oder bekämpfen, machen wir Veränderungen unmöglich. Erst das Bejahen der Situation und das Loslassen von festen Vorstellungen, wie es denn sein sollte, versetzen uns in die Lage, die Zukunft zu verändern bzw. Veränderungen geschehen zu lassen.

Keine Energie für das Negative

Viele meditative Methoden arbeiten mit dem Loslassen. Alle Gedanken und Themen, die uns durch den Kopf gehen, werden nicht thematisiert oder transformiert, so wie im Souling-Prozeß oder in anderen Psychotherapien, sondern die alten Gedanken und Gefühle werden nur wahrgenommen, vielleicht benannt, und dann konzentriert man sich wieder auf den Atem, die Bewegung, das Hier und Jetzt oder was auch immer der Meditationsgegenstand der betreffenden Methode ist. Häufig verändert das sehr viel – obwohl wir wenig über die alten Gefühle gelernt haben. Man könnte fragen: «Ja, sollen wir den Inhalt eines Ascheimers erst analysieren, bevor wir ihn in den Müll kippen?»

Dieses meditative Vorgehen können wir auch im Alltag benutzen: Wir konzentrieren uns einfach auf das Hier und Jetzt und auf den Atem und geben Problemen und unangenehmen Gefühlen einfach keine zusätzliche Aufmerksamkeit und Energie.

Vielleicht fällt es dir schwer, dir dieses Loslassen im Alltag vorzustellen. Dann kann dir das folgende Bild helfen: Wenn du ein Erlebnis loslassen möchtest, dann stelle dir zunächst vor, daß du in diesem Erleben bist und dies dich ganz ausfüllt. Stell dir z.B. vor, daß deine Wut dich ganz ausfüllt und dich zugleich wie ein Kreis umschließt. Nun springst du aus dem Kreis heraus und schaust von außen auf dieses Erleben. Stelle dir vor, daß es nur weiter existieren kann, weil es Energie bekommt. Denke dir diese Energie wie elektrischen Strom, der durch eine Schnur dein Erleben speist. Zieh also einfach den Stecker aus der Steckdose und gib deinem Erleben keine Energie mehr. Das ist Loslassen.

Im Souling-Prozeß sind beide Pole wichtig: zum einen das Wiedererleben der Gefühle – und zum anderen das Loslassen, durch das die Gefühle und Gedanken unwichtig werden. Wir wechseln ständig hin und her: Identifikation und Disidentifikation. Das entspricht auch einem Wechsel im Umgang mit unseren belastenden Gefühlen: Wir üben im Alltag, im Hier und Jetzt und im Atembewußtsein zu bleiben, und beschäftigen uns zu bestimmten Zeiten systematisch mit unseren Gefühlen und Blockaden.

Doch das Loslassen ist nicht nur bei negativen Gefühlen wichtig. Auch wenn wir uns gut fühlen, z. B. nach einem Souling-Prozeß, müssen wir loslassen und sollten offen sein für den immer wieder neuen Fluß des Lebens.

Den Eltern verzeihen

Wenn wir denen, die uns verletzt und gekränkt haben, verzeihen können, ist dies die befriedigendste Weise des Loslassens. Das Vermögen zu verzeihen wächst im Laufe der Arbeit mit dem Souling. Je entspannter und glücklicher wir werden, desto leichter können wir anderen verzeihen.

Gerade bei der inneren Aussöhnung mit den Eltern, wo wir alle die negativen Gefühle unserer Kindheit loslassen möchten, ist das Verzeihenkönnen wichtig.

Unsere Eltern haben uns das Leben geschenkt. Das ist das größte Geschenk, das sie uns geben konnten, und dafür können wir ihnen dankbar sein. Wir haben kein Recht darauf, daß sie sich wie ideale Eltern verhalten. Sie sind so, wie sie sind. Es ist wichtig, Frieden mit den Eltern zu schließen, denn dann können wir uns von ihnen lösen und unser eigenes Leben leben. Haß bindet, und nur was du liebst, das läßt dich frei. Um die Wunden und Verletzungen der Vergangenheit können wir uns als Erwachsene selbst kümmern – uns helfen Wege wie Souling und die Arbeit mit den idealen Eltern.

Indem wir unsere Eltern annehmen, lassen wir ihre Energie in uns hinein und verbinden uns mit unseren Wurzeln. Wenn wir unsere Eltern ablehnen, sind wir leer, unausgefüllt und abgeschnitten von ihrer Kraft. Es kann uns ungeheuer bereichern, sie als unterstützende Kraft im Rücken zu spüren.

Manchmal hat man in der Kindheit so furchtbare Dinge erlebt, daß man den Eltern nie verzeihen kann. Aber dennoch kann man ihnen danken, daß sie einem das Leben gegeben haben, und so mit ihnen Frieden schließen: «Ich danke euch fürs Leben, auch wenn es da noch vieles gibt, worüber ich traurig und wütend bin!»

Der Therapeut Bert Hellinger, der die Arbeit mit der Elternehrung entwickelt hat, sagt: «Wenn man den Eltern Ehre erweist, kommt etwas tief in der Seele in Ordnung.»

In der folgenden Phantasiereise beschäftigen wir uns ausführlicher damit, den realen Eltern zu verzeihen. Wenn du magst, kannst du diese Phantasiereise praktisch nachvollziehen. Sie wird dir sehr helfen, dich mit deinen Eltern auszusöhnen und die Verbitterung über dein Leben, so wie es war, loszulassen. Führe diese Phantasiereise aber erst dann durch, wenn du dich ganz bereit dazu fühlst.

Falls diese Ideen große Widerstände in dir auslösen, nimm sie im Moment nicht so wichtig, und führe die Phantasiereise auch noch nicht durch. Wenn du dich irgendwann entschließt, sie doch durchzuführen, nimm sie als ein Ritual, und probiere einfach aus, wie es sich anfühlt, diese Formeln zu sagen.

Die Elternehrung

Die folgende Phantasiereise, die viele formelhafte Sätze von dem Familientherapeuten Bert Hellinger enthält, kann dir helfen, deinen Eltern zu verzeihen und sie zu ehren. Du kannst sie selbst lesen oder aber den Text auf Band sprechen und ihn vielleicht sogar mit Musik untermalen. Dazu paßt z. B. gut sakrale Chormusik oder auch «Mission» von Enrico Morricone. Vielleicht können auch ein Freund oder eine Freundin, dir den Text vorlesen. Du sitzt bei dieser Phantasiereise auf dem Boden oder auf einem Stuhl, hast ein Kissen vor dir und hörst den folgenden Worten zu:

Vater

Stell dir vor, daß dein Vater – auch wenn er schon gestorben sein sollte – auf seinem Totenbett in einem hellen Zimmer liegt. Du gehst in das Zimmer hinein, setzt dich zu ihm an sein Bett und schaust ihm in die Augen. Er sagt zu dir:

«Mein lieber Sohn, meine liebe Tochter, ich bin so froh, daß ich dich noch einmal sehen kann. Es geht mit mir zu Ende. In der letzten Zeit habe ich viel über mein Leben nachgedacht, und ich glaube, daß ich mit dir doch vieles falsch gemacht habe. Wo ich dich hätte lieben sollen, habe ich dich erzogen, wo ich dich hätte verstehen sollen, habe ich befohlen. Oft war mein Herz voller Liebe, aber ich bin an dir vorbeigelaufen und wußte nicht, wie ich meine Liebe ausdrücken sollte. Das habe ich nie richtig gelernt. Aber ich habe alles so gut gemacht, wie ich es damals verstand und konnte – und glaube mir, ich liebe dich von Herzen als dein Vater. Vielleicht kannst du mir das, was ich nicht richtig gemacht habe, verzeihen. Vielleicht mußt du noch Ärger, Enttäuschung und Traurigkeit äußern, bevor das möglich ist. Setz dich doch zu mir, und sprich noch einmal mit mir.»

Nun nimm das Kissen als deinen Vater in den Arm und sage ihm alles, was aus deinem Herzen kommt. Dann knie dich hin, das Gesäß auf den Füßen, Arme nach vorn ausgestreckt mit den Handflächen nach oben, und sprich laut die folgenden Sätze nach:

«Lieber Vater, ich danke dir, daß du mir das Leben geschenkt hast. Ich bin dein Sohn, ich bin deine Tochter, und du bist mein Vater. Du bist der Große, und ich bin der Kleine, die Kleine. Ich nehme dich als meinen Vater, und du kannst mich haben als deinen Sohn, deine Tochter. Ich nehme es von dir, alles, das Ganze, mit allem Drum und Dran. Ich nehme es zum vollen Preis, den es dich gekostet hat und den es mich kostet.

Ich danke dir für alles Gute, das du mir gegeben hast. Für das, was nicht so gut war, lasse ich dir deinen Teil und nehme mir den meinen. Im Andenken an dich führe ich jetzt ein glückliches Leben. Aus dem Guten, das du mir gegeben hast, schöpfe ich die Kraft, mein Leben selbstverantwortlich zu leben. Dann ist nichts umsonst gewesen. Schade, daß ich vieles nicht bekommen habe. Aber jetzt lasse ich es. Später werde mich selbst noch darum kümmern. Du lebst jetzt dein Leben, und ich lebe mein Leben. Im Andenken an dich erschaffe ich mein Leben, so wie es gut für mich ist – dir zur Freude und mir zum Glück.»

Mutter

Stell dir auch hier vor, daß deine Mutter – auch wenn sie schon gestorben ist – in einem hellen Zimmer auf ihrem Totenbett liegt. Du gehst hinein, setzt dich an ihr Bett und schaust ihr in die Augen. Sie sagt zu dir:

«Mein lieber Sohn, meine liebe Tochter, ich bin so froh, daß ich dich noch einmal sehen kann. Es geht mit mir zu Ende. In der letzten Zeit habe ich viel über mein Leben nachgedacht, und ich glaube, daß ich mit dir doch vieles falsch gemacht habe. Wo ich dich hätte lieben sollen, habe ich dich erzogen, wo ich dich hätte verstehen sollen, habe ich befohlen. Manchmal habe ich dich auch zu meinem Vertrauten gemacht – und das war nicht recht. Aber ich habe alles so gut gemacht, wie ich es damals verstand und konnte – und glaube mir, ich liebe dich von Herzen als deine Mutter. Vielleicht kannst du das, was ich nicht richtig gemacht habe, verzeihen. Vielleicht mußt du noch Ärger, Enttäuschung und Traurigkeit äußern, bevor das möglich ist. Setz dich doch zu mir, und sprich noch einmal mit mir.»

Nun nimm das Kissen als deine Mutter in den Arm und sage ihr alles, was dir aus dem Herzen kommt. Danach knie dich hin, das Gesäß auf den Füßen, Arme nach vorn gestreckt mit den Handflächen nach oben, und sprich laut die folgenden Sätze nach:

«Liebe Mutter. Ich danke dir, daß du mich empfangen, getragen und geboren hast. Ich danke dir, daß du mir das Leben geschenkt hast. Ich bin dein Sohn, ich bin deine Tochter und du bist meine Mutter. Du bist die Große und ich bin der Kleine, die Kleine. Ich nehme dich als meine Mutter, und du kannst mich haben als deinen Sohn, deine Tochter. Ich nehme es von dir, alles, das Ganze, mit allem Drum und Dran. Ich nehme es zum vollen Preis, den es dich gekostet hat und den es mich kostet.

Ich danke dir für alles Gute, das du mir gegeben hast. Für das, was nicht so gut war, laß ich dir deinen Teil und nehme mir den meinen. Im Andenken an dich führe ich jetzt ein glückliches Leben. Aus dem Guten, das du mir gegeben hast, schöpfe ich die Kraft, mein Leben selbstverantwortlich zu leben. Dann ist nichts umsonst gewesen. Schade, daß ich vieles nicht bekommen habe. Aber jetzt lasse ich es. Später werde mich noch selbst darum kümmern.

Du lebst jetzt dein Leben, und ich lebe mein Leben. Im Andenken an dich erschaffe ich mein Leben, so wie es gut für mich ist – dir zur Freude und mir zum Glück.»

Das Leben annehmen

Wenn wir das Loslassen geübt und unsere Eltern angenommen haben, dann können wir auch das Leben annehmen, d. h. wir können alles so akzeptieren, wie es sich uns zeigt und es als Lern- und Reifungsschritt achten und nutzen.

Solange wir das Leben nicht annehmen, laufen wir mit suchtartigen Forderungen durchs Leben: Wir können nur glücklich sein, wenn das und das erfüllt ist. Wir können nur zufrieden sein, wenn diese Person uns liebt, wenn wir diesen roten Sportwagen oder jenen beruflichen Erfolg bekommen. Wenn wir aber das Leben annehmen, können wir diese suchtartigen Forderungen loslassen und einfach mit unseren Vorlieben leben, ohne davon abhängig zu sein, daß sie erfüllt werden. Wir wollen zwar lieber, daß dieses oder jenes geschieht, aber wir machen unser Glück davon nicht abhängig. Geschieht, was wir uns wünschten, sind wir glücklich, geschieht es nicht, sind wir ebenso glücklich.

In dieser Haltung können wir alles dankbar annehmen und nutzen, was uns im Leben begegnet. Es gibt ja dann nichts mehr, was nicht sein darf. Regnet es? Ja, warum nicht. – Läßt unser Partner uns allein? Eine interessante Herausforderung. – Macht er uns Vorwürfe? Das kann eine wichtige Erfahrung sein.

Natürlich werden wir auch mal ärgerlich oder traurig, aber alles steht unter dem Leitsatz: «Alles darf sein. Alles ist gut, so wie es ist!»

Diese Haltung wird ganz von selbst immer mehr in dir wachsen, je mehr du deine alten Wunden in Souling heilen kannst.

Der heilende Dialog mit dem inneren Kind (Punkt 0-4)

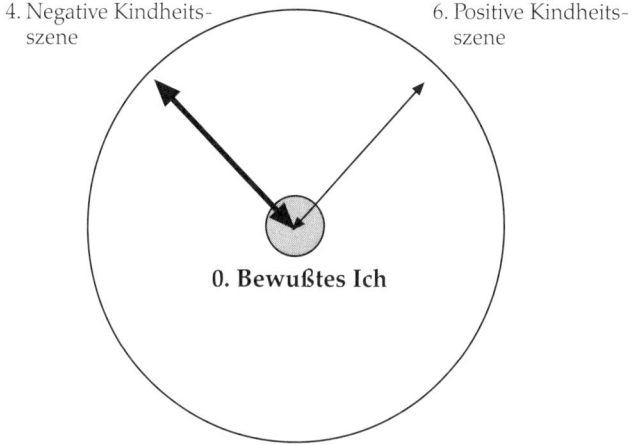

4. Negative Kindheits- szene

6. Positive Kindheits- szene

0. Bewußtes Ich

Nach der Arbeit mit unseren Gefühlen in der Kindheitsszene disidentifizieren wir uns nun im nächsten Schritt von unserem inneren Kind, gehen ins bewußte Ich und führen einen heilenden Dialog mit ihm. Ähnlich hast du es schon bei den Schreibdialogen erlebt.

Disidentifkation

Wir bleiben in der Kindheitsszene nicht so lange bei unseren Gefühlen, bis diese sich ganz gelöst haben (das geschieht sowieso selten). Wenn wir diese Gefühle ausreichend ausgedrückt haben, disidentifizieren wir uns von dieser Kindheitsszene und gehen als Beobachter ins bewußte Ich. Das ist nicht immer ganz einfach, aber wichtig. Hilfreich ist dabei z. B., das innere Kind aus unserem Körper herauszuschütteln und den Platz zu wechseln.

Wenn wir in der Imagination arbeiten, können wir uns vorstellen, daß wir am Platz des bewußten Ichs auf einem Fernsehsessel sitzen und links vor uns an Punkt 4 die eben bearbeitete Kindheitsszene auf dem Fernsehbildschirm erscheint. Falls dir das Bild mit einem Monitor nicht zusagt, kannst du es auch mit einer Filmleinwand oder einer Schauspielbühne versuchen. Wichtig ist nur, daß du ein Bild findest, das dir hilft, Abstand zu bekommen. Du siehst auf dem Monitor oder der Bühne dein inneres Kind, wie es sich in der Kindheitsszene ausdrückt. Vielleicht siehst du auch deine Eltern oder andere Personen, die zu der Situation gehören.

Verstehen

Beginne nun einen heilenden Dialog mit deinem inneren Kind. Das kannst du auch im Alltag in jeder schwierigen Situation, in der sich die Stimme innerer Kinder melden, machen. Meistens kannst du dann nicht den ganzen Souling-Prozeß durchführen, aber du kannst auf jeden Fall dein inneres Kind wahrnehmen und mit ihm sprechen. Das wichtigste ist, daß du Verständnis zeigst. Es braucht keine Ratschläge oder andere kluge Worte, es will von dir verstanden werden. Damals war kein verständnisvoller Erwachsener für es da, und deswegen sollte es jetzt auf jeden Fall dein Verständnis bekommen. Ich schlage dir folgende Standardformulierung vor, um ihm dein Verständnis zu zeigen:

- Ich sehe, wie traurig (ärgerlich, verletzt, einsam, ängstlich) du bist!

Diese Intervention stammt aus der Pesso-Therapie von Albert Pesso und hat viele Vorteile. Zum einen fühlt sich das angesprochene innere Kind wahrgenommen und verstanden, zum anderen geht dieser Satz noch tiefer als beispielsweise die einfache Spiegelung in der Formulierung: «Du bist so traurig, daß...» Gewöhne dir für deine inneren Dialoge diese Formulierung an. Auch im partnerschaftlichen Souling kannst du sie in der Begleiterrolle häufig benutzen.

Nachdem du dein inneres Kind angesprochen hast, kannst du zu ihm hinspüren, ohne den Platz zu wechseln, und sehen, ob es sich angenommen und verstanden fühlt. Wenn nicht, dann frage nach, was es braucht und welche Sätze es noch hören will. Dieses Ansprechen muß nicht lange dauern, oft genügt es, diesen einen Satz zu sagen, und das innere Kind fühlt sich verstanden.

Halten

Dann frage dein inneres Kind, welche Berührung ihm helfen würde. Möchte es von dir in den Arm genommen werden; möchte es, daß du es trägst; möchte es von dir den Rücken gestärkt haben oder auf deinem Schoß sitzen? Tue das Gewünschte symbolisch, also in deiner Vorstellung. Wenn du gerade im Stehen oder Sitzen arbeitest, dann breite deine Arme wirklich aus und stelle dir dabei vor, daß du dein inneres Kind umarmst.

Spüre wieder hinüber zum inneren Kind mit der Frage, ob die Berührung so richtig war. Vielleicht möchte es die Berührung anders spüren, an einer anderen Körperstelle oder mit festerem oder zarterem Druck. In diesem Fall veränderst du die Berührung noch einmal.

Obwohl dieses Halten nur kurz und symbolisch stattfindet, bewirkt es doch meist eine deutliche Veränderung deiner Be-

findlichkeit. Die heilende Kraft der Liebe beginnt in dich hinein-
zufließen. Das kannst du in der Rolle des bewußten Ich als Ge-
bender, in der des inneren Kindes als empfangender Teil erleben. Das Halten des inneren Kindes ähnelt dem Ansprechen
und Berühren der inneren Gefühle.

Zum Abschluß dieses Dialoges versprichst du deinem inneren Kind, daß du eine Situation schaffen wirst, die seinen Kummer heilt, wendest dich von der linken vorderen Seite ab und
richtest deinen Blick nach rechts vorn, zu Punkt 6.

Die Konstruktion einer heilenden Szene (Punkt 4 – 6)

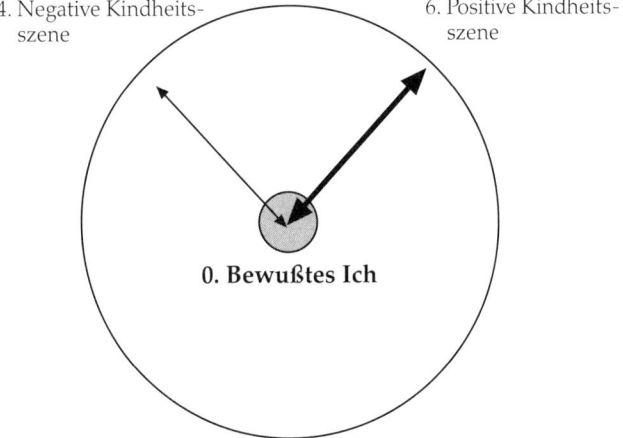

4. Negative Kindheits-szene

6. Positive Kindheits-szene

0. Bewußtes Ich

Du bleibst am Platz des bewußten Ich, vielleicht in dem beque-
men Fernsehsessel, und schaust nun nach rechts vorn, wo du
dir einen zweiten Monitor oder eben eine zweite Theaterbühne

vorstellst. Dort werden wir jetzt eine heilende Szene für unser inneres Kind konstruieren.

Der heilende Dialog war schon sehr schön für das innere Kind und kann einiges bewirken, doch für eine tiefere Heilung müssen wir eine neue positive Kindheitsszene finden, die wir in der Identifikation mit dem inneren Kind noch einmal erleben können. Dieses Erleben bringt die Heilung noch stärker in unser Körpergefühl, weil wir sie dabei «von innen» her erfahren können. Wir stehen im Zentrum und sind umgeben von heilenden und positiven Einflüssen. Wir können nun ganz der oder die Kleine sein und uns von den Großen heilen lassen.

Vielleicht kannst du dir kaum vorstellen, daß diese Übung wirklich helfen und alte negative Erfahrungen verändern kann. Doch mit kontinuierlicher Arbeit verändern wir so unsere inneren Erfahrungen und Landkarten, unsere inneren Glaubenssysteme. Du mußt dabei bedenken, daß die alten Erfahrungen wie Tonbandaufnahmen, die allerdings dazu noch mit dem Körperbewußtsein und unseren Muskelspannungen verbunden sind, in uns ruhen. Nun wollen wir die alten Spannungen aus den Muskeln herausbekommen und neue Erfahrungen speichern. Dabei kann unser Unbewußtes als Archivar all dieser Aufnahmen nicht unterscheiden, was reales Erlebnis und was nur Vorstellung ist. Doch dazu müssen die neuen Erfahrungen nicht nur im Kopf, sondern auch mit dem Körper erfahren werden.

Hinter all diesen Überlegungen steht der tröstliche Satz: Es ist nie zu spät, eine gute Kindheit zu haben! Wir können unsere alten Erfahrungen verändern und neu programmieren. Das heißt keineswegs, daß wir auf oberflächliche Weise den alten Mist durch positive Bilder zudecken. Zuerst decken wir all die negativen alten Gefühle auf, spüren sie und geben ihnen Ausdruck, und erst nach dieser Arbeit, mit der wir auch neuen Raum in uns geschaffen haben, lassen wir heilende Bilder in uns hinein. David Boadella, einer meiner körpertherapeutischen Lehrer, nannte das immer: «Erst muß der alte Mist raus, und dann kann das Gold hineinkommen.»

Die idealen Eltern

Für eine heilende Szene konstruieren wir uns jetzt sogenannte ideale Eltern: Wir stellen uns heilende Eltern vor, die unsere damaligen Bedürfnisse optimal befriedigen. Diese Methode stammt von dem Körperpsychotherapeuten Albert Pesso.

Wir alle sind in unseren Grundbedürfnissen, die ich am Anfang dieses Buches erläutert habe, nicht vollkommen befriedigt worden, weil unsere Eltern reale und keine idealen Eltern waren. Deshalb schreiben wir jetzt unsere Geschichte noch einmal neu, indem wir uns für unser inneres Kind ideale Eltern vorstellen, die uns, anders als unsere realen Eltern, auf der symbolischen Ebene geben, was wir in der Kindheit nicht bekommen haben.

Diese idealen Eltern zu konstruieren ist einfach. Sie müssen nur das genaue Gegenteil der «negativen Eltern» sein, die wir gerade im Souling-Prozeß erlebt haben. Wenn wir z. B. in einem Souling-Prozeß an ein tiefes Verlassenheitsgefühl kommen und Erinnerungen auftauchen, z. B. daß deine Mutter arbeiten mußte und du nach der Schule ganz allein in der Wohnung saßt und dich sehr einsam fühltest, dann kannst du dir eine ideale Mutter vorstellen, die so aussieht, wie du es dir wünschst, und die sagt: «Wenn ich damals deine Mutter gewesen wäre, wäre ich niemals zur Arbeit gegangen und den ganzen Tag zu Haus bei dir gewesen.» Dann versuchst du, diese nährende Vorstellung in dich hineinzulassen und sie zu genießen. Denn allein den alten Schmerz zu fühlen heilt noch nicht. Es ist ebenso wichtig, eine positive Erfahrung zu machen, wie es denn hätte sein sollen, und diese auch körperlich zu erleben.

In einem anderen Fall taucht z. B. ein Vater auf, der viel kritisiert und wenig akzeptiert hat. Hier könnten wir uns einen idealen Vater vorstellen, der einen im Arm hält und sagt: «Ich mag dich so wie du bist und freue mich so, dich zum Sohn, zur Tochter zu haben!»

Die innere Vorstellung der idealen Eltern wird von Prozeß zu Prozeß deutlicher, so daß uns die inneren Bilder mit der Zeit immer mehr Schutz, Sicherheit und Geborgenheit vermitteln können. Bei den idealen Eltern handelt es sich nicht um eine bewußte und vollständige Kreation, die berücksichtigt, welche positiven Eigenschaften ideale Eltern überhaupt haben müßten. Im Gegenteil, sie entwickeln sich von Prozeß zu Prozeß. Jedesmal, wenn wir bei negativen und traumatischen Gefühlen aus der Kindheit sind, konstruieren wir danach den idealen Vater oder die ideale Mutter mit Hilfe von «Gegenbotschaften» zu genau diesen früheren schmerzlichen Erfahrungen. Aus dem damaligen «Gift» entwickeln wir ein «Gegengift».

Obwohl wir also im konkreten Souling-Prozeß immer nur mit den positiven Eigenschaften der idealen Eltern arbeiten, die für die gerade bearbeitete negative Kindheitsszene wichtig sind, wollen wir uns zunächst ganz allgemein mit dem idealen Vater und der idealen Mutter beschäftigen. So kann die Vorstellung dieser Figuren plastischer und anschaulicher für dich werden.

Der ideale Vater

In meinen Gruppen erlebe ich immer wieder Teilnehmer, bei denen der Vater ein wichtiges Thema ist. Viele leiden noch heute unter den negativen Erfahrungen mit ihrem Vater – oder kurz gesagt: unter ihrem negativen Vater. Wir trennen in dieser Begrifflichkeit unsere Eltern in positive und negative Aspekte. Unsere traumatischen Erfahrungen haben wir mit den negativen Aspekten gemacht, die wir deshalb «negativer Vater» und «negative Mutter» nennen. Ganz allgemein beschrieben, sieht das Bild des negativen Vaters so aus:

Häufig war der Vater nicht da, entweder schon gestorben oder emotional abwesend, versteckte sich hinter der Arbeit oder der Zeitung, war schwach und unterwürfig oder aber autoritär und streng. Meist hatte er keine Ahnung, was Gefühle sind und wie man sie anderen Menschen mitteilt. Sein Innenleben war ihm fremd, besonders seine weibliche Seite, und Körperkontakt zu Männern, d. h. auch zu seinen Söhnen, war ihm kaum möglich. Meist hatte er selbst keinen Vater erlebt, der ihm vormachen konnte, was es bedeutet, ein reifer, körperlicher und sinnlicher Mann zu sein, und so konnte auch er diese Erfahrung nicht an seine Söhne weitergeben. Im Umgang mit seinen Töchtern, mit denen er vielleicht in den ersten Jahren einen eher zärtlichen Kontakt hatte, bekam er, als sie älter wurden, Angst. Das hast du als Tochter wahrscheinlich als Ablehnung erlebt. Vielleicht war er aber auch so unbefriedigt mit der sexuellen Beziehung deiner Mutter, daß er seine sexuelle Energie auf dich richtete und damit die ganze Atmosphäre inzestuös vergiftete.

Jetzt bist du dran: Schreib bitte in die nächsten Zeilen sieben negative Eigenschaften deines Vaters. Wenn er früh gestorben ist, hattest du vielleicht einen Stiefvater. Anderenfalls greife auf Erzählungen zurück und stelle dir vor, dein Vater wäre nicht gestorben: Was wären dann seine negativen Seiten gewesen? Auf jeden Fall ist eine für dich negative Seite, daß er eben nicht da war und dir gefehlt hat.

Sieben negative Eigenschaften:

1. _____
2. _____
3. _____
4. _____
5. _____
6. _____
7. _____

Lies dir jetzt diese negativen Eigenschaften noch einmal durch und spüre die Gefühle dazu in deinem Körper. Vielleicht hast du deine Probleme mit dem Vater schon durchgearbeitet und fühlst dich relativ ruhig und gut. Vielleicht ist aber auch Schmerz oder Ärger in dir wachgerufen worden, und du sitzt jetzt voller Spannungen da. Wenn das der Fall ist, suche dir etwas, um deine Gefühle auszudrücken. Du kannst joggen gehen und dabei alle Gefühle herausschreien; du kannst mit den Fäusten auf ein Kissen in deiner Wohnung hauen; du kannst vor dir ein Kissen aufbauen, dir vorstellen, dein Vater säße auf ihm und nun ein Gespräch mit ihm führen, wobei du ihm all deine Gefühle sagst. Du kannst dich auch hinsetzen und für dich einen Brief an deinen Vater schreiben; du kannst die Gefühle heraussingen oder heraustanzen – was auch immer dir am besten gefällt und zu dir paßt. Erinnere dich an die Übungen von Punkt 4. Danach setze dich wieder hin und schreibe jetzt die Umkehrungen der sieben negativen Eigenschaften auf, z. B. für «schwach» – «stark», für «kalt» – «warm» usw.

Sieben positive Eigenschaften (Umkehrungen)

1. _____
2. _____
3. _____
4. _____
5. _____
6. _____
7. _____

Diese sieben umgekehrten Eigenschaften sind dein Rohmaterial für die Konstruktion eines idealen Vaters. Versuche dir dieses Bild einmal so konkret wie möglich auszumalen. Wie würde dieser Mann, dieser Vater, der all die positiven Eigenschaften hat, aussehen? Was würde er machen, wie würde er sich verhalten, wie würde er Dir gegenüber fühlen? Sobald sich wieder etwas Negatives in das Bild einmischt, erkenne es als Ausdruck der negativen Erfahrungen mit deinem Vater, stelle es weg und wende dich wieder dem Positiven zu. Du kannst auch erst deinen Dauerlauf, das Kissenschlagen oder ähnliches wiederholen, um die Gefühle für den negativen Vater auszudrücken.

Aus meinen Erfahrungen hier eine Liste der Eigenschaften, die ein idealer Vater auf jeden Fall haben sollte:

Ein idealer Vater ist liebevoll und warmherzig gegenüber seinem Sohn oder seiner Tochter.

- Er liebt die Mutter und bindet sie erotisch und sexuell in einer erfüllenden Liebesbeziehung, so daß keine ungesunde erotische Bindung zwischen Mutter und Sohn, Vater und Tochter entstehen kann.
- Er ist ein leidenschaftlicher, sinnlicher und lebendiger Mann, der in seinem Körper lebt und dort zu Haus ist.
- Er hält und wiegt Sohn und Tochter, besonders wenn sie noch klein sind.
- Er spielt und krabbelt mit ihnen am Boden herum, wenn sie schon älter sind.
- Er unterhält sich gern mit seinem Sohn und seiner Tochter, hat Interesse an ihren Gefühlen und hilft ihnen, ihre Gefühle und Gedanken zu klären.
- Er unterstützt den Sohn und die Tochter, wenn es Zeit ist, hinaus in die Welt zu gehen. Er hilft ihnen dabei, sich von der Mutter zu lösen.
- Er hat, auch wenn Sohn oder Tochter älter sind, keine Angst, sie zu umarmen.
- Er kann dem Sohn und der Tochter liebevoll und konsequent Grenzen setzen und auch mit deren Trotz liebevoll umgehen.
- Er erlaubt seinen Kindern, daß sie sich weiter entwickeln, als er sich entwickeln konnte.

Jetzt versuche, dein ganz persönliches Bild eines idealen Vaters zu konstruieren. Stell dir Situationen vor, wie du sie dir gewünscht hättest. Führe Dialoge mit ihm, und laß dir Sätze sagen, die du hören möchtest und die dir guttun. Wenn du es möchtest, braucht dieser ideale Vater nicht ganz zu dieser Realität zu gehören. Er kann auch ein indianischer Medizinmann, ein griechischer Krieger oder eine männliche Engelsgestalt sein. Es geht darum, ein inneres und vielleicht auch archetypisches Bild von einem nährenden und guten Vater aufzubauen, durch das wir immer wieder Heilung bekommen können.

Diese Arbeit macht uns zugleich unabhängiger von unseren realen Partnern. Häufig versuchen Menschen, den idealen Vater oder die ideale Mutter in ihren Beziehungen zu finden. Das geht manchmal eine Zeitlang gut, aber auf Dauer leidet die Beziehung darunter. Meist schläft auch der Sex ein, denn wer will schon wirklich mit Vater oder Mutter schlafen? Wenn wir die idealen Eltern in unserem eigenen Inneren aufbauen, können wir unsere Freunde und Partner sein lassen, wer sie sind.

Ideale Mutter

Jetzt gehen wir noch einmal genauso vor, um ein Bild der idealen Mutter zu konstruieren. Zunächst wollen wir uns auch hier mit den üblichen Eigenschaften einer negativen Mutter beschäftigen:

Meistens ist die negative Mutter selbst nicht stabil genug, um dem Kind in frühester Zeit Geborgenheit, Wärme und Sicherheit zu vermitteln. Sie füttert nach der Uhr, meist eilig oder verspannt, so daß die Nahrungsaufnahme und die damit verbundene Zärtlichkeit nicht befriedigend sind. Vielfach leidet sie in der Tiefe an einer Verlassenheitsdepression und findet es bedrohlich, wenn ihr Kind selbständig wird und sich aus der Symbiose mit ihr lösen will. Sie belohnt es für Abhängigkeit und bestraft es für Unabhängigkeit. Andererseits kann es sein, daß ihr das Kind zu viel ist und sie es so schnell wie möglich los sein möchte. Dann forciert sie eine zu frühe Unabhängigkeit.

Oftmals ist die Mutter sexuell unbefriedigt, die Beziehung zwischen ihr und dem Vater ist nicht wirklich glücklich oder aber der Vater ist abwesend. Dann errichtet die Mutter ein starkes erotisches Band zwischen sich und dem Sohn, das ihn auf verschiedene Weise binden kann. Der Tochter dagegen fehlt ein Modell für die erotische und erfüllte Frau. Wenn die Mutter weit entfernt von ihren eigenen Gefühlen ist, wird sie vielleicht ein kontrollierender Haushalts-Manager und teilt den Kindern unbewußt mit, daß es nur darauf ankommt, gut zu funktionieren, oder aber ist ständig übermäßig besorgt und gibt ihre Ängste an die Kinder weiter.

Nun erinnere dich an deine Kindheit und notiere sieben Eigenschaften deiner negativen Mutter. Vergegenwärtige dir, daß du diese Arbeit für die Veränderung deines Innenlebens brauchst und nicht, um die reale Mutter anzuklagen.

Sieben negative Eigenschaften

1. _____
2. _____
3. _____
4. _____
5. _____
6. _____
7. _____

Wie fühlst du dich, wenn du diese negativen Eigenschaften aufschreibst? Mußt du diese Gefühle erst einmal ausdrücken, bevor du weitermachen kannst? Nimm dir so viel Zeit, wie du brauchst.

Suche dann das Gegenteil der sieben negativen Eigenschaften und notiere diese positiven Eigenschaften, aus denen du deine ideale Mutter konstruieren kannst.

Sieben positive Eigenschaften (Umkehrungen)

1. _____
2. _____
3. _____
4. _____
5. _____
6. _____
7. _____

Forme nun aus diesen positiven Eigenschaften das Bild deiner idealen Mutter. Sie soll anders aussehen als die reale Mutter und kann ruhig stärker verfremdet sein, z. B. eine Fee, die Fruchtbarkeitsgöttin Demeter oder eine vitale, schwarze Mama aus Afrika. Zur Anregung hier eine Liste des Körperpsychotherapeuten Jack Lee Rosenberg über die «Botschaften der guten Mutter»:

- Ich will dich.
- Ich liebe dich.
- Ich sorge für dich.
- Du kannst mir vertrauen.
- Ich bin für dich da; ich bin selbst dann für dich da, wenn du stirbst.
- Ich liebe dich für das, was du bist, und nicht für das, was du tust.
- Du bist etwas ganz Besonderes für mich.
- Ich liebe dich und gebe dir die Erlaubnis, anders zu sein als ich.
- Manchmal werde ich nein sagen, und zwar weil ich dich liebe.
- Meine Liebe macht dich gesund.
- Ich sehe dich, und ich höre dich.
- Du brauchst keine Angst mehr zu haben.
- Du kannst deiner inneren Stimme vertrauen.

Die Farben – Transformation

Neben der Konstruktion idealer Eltern aus der Umkehrung ihrer negativen Seiten will ich dir noch eine andere Übung zeigen, die dir helfen kann, um aus deinem inneren negativen Bild der Eltern ein positives Bild entstehen zu lassen. Die Übung stammt aus dem NLP, dem neuro-linguistischen Programmieren. In ihr kannst du die Kontinuität zwischen negativen und positiven Eltern erleben, hier können beide Elternpaare auch das gleiche Gesicht haben. Probiere es einfach aus, und schau, ob dir diese Übung hilft.

Übung

Stell dir vor, du bist auf dem Platz des bewußten Ich, fühlst dich gut und wohl. Du willst nun für deine Eltern eine Transformations-Übung machen. Sie hatten nicht das Glück, diese Möglichkeiten der Selbsthilfe kennenzulernen – und nun machst du ruhig einmal die Arbeit für sie mit.

Falls du am Punkt 4 die Übung *Familie stellen* durchgeführt hast, kannst du jetzt deine Kindheitsfamilie noch einmal genauso aufstellen wie damals. Diese Aufstellung vor Augen, beginnst du die Transformationsarbeit. Zunächst mit einem Elternteil. Du stellst dir vor, daß eine gute Fee oder ein liebevoller Magier im Raum ist, die dir helfen, deine Eltern zu transformieren. Durch ihre eigene, vielleicht traumatische Kindheit fehlen ihnen einige positive Eigenschaften, die sie zwar als Potential besitzen, aber in der Realität nicht entwickeln konnten. Du überlegst jetzt, welche Eigenschaft z. B. deine Mutter am nötigsten braucht, um transformiert und geheilt zu werden. Das könnte die «Fröhlichkeit» sein. Dann suchst du nach einer Farbe für diese Eigenschaft – in diesem Beispiel kommst du vielleicht auf «Gelb» – und überlegst nun, in welchen Körperteil du diese Eigenschaft «Fröhlichkeit» in der Farbe »Gelb» schicken willst. Hier kommst du vielleicht auf die «Brust». Wenn du Eigenschaft, Farbe und Körperteil gefunden hast, stellst du dir vor, wie du die Eigenschaft «Fröhlichkeit» in der Farbe «Gelb» in ihre «Brust» hineinströmen läßt. Stell dir dabei mit offenen Augen deine Mutter vor, die vor dir sitzt. Vielleicht kannst du jetzt wahrnehmen, wie sich ihr sonst trauriges Gesicht aufhellt, wie sie anfängt zu lachen, wie sich dabei ihre Wirbelsäule aufrichtet, sie gerade dasitzt und ihre ganze Ausstrahlung sich ändert. Vielleicht hast du danach Lust, ihr Lebenslust als Orange ins Becken zu schießen, Klarheit als Hellblau in ihre Stirn oder Mut als Rot in ihr Herz. Mache so lange weiter, bis du dich bei ihrem Anblick richtig glücklich fühlst. Wenn die neue positive Mutter ganz fertig ist, dann spüre, wie all ihre positiven Eigenschaften und Farben in dich hineinströmen. Du bist ja ihr Sohn oder ihre Tochter, und so gehen ihre Farben auch auf dich über.

Wiederhole dann das gleiche mit deinem Vater. Diese Übung kann sehr viel Spaß machen – und letztlich profitieren wir natürlich selbst davon. Denn von der LIebe, die wir jemandem anderen geben, bleibt etwas in uns zurück.

Die konkrete Heilungssituation

Doch zurück zum Inneres-Kind-Souling: Vom Punkt des bewußten Ich her schauen wir jetzt zu dem Punkt 6, vorne rechts und konstruieren eine heilende Szene mit den idealen Eltern als Gegenstück zu der traumatischen Szene, die wir in Punkt 4 durchgearbeitet haben. Wir bauen die Szene mit unserem inneren Kind auf, stellen uns genau vor, wie die idealen Eltern unser inneres Kind berühren und welche Sätze sie sagen sollen. Dabei haben wir die Wahl zwischen der:

- distanzierteren Form: «Wenn ich damals deine Mutter gewesen wäre, dann hätte ich dich nie allein gelassen!» oder der
- direkteren Form: «Ich lasse dich nicht allein! Ich bleibe bei dir!»

Welche Form jeweils besser paßt, mußt du ausprobieren, wenn du beim nächsten Schritt in der positiven Szene stehst.

Das Erleben der heilenden Szene (Punkt 6)

Vielleicht hast du bei der eben beschriebenen Arbeit schon Lust bekommen, in die positive, heilende Szene hineinzuspringen und sie in der Vorstellung zu erleben. Du identifizierst dich nun mit deinem inneren Kind, nimmst seinen Platz ein und kannst die heilende Szene nun von innen heraus erleben.

Hineinstellen in die Szene

In der Identifikation wirst du zu deinem inneren Kind. Du wirst wieder jünger – so alt, wie du in der Kindheitsszene bei Punkt 4 warst – und erlebst nun in der Vorstellung die idealen Eltern um dich herum. Du spürst ihre Berührungen und hörst ihre Sätze. Du erinnerst sicher die Sätze, die du eben an Punkt 4 konstruiert hast. Schließe jetzt die Augen und stelle dir vor, die idealen Eltern sagen sie direkt zu dir. Wenn du berührt werden möchtest oder noch andere Sätze hören willst, dann verändere die Szene nach deinen Bedürfnissen und erlebe diese Dinge in deiner Phantasie. Bleibe so lange bei dieser Vorstellung, bis du dich immer glücklicher fühlst. Die Kindheitsszene soll so ideal und schön für dich werden, wie es nur geht.

Einatmen des Positiven

Achte darauf, daß du all diese positiven Erfahrungen in deinen Körper «hineinatmest». Stelle dir vor, daß du das Positive mit dem Einatem in dich hineinnimmst. Falls doch noch Zweifel oder ein negatives Gefühl aufkommen, denke daran, daß diese Gefühle zum Punkt 4 und den negativen Eltern gehören, d. h. mit deinen realen früheren Erfahrungen zusammenhängen. Strecke vielleicht dem negativen Punkt 4 die Zunge heraus oder konzentriere dich dann wieder ganz auf das Positive und deine idealen Eltern. Spüre, wie die Berührungen und Sätze dein Körpergefühl im Bauch- und Brustraum beeinflussen. Wenn es sich noch nicht vollkommen ideal anfühlt, brauchst du vielleicht weitere Sätze oder Berührungen. Nimm immer wieder dein positives Körpergefühl als Maßstab.

Beispiel

Markus hatte mit einer Situation, in der er sich verlassen gefühlt hatte, gearbeitet. Bei dieser war er etwa fünf Jahre alt. Nun hat er die heilende Szene in der Imagination so aufgebaut, daß er im

Schoß der idealen Mutter liegt, die zu ihm sagt: «Ich bleibe immer bei dir. Du kannst dich bei mir ganz sicher fühlen!» Bei dieser Vorstellung merkt er, wie sein ganzer Körper wärmer wird und sein Rücken sich wohlig anfühlt. Er merkt aber auch ein Gefühl der Beklemmung in seinem Becken. Dort kann er noch nicht vollkommen loslassen, was vielleicht mit einer zu starken erotischen Bindung an seine reale Mutter zusammenhängt. Deswegen imaginiert er sich dazu noch einen idealen Vater, der neben der idealen Mutter sitzt, sie umarmt und eine Hand auf Markus' Knie hat. Er sagt dazu: «Ich gebe euch beiden Sicherheit. Ich sorge so gut für deine Mutter, daß sie dir all die Sicherheit geben kann, die du brauchst!» Markus atmet bei dieser Vorstellung auf, auch sein Becken kann sich entspannen, und er fühlt sich wohlig warm und geborgen. Der ideale Vater gibt ihm zusätzliche Sicherheit. Er atmet diese Berührungen und Sätze mit dem Einatem in sich hinein und füllt sich immer mehr mit diesem guten Gefühl.

Drei Worte zur Erinnerung

Damit du dich später wieder an dieses positive Gefühl erinnern kannst, ist es hilfreich, drei Worte zu finden, die die Eigenschaften dieses guten Gefühls widerspiegeln. Für Markus paßt z. B.: «Ich bin geborgen, sicher und warm!» Da er häufig Probleme mit einer inneren Kälte hatte, ist ihm die Formulierung «warm» besonders wichtig. Probiere so lange herum, bis diese Formel der drei Wörter wirklich für dich stimmt. Auch die Reihenfolge ist wichtig. Diese drei Wörter in ihrer bestimmten Reihenfolge spiegeln dann eine ganz bestimmte Schwingung.

Pflanze dieses positive Gefühl deines geheilten Kindes, deines Seelenkindes, in dein Herz hinein.

Übung

Stelle dir vor, daß dein Herz sich ganz langsam öffnet, wie eine Blume, die im Morgentau ihre Blütenblätter Blatt für Blatt öffnet, und dabei ihr strahlendes Zentrum zeigt. Stelle dir vor, daß dein gutes Körpergefühl sich zusammen mit den drei Eigenschaftswörtern zu einem kleinen strahlenden Lichtpunkt verdichtet und langsam in das goldene Zentrum deines Herzens hineinschwebt. Dort ruht es jetzt und erwärmt dein Herz. Von dort aus strahlt es in deinen ganzen Brustkorb, in deine Arme, deine Schultern, den Hals und den Kopf, in den Rücken und Bauch, ins Becken, in die Genitalien, in die Beine und in die Füße.

Um die Verbindung zu diesem positiven Gefühl zu festigen, kannst du dir auch noch eine Berührung oder Geste suchen, die du immer dann wiederholst, wenn du dir das Gefühl deiner Heilung ins Bewußtsein rufen willst. Vielleicht legst du deine beiden Hände auf dein Herz und denkst bei dieser Berührung an das Gefühl deines geheilten Kindes. Dann kannst du später einfach durch das Auflegen der Hände auf dein Herz wieder Kontakt zu diesem Gefühl finden.

Neue Jugend (Punkt 7)

Auch dieser Punkt ist, wie das Loslassen bei Punkt 5, eine Stufe, die beim Souling-Kreislauf des inneren Kindes selten eine eigene Rolle spielen wird.

So wie du dir eben eine neue Kindheit konstruiert hast, so kannst du auch eine neue Jugend erfinden und entdecken. Auch wenn das bei den späteren Souling-Prozessen in der Regel nicht nötig ist, kannst du von der Beschäftigung mit dieser Möglichkeit sicher profitieren. Das erweitert auf jeden Fall dein Vorstellungspotential und bringt dich dem Positiven näher.

Die ideale Zeugung

In dieser Phantasiereise, zu der mich ein Kollege, Andreas Krüger, angeregt hat, kannst du deine Zeugung durch ideale Eltern erleben.

Phantasiereise

Du liegst ganz entspannt auf dem Rücken und kannst es dir bequem machen. Schließe deine Augen und freue dich darauf, daß du jetzt alles loslassen darfst und nichts tun mußt. Spüre deinen Atem, wie er ganz von selbst in dich hinein- und wieder hinaus fließt. Spüre noch einmal in deinen Körper hinein – zunächst in deinen Kopf. Laß alles an deinem Kopf los – so gut es geht. Laß los deine Kopfhaut, …die Ohren, …die Stirn, …die Nase, …die Augen, …die Lider, …den Kiefer, …den Hals, …die Schultern, …die Arme und Hände, die nichts mehr festhalten müssen, …die Wirbelsäule, …den Brustkorb, …den Bauch, …das Becken, …die Genitalien. Lasse deine Oberschenkel, …die Knie, …die Unterschenkel, …die Füße los.

Stell dir vor, daß du noch nicht gezeugt worden bist und deine Seele frei im Kosmos schwebt. Diesmal darfst du dir eine ideale Zeugung schaffen, am schönsten Ort, durch die schönsten idealen Eltern und auf die wunderbarste Weise – so wie du es möchtest. Suche dir den schönsten Ort aus, den du dir für deine Zeugung vorstellen kannst. Vielleicht ist es ein hawaiianischer Strand, eine tibetische Hochebene, ein romantischer Hochwald in den Alpen oder ein norwegischer Fjord mit blauem Wasser.

Stelle dir nun deine idealen Eltern vor, entweder die durch die Farbtransformation verwandelten realen Eltern oder andere ideale Eltern. Du kannst ihre Begegnung so gestalten, wie du es möchtest. Stelle dir vor, wie diese beiden wunderbaren Wesen sich begegnen in Hingabe und Vertrauen, Lust und bedingungsloser Liebe. Erlebe, wie sie in ihrer erotischen Kraft und leidenschaftlichen Liebe verbunden sind, wie sie tanzen, singen und vielleicht schönste Speisen zu sich nehmen. Laß sie glücklich und spielerisch sein.

Jetzt beginnen deine Eltern sich zu berühren, zu streicheln und liebkosen. Du spürst ihr Feuer, ihre Lust und ihre Leidenschaft – und vor allem ihre tiefe Liebe, die sie immer ekstatischer ausdrücken. Du tauchst ein in diese beiden Menschen und wirst Ausdruck ihrer Einheit und Liebe. Führe deine Eltern immer mehr hinein in ihre Lust, laß sie alle Fesseln abstreifen, die sie hindern, sich einander vollkommen hinzugeben. Stell dir die Lust und Ekstase vor, die deine Zeugung begleitet. Erlebe, wie die Energie deiner Eltern miteinander verschmilzt.

Du bist jetzt gezeugt aus Liebe, Vertrauen, Leidenschaft, Ekstase und Hingabe. Spüre, daß du vollkommen angenommen bist. Du brauchst nichts dafür zu tun. Laß dieses Gefühl, angenommen zu sein, diese Liebe sich in dir ausbreiten. Gezeugt... Geliebt... Angenommen. Laß dieses Gefühl in jede Zelle deines Wesens hineinfließen.

Komme langsam und vorsichtig wieder in diesen Raum zurück. Zähle von 1 bis 3, und bei 3 wirst du wieder ganz wach und frisch sein. Eins: Hände fest zu Fäusten ballen – zwei: recken und strecken – und drei: Augen auf.

Kindheit und Jugend

Im Anschluß an die ideale Zeugung kannst du dir nun auch eine neue Kindheit und Jugend, also gleichsam einen neuen Lebenslauf schaffen.

Ziehe dazu in einem Raum zwischen zwei Kissen eine gedachte Lebenslinie, wobei das Kissen deine Geburt symbolisiert, das andere Kissen deine Gegenwart. Dann stellst du dich über das Kissen, das deine Geburt symbolisiert, und stellst dir noch einmal deine transformierten oder idealen Eltern sowie die Bilder vor, die du bei der Phantasie der «idealen Zeugung» hattest. Atme all diese positiven Gefühle noch einmal in dich hinein. Wenn du vorhin mit dem Familiestellen und der Farbtransformation der Eltern gearbeitet hast, kannst du dich auch über die neue transformierte Familie stellen und deren positive Energie in deinen Körper hineinatmen. Dann bewegst du dich – am besten mit geschlossenen Augen – ganz langsam auf der Lebenslinie vom Ort deiner Kindheitsfamilie oder Geburt hin zum Ort der Gegenwart. Phantasiere dir dabei ein neues Leben mit neuer Kindheit, Jugend und Erwachsenenzeit, die diesem tranformierten und positiven Kindheitsgefühl entspricht. Laß eventuell schwere Zeiten oder Schicksalsschläge aus, weil sie nicht mehr zu deiner inneren Befindlichkeit passen, oder stelle dir vor, daß du sie nun auf eine andere Weise bewältigst. Folge in dieser Frage ganz deiner Intuition und laß dich von deinem Seelen-Selbst führen.

Falls du diese Übung lieber im Schreiben durchführen möchtest, schreibe dir einfach einen neuen, positiven Lebenslauf mit neuer Kindheit, neuer Schulzeit, neuer Pubertät usw.

Positive Gegenwart
(Punkt 8)

In diesem Kapitel kommen wir wieder in die Gegenwart und ernten die Ergebnisse unserer Arbeit in der Regression (Vergangenheit). Wir treten aus der Heilungsszene in Punkt 6 wieder heraus und nehmen unser normales Alter an, behalten aber das gute Körpergefühl der heilenden Szene. Denke noch einmal an die drei positiven Eigenschaften und erinnere dich an ihr Strahlen im goldenen Zentrum deines Herzens. Du nimmst also gleichsam die Energie und das gute Körpergefühl deines geheilten inneren Kindes, deines Seelenkindes, mit in den erwachsenen Körper. So würdest du dich fühlen, wenn du diese positive Kindheitserfahrungen wirklich gemacht hättest. Und gerade das wollen wir uns ja vorstellen.

Zurück in die Gegenwart

Erinnere dich nun an die ursprünglich belastende Situation, mit der du in den ganzen Souling-Prozeß hineingegangen bist. Du erlebst sie jetzt mit dem neuen, positiven Körpergefühl. Wiederhole die drei Wörter für dieses Gefühl.

Markus aus dem obigen Beispiel z. B. sagt sich wieder: «Ich bin ein geborgener, sicherer und warmer Mann», legt noch einmal seine Hände auf die Brust und stellt sich dann die ursprünglich belastende Situation vor: Er hat Ängste, verlassen zu werden, die besonders dann auftreten, wenn seine Freundin häufiger zu Workshops fährt. Er ist auch sehr kalt und fremdelt in den ersten Stunden nach ihrer Rückkehr. Sie ist dann ganz enttäuscht, weil sie sich auf das Wiedersehen gefreut hat. Sie möchte ihm alles erzählen, was sie erlebt hat, aber er ist kalt und abweisend, verharrt vollkommen in seinen Verlassenheitsgefühlen.

Wenn er sich nun die Ausgangssituation noch einmal vorstellt und dabei in seinem neuen Körpergefühl «Ich bin ein geborgener, sicherer und warmer Mann» bleibt, phantasiert er ihr Wiedersehen viel positiver. Damit aber erhöht sich die Wahrscheinlichkeit, daß es auch in der Wirklichkeit so abläuft.

Natürlich ist diese Übertragung ins reale Leben nicht absolut sicher, gleichzeitig aber ist das positive Bild die unbedingte Voraussetzung für eine mögliche Veränderung. Erst müssen sich unsere inneren Bilder verändern, dann wird sich auch die Wirklichkeit verändern.

Wir sind jetzt also im Souling-Kreis von einem belastenden Gefühl in der Gegenwart zu dem darunterliegenden schmerzlichen Gefühl des inneren Kindes gegangen, haben dies durch ideale Eltern geheilt und in ein positives Gefühl transformiert und stellen uns jetzt die Situation in der Gegenwart vor, die wir mit dem positiven Gefühl bewältigen wollen.

Langsame Annäherung

Manchmal sind die Ausgangssituationen der Gegenwart so angstbesetzt, daß unser neu erarbeitetes positives Gefühl schon bei dem Gedanken daran zusammenzubrechen droht. Christiane z. B. arbeitete im Souling-Prozeß an ihrer Examensangst. Sie kam schnell zur Kindheitsszene mit ihrem Vater, der sehr streng war. Also arbeitete sie mit einem idealen Vater, der wohlwollend und ermutigend war, und erlebt am Ende des Prozesses in ihrem Körper ein Gefühl, das sie mit den Worten «kompetent, wertvoll und geliebt» zusammenfaßt. Als sie sich jetzt aber vorstellt, den Hörsaal zu betreten, in dem das nächste Examen geschrieben wird, verliert sie gleich das positive Gefühl.

In so einem Fall müssen wir dann wie bei der «systematischen Sensibilisierung» der Verhaltenstherapie vorgehen: Grob vereinfacht gesprochen, behandelt man dort z. B. einen Klienten mit einer Schlangenphobie so, daß sich dieser in der Entspannung eine ganz kleine Schlange vorstellt. Gelingt das, ohne daß er die Entspannung verliert, dann kann er sich eine größere Schlange vorstellen. Dann eine noch größere und noch größere, bis er sich zum Schluß sogar eine Boa Constrictor vorstellen kann, ohne aus der Entspannung herauszukommen. Da Entspannung und Angst unvereinbar sind, kann er diese Boa jetzt auch ohne Angst ansehen.

In unserem Beispiel heißt das, daß sich Christiane den Hörsaal erst einmal in hundert Meter Entfernung vorstellt und ganz besonders darauf achtet, daß sie ihr neues gutes Körpergefühl behält. Am besten geht das, wenn sie auf ihren Atem achtet und an das gute Gefühl und die drei Worte in ihrem Herzen denkt. Danach stellt sie sich den Hörsaal in fünfzig Meter Entfernung vor, dann in zwanzig, zehn und schließlich kann sie in der Imagination hineingehen, ohne ihr gutes Körpergefühl zu verlieren. Sie sitzt im Hörsaal als kompetente, wertvolle und geliebte Frau. Bei dieser Annäherung in der Imagination ist es also wichtig, auf das gute Gefühl zu achten, und die schwierigen Situationen nur schriftweise zu erleben.

Das Ergebnis schützen

Es kann vorkommen, daß du am Ende eines Souling-Prozesses unzufrieden bist und dich in der Vorstellung mit etwas Negativem beschäftigst. Häufig hängt unser Verstand so gewohnheitsmäßig am Negativen, daß er gar nicht für längere Zeit beim Positiven bleiben kann. Hier ist es wichtig, daß du das neu Erarbeitete schützt und zu den aufkommenden negativen Gefühlen sagst, daß du dich später in einem neuen Souling-Prozeß um sie kümmern wirst, diesen Prozeß aber erst einmal zu Ende bringen willst.

Du kannst nur vorwärts gehen, wenn du akzeptierst, wo du gerade bist. Von dort aus kannst du weitergehen. Wir müssen also das Ergebnis unserer Arbeit erst einmal schützen – gegen unseren Kritiker, Antreiber, Saboteur und Miesmacher. Danke deiner Seelen-Führung und dir selbst für das, was du erreicht hast, und falls sich etwas Unerledigtes meldet, versprich dir, daran weiterzuarbeiten.

Beim Souling werden wir durch einen erfolgreichen Prozeß stärker und gesunder und bekommen mehr Kraft. Mit dieser neuen Kraft gehen wir dann in den nächsten Souling-Prozeß, der uns wieder Kraft geben wird, usw.

Arbeit mit Affirmationen

Aber warum sollen wir bei der Gegenwart stehen bleiben, warum nicht auch in die Zukunft gehen? So, wie wir beim vorangegangenen Punkt einen neuen Lebenslauf entwickelt haben, können wir auch unsere Zukunft positiv beeinflussen. Normalerweise beeinflussen häufig unsere unbewußten negativen Programme die Zukunft. In einer selbsterfüllenden Prophezeiung erwarten wir genau das, was dann auch passiert.

Wenn wir nun im Souling an unseren Gefühlen gearbeitet haben, wissen, wo sie herkommen, haben sie durch ideale Eltern geheilt und wieder mit in die Gegenwart genommen, dann werden auch unsere Zukunftsbilder ganz von selbst dem neuen Gefühl entsprechen. Wir wissen, daß wir es wert sind, Gutes zu bekommen und daß wir der Hilfe durch andere Menschen gewiß sein können.

Durch die Arbeit mit Affirmationen können wir diesen Prozeß noch systematisieren und uns immer wieder an unsere positiven Ziele erinnern. Affirmationen sind Sätze, die das Positive in uns stärken. Wenn man ausschließlich mit Affirmationen arbeitet, kann die Arbeit schnell oberflächlich werden, weil man negative Gefühle unbearbeitet läßt. Hat man aber in Punkt 2 und 4 des Souling-Kreises die negativen Gefühle ausgedrückt, wirken Affirmationen sehr bereichernd. Auch die drei positiven Worte zum Körpergefühl sind eine Affirmation.

Zum Abschluß des Souling-Kreises möchte ich dir die Möglichkeiten zeigen, konstruktiv mit Affirmationen zu arbeiten. Zuerst müssen wir uns noch einmal (aber nur ganz kurz!) an Negatives erinnern. Schreibe in die nächsten Zeilen die fünf Eigenschaften, die du am wenigsten an dir magst, die dein Leben schwer machen und dich behindern:

1. _____
2. _____
3. _____
4. _____
5. _____

Schreibe nun zu jeder dieser negativen Eigenschaften eine positive **Affirmation** – einen Satz, in dem einer deiner Ziele schon Wirklichkeit geworden ist, z. B.: «Ich bin es wert, geliebt zu werden!» – «Andere Menschen schätzen, mögen und lieben mich, so wie ich bin!»

Mit solchen Affirmationen, die wir öfter wiederholen, können wir unser Unterbewußtsein beeinflussen. Wir verändern einfach unser inneres Programm. Wenn wir in unserer Kindheit oft die Erfahrung gemacht haben, daß wir es nicht wert sind, geliebt

zu werden, dann ist es jetzt ja wohl nur recht und billig, solche
negativen Programme umzuändern und uns selbst mit positiven Sätzen zu beeinflussen.

Wichtig ist die Formulierung der Affirmation. *Nicht:* «Ich
will...» oder «Ich werde...» oder gar «Ich möchte...», *sondern:*
«Ich bin...» oder «Ich habe...». Affirmationen müssen in der
Gegenwart formuliert werden. Wir müssen spüren können, wie
die Vorstellung beim Aussprechen der Affirmation Wirklichkeit
wird. Besonders hilfreich ist es, wenn die Sätze rhythmisch und
prägnant sind. Einige Beispiele:

negative Eigenschaft	Affirmation
häßlich	Ich habe einen schönen und erotischen Körper, der mir und anderen Freude macht.
erfolglos	Ich bin ein Gewinner, der seine Ziele erreicht.
unruhig, hektisch	Ich bin voll Gelassenheit und Ruhe.
Angst vorm Alleinsein	Ich genieße mein Alleinsein.
kontaktarm	Ich teile meine Liebe und Freude mit guten Freunden.
leblos	Ich bin voll Wärme, Liebe und sexueller Kraft.
ohne Partner	Ich lebe in einer leidenschaftlichen und liebevollen Beziehung mit einem Partner.
ängstlich	Ich kann mit meiner Angst umgehen. Ich werde von Tag zu Tag mutiger. Ich habe Vertrauen, daß ich bekomme, was ich brauche.
zurückhaltend	Ich zeige mich mutig, so wie ich bin, und drücke alle meine Gefühle aus.
ungesund	Ich liebe meinen Körper, lebe gesund und glücklich.

Erinnere dich noch einmal an deine fünf negativen Eigenschaften und entwickle daraus fünf positive Affirmationen:

1. _____
2. _____
3. _____
4. _____
5. _____

Fühlt sich das nicht gut an? Denke nun über die persönlichen Eigenschaften hinaus an weitere Dinge, die du dir für dein Leben wünschst. Wie willst du leben, was möchtest du erreichen, welche materiellen Dinge wünschst du dir? «Ich habe ein wunderschönes Haus, in dem ich mit meinem Partner und einer Gemeinschaft von anderen Menschen zusammenlebe.» – «Ich schaffe mein Examen mit Leichtigkeit.» – «Ich bin ein kompetenter und verantwortungsvoller Grafiker!»

Baue in die nächsten fünf Affirmationen alles hinein, was du dir in deinem Leben wünschst. Denn was du dir nicht vorstellen und wünschen kannst, das wird sich kaum in deinem Leben verwirklichen!

6. _____
7. _____
8. _____
9. _____
10. _____

Nun hast du zehn Affirmationen, mit denen du in Zukunft arbeiten kannst. Du kannst sie immer wieder korrigieren. Vielleicht ändern sich deine Ziele, einige sind inzwischen wahr geworden oder du hast noch bessere Formulierungen gefunden. Es ist hilfreich, diese Formulierungen mit Freunden oder in einer Gruppe durchzugehen, denn häufig haben andere noch gute Anregungen.

Lerne deine zehn Affirmationen auswendig und sage sie dir selbst in einer ruhigen Minute. Du kannst dich dabei hinlegen, die Augen schließen und dich entspannen, kannst dir Musik dazu machen, oder du kannst sie in vielen anderen Situationen wiederholen: z. B. beim Joggen, im Auto auf der Autobahn oder sogar im Orgasmus. Zwar ist ein Orgasmus selten so lang, als daß du alle zehn Affirmationen sagen könntest, aber du kannst sie in einem Bild zusammenfassen. Das entspricht dem Grundprinzip der «Sexualmagie»: eine Vorstellung, die im Orgasmus präsent ist, wird energetisch stark aufgeladen und gewinnt die Kraft, sich im Alltag zu realisieren. Lies jetzt noch einmal alle zehn Affirmationen und dann diese kleine Phantasiereise:

Dein neues Selbst

Entspanne dich, spüre deinen Atem und lasse ganz los. Laß dich ganz in die Unterlage einsinken, und spüre noch einmal nach, wie es sich in dir anfühlt, wenn du an deine zehn Affirmationen denkst. Vergegenwärtige sie dir noch einmal. Nun mache in deiner Phantasie einen Zeitsprung und stell dir vor, daß sich all deine Ziele realisiert haben. Wie fühlt sich das an? Wie lebst du? Wer sind deine Freunde? Was ist dein Beruf? Wie ist dein Körpergefühl, wie sieht dein neuer Körper aus und was für Kleidung trägst du?

Male dir die Situation noch ein wenig aus. Stell dir alles so intensiv wie möglich vor und benutze dabei alle deine Sinne. Was siehst, hörst, fühlst, schmeckst und riechst du?

Jetzt höre in dich hinein, ob dir vielleicht ein neuer Name einfällt, der zu diesem neuen Leben paßt. Vielleicht ist es der gleiche, vielleicht ein anderer. Du mußt diesen Namen nicht unbedingt nach außen hin tragen. Du kannst ihn in deinem Inneren verwenden, so daß jedesmal, wenn du innerlich diesen Namen sagst, all die Vorstellungen und Eindrücke deines neuen Selbst erscheinen.

Bleib so lange wie du möchtest in diesen positiven Vorstellungen, und wenn du fertig bist, schreibe diese Vorstellungen und Bilder von deinem neuen Selbst noch einmal auf, um eine zusammenfassende Gesamtaffirmation daraus zu machen.

Dankbarkeit

Wenn du im Souling immer wieder negative Gefühle in positive transformierst, deine Vergangenheit aufarbeitest und übst, das bewußte Ich zu stärken, wenn du immer mehr im Hier und Jetzt lebst, dann kannst du gar nicht umhin zu bemerken, daß ein Gefühl von Dankbarkeit in dir wächst. Ob du zufrieden bist oder nicht, hängt ja nicht davon ab, was du bekommst, sondern davon, ob du bereit bist, dich auch über kleine Dinge zu freuen. Allein wenn du mit Dankbarkeit ein- und ausatmest – wie in der Souling-Atem-Meditation –, öffnet sich dein Herz, und du genießt das Glücksgefühl in deinem Herzen.

Probiere einmal folgendes aus: «Sage Sätze, die mit der Formel beginnen: «Ich bin dankbar dafür, daß...», oder «Ich bin dankbar für...». Schon nach fünf Minuten wirst du in einem ganz anderen Bewußtseinszustand sein. Und wenn in dir noch Trotz steckt, der einwirft: «Ich kann aber nicht dankbar sein, weil...» – «Ich will erst dankbar sein, wenn...», dann laß dir gesagt sein, daß wir innerlich so reich und voll sind, daß Dankbarkeit unser normaler Zustand sein müßte, würden wir dies endlich klar erkennen.

Wenn du einfach Dankbarkeit übst, z. B. mit der kleinen Übung, die ich eben vorgeschlagen habe, dann wirst du immer offener für das Gefühl innerer Erfüllung und Liebe.

Zusammenfassung des Souling-Kreises

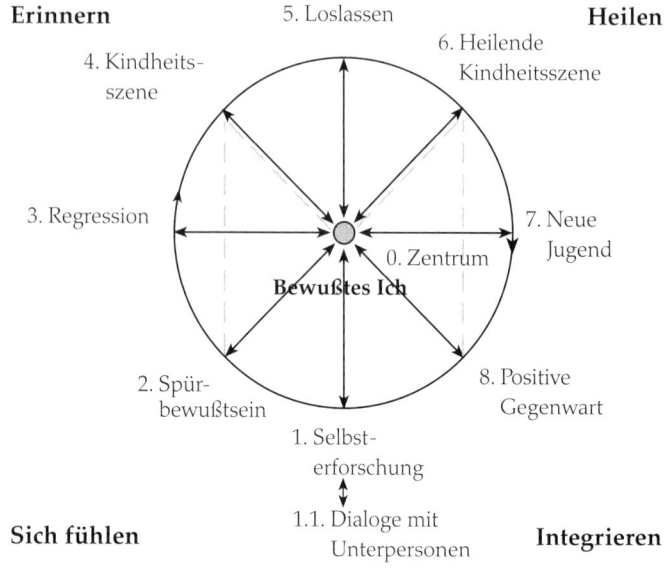

Erinnern   5. Loslassen   **Heilen**

4. Kindheits-   6. Heilende
szene   Kindheitsszene

3. Regression   7. Neue
0. Zentrum   Jugend

Bewußtes Ich

2. Spür-   8. Positive
bewußtsein   Gegenwart

1. Selbst-
erforschung

Sich fühlen   1.1. Dialoge mit   **Integrieren**
Unterpersonen

Nun ist es endlich soweit, daß wir all die ausführlich beschriebenen Punkte des Souling-Kreises zusammensetzen können. Ich führe dich mit dem folgenden Schema von Fragen und Interventionen noch einmal ganz durch den Kreis, so daß du anhand eines konkreten Problems in diesen Prozeß hineingehen kannst. Normalerweise beschreiben die Stationen die Form eines «M», wie du es auch in der Grafik erkennen kannst. Das heißt, die häufigste Form des Souling-Prozesses durchläuft nacheinander die Punkte 2 – 4 – 0/4 – 0/6 – 6 – 8. Ich beschreibe außerdem mögliche Interventionen für die Punkte 1, 3 und 7, falls du diese in einem Prozeß benötigen solltest, sowie die Möglichkeit, von Punkt 4 über 5 («Loslassen») gleich zur Erstellung der heilenden Szene zu gelangen.

Das Frageschema, das ich dir im folgenden vorstelle, kannst du auch für das partnerschaftliche Souling benutzen. Dann liest du deinem Klienten die Fragen und führenden Interventionen vor und benutzt folgende Interventionen für die Antworten und Äußerungen des Klienten. Die untenstehenden Aufforderungen zur «Selbstbegleitung» gelten natürlich nur, wenn du in der Selbsthilfe allein arbeitest.

Mit der Zeit wirst du immer vertrauter mit den verschiedenen Punkten des Souling-Kreises sowie den dazugehörigen Fragen und Interventionen werden. Dann kannst du stärker variieren und mit dem Schema spielen. Vielleicht fängst du mit Punkt 2 an, spürst dein problematisches Gefühl, und der Prozeß springt gleich zu Punkt 6, der Heilung mit den idealen Eltern. Vielleicht kommen erst hinterher Erinnerungen an die dazugehörigen negativen Kindheitsszenen. Warum nicht? Je vertrauter du mit den verschiedenen Stationen bist, desto freier wirst du mit ihnen umgehen und dich noch flexibler deinem eigenen Prozeß anpassen können. Außerdem kannst du nach einiger Erfahrung mit dem Inneren-Kind-Souling wieder zum freien Souling übergehen. Aber am Anfang ist es hilfreich und notwendig, sich fest an das folgende Schema zu halten. Nimm dir Zeit für den Prozeß, achte darauf, daß du nicht gestört werden kannst, sorge für eine bequeme Sitzgelegenheit und auch Unterlage, falls du dich schon von Anfang an oder am Punkt 2 hinlegen möchtest.

Punkt 0: Das bewußte Ich

Schaff dir Raum für dich als Beobachter, als Zentrum deiner Wahrnehmung und deines Willens. Das kann entweder ganz kurz geschehen, z. B. indem du daran denkst, daß es dieses bewußte Ich gibt, oder aber auch länger mit einer der verschiedenen Methoden. Such dir aus, was für dich im Moment paßt:

- Durchspüren des Körpers
- Bewegen der Gelenke im Ausatem
- Zehn tiefe Atemzüge
- Souling-Anfangsritual
- Bewußtheitsübung

- Kurze Bitte um Führung
- Atem-Souling etwa fünfzehn Minuten Dauer
- Durchführen einer ganzen Meditation

Punkt 1: Die Selbsterforschung

(Kann im Sitzen oder Liegen durchgeführt werden)

- An welchem Problem möchtest du arbeiten? Gibt es etwas, was dich in der letzten Zeit bedrückt hat, oder etwas, was dir wichtig ist? Gab es ein schwieriges Gefühl für dich? Suche etwas aus und erzähle zunächst laut davon. Sprich einfach drauflos – ich höre nur zu. (Du kannst tatsächlich laut sprechen oder dich einfach in der Vorstellung ausdrücken.)
- Versuche dich tiefer zu erforschen. Drücke immer wieder aus, was im Moment für dich wahr ist, und lausche dann wieder weiter nach innen, was nun kommen will.
- Gehe immer wieder ins bewußte Ich und versuche von dort aus deine eigenen Äußerungen mit Verständnis und Liebe zu spiegeln.

Punkt 1a: Dialoge mit Unterpersonen

- Schau, ob bei der Selbsterforschung irgendwelche Unterpersonen auftauchen, mit denen du einen Dialog führen willst. Wenn ja, dann führe am besten einen Dialog auf zwei Plätzen durch und wechsle die Positionen.
- Du kannst diesen Dialog auch in innerer Achtsamkeit mit geschlossenen Augen führen und nur in deiner Vorstellung von der Unterperson zum bewußten Ich und umgekehrt wechseln.
- Du kannst störenden Über-Ich-Stimmen, mit denen du schon gearbeitet hast, einfach sagen, daß du jetzt während deines weiteren Prozesses nicht auf sie hören wirst und sie sich aus dem Raum scheren sollen. Du hast Wichtigeres zu tun.

Punkt 2: Das Spürbewußtsein

- Jetzt schließe die Augen, und schau einmal in deinen Bauch- und Brustraum, wie es sich dort anfühlt.
- Mache einige tiefe Atemzüge durch den Mund, und spüre deinen Körper immer stärker.
- Was macht dein Körperecho?
- Wie genau fühlt es sich an?
- An welcher Stelle spürst du die Empfindungen?
- Bewegen sie sich, verändern sie sich?
- Welche Worte passen am besten zu diesen Empfindungen?
- Wenn das Gefühl sprechen könnte, was würde es sagen?
- Gehe für einige Zeit zwischen dem Spüren des Gefühls und dem Benennen hin und her.
- Gibt es eine Sonde, die du ausprobieren möchtest? Wenn ja, dann sage sie dir, und schau, welches Echo sie hervorruft.
- Falls stärkere Emotionen kommen wollen, laß sie ruhig geschehen. Wenn aber noch nichts kommt oder von selbst herauswill, dann push dich auf keinen Fall, und sei nicht unzufrieden. Alles ist gut so, wie es ist. Du machst es sehr gut!
- Gehe ab und zu ins bewußte Ich und benutze dort diese *führenden Interventionen*:
  - Hineinfragen, Aufforderung zum Dableiben, Hinaus-Fragen
  - Ansprechen der Gefühle: «Hallo, Traurigkeit, ich spüre dich, und ich fühle dir gegenüber...» – Traurigkeit, ich gebe mich dir hin, mach mit mir, was du willst!»
  - Flaggen: «Ich sehe, wie du dein... bewegst. Ist das mit einem Gefühl verbunden? – Verstärke diese Bewegung!»
  - Atmen: «Atme für einige Zeit tiefer durch den weit geöffneten Mund!»
  - Gefühl in Bewegung umsetzen: «Laß deine Hände sich so bewegen, daß sie dein inneres Gefühl in Bewegung ausdrücken.»
  - Sonden: «Was geschieht, wenn du hörst: Michael, ich werde dich nicht verlassen?»

- Benutze dann aus deinem bewußten Ich auch *folgende Interventionen*, wie die Verbalisierung und das Genauern, damit sich die Antworten auf diese Fragen entfalten.

Punkt 3: Regression

- Falls du nicht an Punkt 2 zu einer Kindheitserinnerung gekommen bist, nutze eine der folgenden Interventionen:
  - Woher kennst du dieses Gefühl aus deiner Vergangenheit?
  - Gehe weiter zurück zu einer anderen Situation, in der du ebenfalls dieses Gefühl hattest!
  - Stell dir das Familienklima und die Eltern im Raum vor, und schau, ob eine Kindheitsszene deutlicher wird, die zu dem betreffenden Gefühl paßt.
  - Bitte dein Seelen-Selbst oder deine Seelen-Führung um ein relevantes Bild aus deiner Kindheit.

Punkt 4:
Die Kindheitsszene

- Erzähle von der Kindheitsszene, so als ob du sie in der Gegenwart erlebst. Benutze alle deine Sinne. Welche Personen sind dabei beteiligt?
- Schau noch einmal, ob es etwas gibt, was du dem Vater, der Mutter oder anderen beteiligten Personen sagen möchtest. Wenn ja, stelle sie dir vor, schaue ihnen in die Augen und sage ihnen, was du innerlich fühlst.
- Habe Mut und trau dich, selbst wenn es dir schwer erscheint.
- Falls sich stärkere Gefühle melden, laß sie kommen und drücke sie aus. Du kannst auf ein Kissen oder auf die Matratze schlagen und treten.
- Gehe ab und zu wieder ins bewußte Ich und frage dich, ob der Ausdruck noch ganz stimmig ist oder ob noch etwas fehlt, was bisher nicht ausgedrückt wurde.

Punkt 5:
Loslassen

- Manchmal können hier formelhafte Sätze sinnvoll sein, wie du sie in der Phantasiereise mit dem Abschied von Mutter und Vater erlebt hast. Für den Anfang der Arbeit mit dem Souling-Kreis ist das aber nicht relevant. Eine Standardformel könnte sein: «Ich danke euch für alles Gutes, was ihr mir gegeben habt. Ich spüre zwar noch viel Wut und Schmerz wegen der Dinge, die nicht so gut waren, aber jetzt laß ich euch erst einmal los, um selbst mein inneres Kind zu heilen!»
- Wenn es bei späteren Soulings paßt, kannst du auch einfach die negative Kindheitsszene loslassen und ohne Dialog mit dem inneren Kind zur Konstruktion der heilenden Szene gehen. Dann benutze die Formel: «Ich lasse jetzt allen Schmerz und Groll los, der mit dieser Kindheitsszene zusammenhängt, und wende mich meiner Heilung zu.»

Punkt 0–4:
Der heilende Dialog mit dem inneren Kind

- Wenn du meinst, daß du alles ausgedrückt hast, was im Moment da ist, dann löse dich geistig von Platz 4, schüttel alle Gefühle von dir ab, und bewege dich wieder geistig zu Platz 0, zum bewußten Ich. Mache dir noch einmal bewußt, daß du vollkommen im Hier und Jetzt bist, daß du erwachsen und kompetent bist und diese Kindheitsszene schon lange vorbei ist.
- Jetzt sprich dein inneres Kind an und sage ihm den Satz: «Ich seh, wie ... du dich fühlst.» Spüre hin, ob es sich verstanden fühlt. Wenn nein, drücke dein Verständnis noch stärker aus.
- Nimm es mit einer Geste in den Arm, halte es oder gib ihm, was es braucht. Dann versprich ihm, daß du gleich eine noch schönere Heilung schaffen wirst.

Punkt 0-6:
Die Konstruktion einer heilenden Szene

- Jetzt wende deinen Blick zu Punkt 6, und konstruiere dort eine heilende Szene mit idealen Eltern für dein inneres Kind, die das genaue Gegenteil der traumatischen Szene ist.
- Überlege dir genau die Stellung, die Berührungen und Sätze der idealen Eltern. Gestalte die Szene so positiv und plastisch, daß es dich verlockt, die Szene von innen heraus zu erleben.

Punkt 6:
Das Erleben der heilenden Szene

- Jetzt bewege dich geistig zu Punkt 6, werde wieder zu deinem inneren Kind und erlebe die heilende Szene von innen. Spüre das Positive der Berührungen und der Sätze in deinem Körper, und atme all das Positive immer mehr in dich hinein.
- Gehe ab und zu wieder in das bewußte Ich und frage dich: «Könnte es noch schöner sein?» – «Stimmt es so wirklich genau, oder müßten die Sätze und Berührungen anders sein?» – «Was möchtest du noch hören oder erleben?»
- Lasse drei Wörter für dieses positive Körpergefühl in dein Bewußtsein kommen. Senke sie in das goldene Zentrum deines Herzens hinein, von wo aus sie in deinen ganzen Körper ausstrahlen.

Punkt 7:
Neue Jugend

- Wenn du große Lust hast oder es als besonders wichtig erachtest, kannst du dir jetzt vorstellen, wie dein Leben weiter verlaufen wäre, wenn du diese ideale Kindheit gehabt hättest. Häufig ist es interessant, die Zeit der Pubertät neu zu gestalten. Vielleicht kannst du bei deinem ersten Souling-Kreis diesen Punkt mit einbeziehen und später nur bei Bedarf anwenden.

Punkt 8:
Positive Gegenwart

- Wandere jetzt geistig zu Punkt 8 und stell dir dabei vor, daß du ganz schnell zu deinem realen Alter heranwächst, aber mit dem guten Gefühl deines geheilten inneren Kindes. Sage dir noch einmal die drei positiven Wörter, hänge aber die Wörter «Mann» oder «Frau» hintenan, z. B.. «Ich bin eine erotische, lebendige und freie Frau!»
- Stelle dir jetzt noch einmal die Ausgangssituation oder das ursprünglich belastende Gefühl vor, mit denen du gearbeitet hast. Behalte dabei das gute Gefühl bei dir.
- Falls eine Situation zu schwer sein sollte, stelle sie dir erst einmal aus sicherer Entfernung vor, und nähere dich mit deinem guten inneren Gefühl so langsam, daß du es nicht verlierst.

Punkt 0:
Dank aus dem bewußten Ich

- Stelle dich ganz zum Abschluß geistig noch einmal ins Zentrum des bewußten Ich. Laß den ganzen Prozeß noch einmal auf dich wirken, schau ihn als Beobachter an und spüre, ob es etwas gibt, das du zum Schluß sagen möchtest?
- Dann danke deinem Seelen-Selbst oder deiner Seelen-Führung, die dir aus deinem Inneren bei diesem Prozeß geholfen haben. Danke auch dir selbst, daß du es geschafft hast, diesen Prozeß so durchzuführen.

Das Souling mit dem inneren Kind im Alltag

Du kannst diese Form des Souling zu Hause ausführlich durchführen und dabei experimentieren, ob dir sitzen oder liegen angenehmer ist, kannst dir die Anweisungen von einem Freund oder einer Freundin vorlesen lassen, dabei deine inneren Prozesse laut aussprechen oder aber auch für dich behalten. Neben all diesen Möglichkeiten kannst du im Alltag den Prozeß auch in nur fünf Minuten durchführen: bei einem Problem kurz in den Körper hineinspüren, schauen, wie es sich dort anfühlt, nach einer Kindheitssituation suchen, eine heilende Szene vorstellen und dann mit dem positiven Gefühl wieder in die Ausgangssituation zurückkehren. Mit der Zeit wird es für dich einfach selbstverständlich, dich immer wieder zu fragen, wie du das, was du gerade denkst, in deinem Körper fühlst; ob ein inneres Kind beteiligt ist; und du fragst dich automatisch «Was hätte ich gebraucht, was würde mir zur Heilung gut tun?»

Souling mit dem inneren Kind im Stehen

Eine gute Übung, um mit den verschiedenen Stationen vertraut zu werden und sie in deinem räumlichen Denken zu verankern, ist die Durchführung des Souling-Kreises im Stehen. Du baust dir auf dem Fußboden den Souling-Kreis auf, so wie er am Anfang des Kapitels noch einmal dargestellt worden ist, indem du ihn aufmalst oder z. B. mit Kissen markierst. Dann stellst du dich in die Mitte des bewußten Ich, nimmst dieses Buch in die Hand, gehst alle Fragen des Schemas durch und bewegst dich bei dem jeweiligen Punkt zu dessen Platz im Raum.

Wenn du also Raum geschaffen hast, gehst du wirklich zu Punkt 1 und erzählst von deinem Problem. Dann stellst du dich zu Punkt 2, schließt im Stehen die Augen und spürst nach innen. Dann gehst du langsam mit geschlossenen Augen zu Punkt 4, stellst dir dabei vor, daß du immer mehr in die Vergangenheit gehst und läßt eine Kindheitsszene kommen, mit der du arbeitest. Falls du mit den Eltern arbeitest, solltest du dort die Augen wieder öffnen. Danach gehst du zurück in die Mitte des Kreises zu Punkt 0, führst den heilenden Dialog mit dem inneren Kind, konstruierst von dort die heilende Szene am Punkt 6 und wanderst dann wieder körperlich zu Punkt 6. Dort erlebst du wieder mit geschlossenen Augen die heilende Szene von innen. Dann wanderst du zu Punkt 8, integrierst das neue positive Gefühl in die Gegenwart und endest wieder am Punkt 0 mit dem Abschluß und Dank.

Das körperliche Hindurchgehen durch all die Stationen des Souling-Kreises trainiert dein Denken und deine Vorstellung sehr effektiv, so daß du in zukünftigen problematischen Situationen automatisch in dieser Form vorgehst.

Zur Veranschaulichung des Souling-Kreises beschreibe ich dir hier noch einmal einige Beispiele, die zum Teil schon oben erwähnt worden sind:

1. Johannes

Punkt 1: Johannes möchte an einem Gefühl arbeiten, daß er kürzlich in der Auseinandersetzung mit einem guten Freund erlebt hat. Dieser hatte ihn kritisiert, Johannes war dadurch sehr tief getroffen und stärker verletzt, als er gedacht hätte.

Punkt 2: Er geht nun in die innere Achtsamkeit, schließt die Augen, spürt sich im Inneren und vergegenwärtigt sich noch einmal dieses Gefühl. Er geht ganz hinein und spürt, wie und wo er es im Körper fühlt. Er bleibt einfach bei diesem Gefühl und atmet in es hinein.

Punkt 4: Johannes folgt der Spur seiner Körperempfindungen und fragt sich, wann er früher ähnliche Gefühle gehabt hat. Es kommt ihm eine Erinnerung an seinen Vater: Dieser schimpfte ihn aus, wenn er im Haus das Licht anließ und die Türen nicht schloß. Er spürt ein altes Gefühl von Ablehnung durch seinen Vater, und nimmt wahr, daß sich ihr Kontakt eigentlich auf diese Ermahnungen beschränkte.

Der Schmerz wird nun deutlicher in seiner Brust, und Johannes kann ihn durch Hineinatmen etwas lösen. Er stellt sich in seiner Phantasie seinen Vater vor und spricht ihn direkt an... «Vati, ich bin so traurig, daß wir so wenig Kontakt hatten. Ich fühle auch eine Menge Wut.» Er drückt diese Wut und Traurigkeit noch stärker aus, indem er laut wird und ein Kissen schlägt.

Punkt 0–4: Johannes identifiert sich mit seinem bewußten Ich und führt einen Dialog mit seinem inneren Jungen. Er sagt ihm: «Ich sehe, wie unverstanden du dich von deinem Vater gefühlt hast», und nimmt ihn in den Arm.

Punkt 0–6 und 6: Johannes stellt sich einen idealen Vater vor, der ganz viele Gespräche mit ihm führt und sehr viel Zeit für ihn hat. Er stellt sich vor, wie er an der Hand dieses idealen Vaters durch den Wald geht, dieser ihm die verschiedenen Bäume und Tiere zeigt und er selbst von allem sprechen kann, was ihn bewegt. Johannes wird sehr glücklich bei dieser Vorstellung, verstärkt diese positiven Gefühle im Einatem und spürt, wie er von positiver Energie im Inneren ausgefüllt wird. Er fühlt sich geliebt, geborgen und verstanden.

Punkt 8: Johannes stellt sich vor, nun mit diesem positiven Körpergefühl noch einmal mit seinem Freund zusammen zu sein und dessen Kritik zu hören. Er sagt sich dabei: «Ich bin ein geliebter, geborgener und verstandener Mann.» Jetzt kann er die Kritik ganz sachlich aufnehmen und fühlt sich dadurch nicht als Mensch abgelehnt. Er stellt sich weitere Kontakte mit seinem Vorgesetzten in der Firma und mit anderen Freunden vor und sieht sich im Geiste in einem sehr vertrauensvollen Umgang mit ihnen, begleitet von dem positiven Gefühl in seinem Körper.

Punkt 0: Johannes nimmt noch einmal Abstand, schaut auf den ganzen Prozeß zurück und dankt seiner Seelen-Führung und sich selbst dafür.

2. Christiane

Punkt 1: Christiane möchte an ihrer Examensangst arbeiten. In jeder Prüfungssituation und häufig auch schon während der Vorlesungen spürt sie starken körperlichen Druck und Angst, nicht gut genug zu sein. Dieses Gefühl wird begleitet von starken Bauchschmerzen.

Punkt 2: Christiane schließt die Augen und konzentriert sich auf ihre inneren Empfindungen. Sie erlebt den Druck genauer, spürt wie die Angst stärker mit Spannungen in der Brust zu tun hat, vor allem aber werden ihre Bauchschmerzen deutlicher. Sie spricht sie direkt an und baut dadurch zunächst ein freundschaftlicheres Verhältnis zu ihnen auf. Sie merkt, daß sie sonst ihren Bauchschmerzen sehr feindlich gegenübersteht und sie dadurch nicht weiter erforschen kann. Außerdem drückt sie die Bauchschmerzen durch Bewegungen der Hände aus, so daß sie sich schon ein wenig lösen.

Punkt 4: Christiane erinnert sich an viele Szenen mit ihrem Vater, der Lehrer von Beruf und sehr streng war. Häufig verlangte er besondere Leistungen von ihr und konnte unzufrieden und kalt werden, wenn sie diese Erwartungen nicht erfüllte. Sie spürt sehr viel Traurigkeit und Wut, die sie auch ausdrückt, und bekommt im anschließenden Dialog mit ihrem inneren Mädchen Mitgefühl und Verständnis für ihre damalige Situation.

Punkt 6: Sie konstruiert und erlebt dann eine heilende Szene mit einem wohlwollenden und mitfühlenden idealen Vater, der ihr sagt: «Ich liebe dich als meine Tochter, auch wenn du einmal nicht so viel leistest!» Sie malt sich noch andere heilende Szenen mit diesem Vater aus und fühlt sich kompetent, wertvoll und geliebt.

Punkt 8: Christiane stellt sich vor, als diese kompetente und wertvolle und geliebte Frau in den Hörsaal zu gehen, bemerkt aber, daß sie Gefahr läuft, dieses gute Gefühl zu verlieren. Deswegen stellt sie sich den Hörsaal erst einmal in größerer Entfernung vor und läßt ihn nun langsam näher kommen, so daß sie ihr gutes Gefühl behält und damit die angstbesetzten Situationen neu erleben kann.

Punkt 0: Dann dankt sie ihrer Seelen-Führung und sich selbst für diesen Souling-Prozeß.

3. Markus

Punkt 1: Markus leidet darunter, daß seine Freundin in der letzten Zeit so häufig zu verschiedenen Workshops fährt. Er fühlt sich dann allein gelassen und ungeliebt.

Punkt 2: Markus schließt die Augen und erforscht sich im Spürbewußtsein. Er spürt dieses Gefühl von Alleinsein im Bauch- und Brustraum, spricht es direkt an, um eine freundschaftlichere Beziehung aufzubauen, und probiert dann die Sonde: «Markus, ich werde dich nicht allein lassen!» Diese Sonde führt ihn automatisch zu seiner frühen Beziehung zur Mutter.

Punkt 4: Markus erinnert, wie häufig er schon in den ersten beiden Lebensjahren von der Mutter alleingelassen wurde, die viel arbeiten mußte, um ihn, seinen Bruder und sich selbst über Wasser zu halten. Es war die Zeit nach dem Krieg, und ihr blieb nichts anderes übrig. Er sagt zu diesem Verlassenheitsschmerz: «Schmerz, ich geb mich dir hin, mach mit mir, was du willst», und überläßt sich mutig all den Tränen, die jetzt aus ihm herausbrechen. Er muß zum Schluß aufstehen, um sich von diesen Gefühlen zu disidentifizieren, aber er erlebt, wie heilsam der anschließende Dialog mit seinem kleinen inneren Jungen ist. Er spricht mit ihm und nimmt ihn tröstend in die Arme.

Punkt 6: Jetzt stellt sich Markus eine heilende Szene mit einer «idealen Mutter» vor. Die ideale Mutter ist seiner realen sehr ähnlich, nur hat sie mehr Zeit, um sich ganz um ihn zu kümmern. «Ich bin immer bei dir, wenn du mich brauchst!» sagt sie ihm. Und weil er sich wegen einer gewissen erotischen Verstrikkung mit seiner Mutter noch nicht ganz entspannen kann, imaginiert er nun den «idealen Vater» dazu, der damals fehlte. Er ist groß und stark, hält die ideale Mutter im Arm und sagt: «Ich beschütze euch beide und sorge dafür, daß ihr glücklich seid!» Markus fühlt sich sehr wohl und findet die Worte: «geborgen, sicher und warm».

Punkt 8: Markus stellt sich vor, wie er als dieser geborgene, sichere und warmherzige Mann die Rückkehr seiner Freundin von einem Workshop erlebt. Er merkt, daß er nicht mehr fremdeln muß, sie herzlich in den Arm nehmen und den Abend als ein Wiedersehensfest zelebrieren kann.

Punkt 0: Dann dankt Markus seiner Seelen-Führung und sich selbst für diesen Prozeß.

4. Stefan

Punkt 1 : Stefan spricht davon, daß er sich häufig nicht in seinem Körper erlebt, sich immer wieder von außen sieht und ständig in Frage stellt, ob er in Ordnung ist. Eigentlich versucht er dauernd, eine Rolle zu spielen, möchte vor der Außenwelt etwas «darstellen» und weiß deswegen nicht, wer er eigentlich ist.

Punkt 2: In innerer Achtsamkeit spürt er, wie er diesen Bewertungsdruck als eine Kraft erlebt, die von außen auf ihn einwirkt und ihn innerlich ganz eng macht. Er spürt diese Enge besonders in der Brust und in der Zwerchfellgegend.

Punkt 4: Er landet in einer Kindheitserinnerung, bei der er als kleiner Junge zu Weihnachten ein Steckspiel geschenkt bekommen hat und verzweifelt versucht, die einzelnen Bausteine zusammenzustecken, dabei aber versagt. Er kann es nicht. Sein Vater und zwei seiner älteren Brüder schauen mißbilligend zu und lachen ihn sogar aus. Stefan spürt Trotz und die Tendenz, sich ganz nach innen zu verkriechen. Er disidentifiziert sich, führt einen heilenden Dialog mit seinem inneren Jungen und spürt vom Platz des bewußten Ich aus, daß er Lust hat, als kleiner Junge den ganzen Trotz und Ärger über das Verhalten seines Vaters und seiner Brüder auszudrücken.

Punkt 6: Er schlägt und tritt in die Luft und stellt sich dann in der Phantasie vor, wie er den Brüdern und dem Vater zuschreit: «Ihr seid alle Arschlöcher! Ihr könntet mir wirklich einmal helfen, anstatt mich auszulachen.» Bei dem aggressiven Ausdruck fängt er an, befreit zu lachen, so gut fühlt er sich in seinem Körper und damit, sich Raum zu schaffen. Er hat das Gefühl, daß er zum ersten Mal seinen eigenen Raum besitzt. Eine ideale Szene ist es insofern, als Brüder und Vater positiv mit seiner Aggression umgehen. Sie akzeptieren sie und zeigen ihm: «Wir freuen uns, daß du deine Kraft und deinen Ärger zeigst und ausdrückst!»

Punkt 8: Stefan stellt sich Situationen bei seiner Arbeit und bei einigen Freunden vor, bei denen er seinen Ärger deutlich ausdrückt und dadurch das Gefühl eines eigenen Raumes beibehält.

Punkt 0: Er dankt seiner Seelen-Führung und sich selbst für diesen Prozeß.

5. Susanne

Punkt 1: Susanne empfindet übergroße Eifersucht gegenüber ihrem neuen Freund. Schon kleinere Gesten des Rückzugs seinerseits lösen starke Ängste in ihr aus, vollkommen allein gelassen zu werden.

Punkt 2: Im Spürbewußtsein fühlt Susanne ihre Traurigkeit in der Brust, und als sie etwas stärker atmet, hat sie ein Gefühl im Halsbereich, als müßte sie ersticken. Sie sieht zunächst zwei Hände, die sich auf ihr Gesicht und ihren Hals legen und zudrücken.

Punkt 4: Bei genauerem Hinschauen, wer denn da drückt, erkennt sie ihre Mutter. Sie wehrt sich zunächst dagegen, ihrer Mutter so etwas zuzutrauen, ist dann aber sehr erleichtert, als sie sich klarmacht, daß es hier nur um einen negativen Aspekt der Mutter geht, die selbstverständlich auch ganz andere Züge hat. Nun kommen Erinnerungen hoch, daß die Mutter, die meist sehr liebevoll und warmherzig war, ab und zu im Alkoholrausch ihre Persönlichkeit vollkommen veränderte, abweisend und kalt wurde. Häufig sagte sie dann zu Susanne: «Hau ab!» und wollte nichts von ihr wissen. Susanne weint bei diesen Erinnerungen sehr, empfindet dann aber auch Wut, die sie der «negativen Mutter» gegenüber heftig ausdrückt.

Punkt 6: Susanne imaginiert eine ideale Mutter, die sagt: «Wenn ich damals deine Mutter gewesen wäre, hätte ich niemals Alkohol getrunken und dich weggestoßen!» Sie stellt sich vor, in ihren Armen zu liegen und wünscht sich besonders Sätze, die das Verständnis der Mutter für ihre verschiedensten Gefühle ausdrücken. Sie atmet tief durch und fühlt sich kräftig, weit und lebendig.

Punkt 8: Mit diesem kräftigen, weiten und lebendigen Körpergefühl stellt sich Susanne nun wieder ihren Freund vor und merkt, daß sie ihm gegenüber viel selbstbewußter und erwachsener auftreten kann.

Punkt o: Susanne dankt ihrer Seelen-Führung und sich selbst für diesen Prozeß.

Souling im täglichen Leben

Der Souling-Selbsthilfe-Prozeß in seinen verschiedenen Formen ist eine Möglichkeit, täglich an auftretenden Problemen, bedrückenden Gefühlen oder Unklarheiten in dir zu arbeiten. Während des Tages, wo es manchmal hektisch zugeht und andere Menschen deine Aufmerksamkeit beanspruchen, empfehle ich dir die Konzentration auf das Hier und Jetzt und das Atembewußtsein, vielleicht auch einen kurzen heilenden Dialog mit einem inneren Kind. Aber abends oder in der Mittagspause kannst du in Ruhe noch einmal die wichtigsten Themen des Tages mit Hilfe des Souling durcharbeiten. Das ist besonders vorm Schlafengehen sehr zu empfehlen, denn dann schläfst du mit einem klaren und positiven Körpergefühl ein.

Wenn du längere Zeit mit dem Souling arbeitest und dein Denken ganz automatisch durch die verschiedenen Punkte geht, kann es gut sein, daß du bei den verschiedensten Problemen an Punkt 4 über eine längere Zeit immer wieder zu den gleichen ursprünglichen Situationen kommst: die strenge Mutter, der abwesende Vater, die Verlassenheit des Dreijährigen usw. Das ist dann zur Zeit dein Thema. Du solltest dich immer wieder dieser Situation stellen, um sie jedesmal zu heilen. Dann wirst du irgendwann merken, daß sich eine andere Ursprungssituation oder Thematik in den Vordergrund drängt.

Häufig ist es so, daß die Erinnerungen mit der Zeit zu immer früheren Lebensphasen gehen. Erst arbeitest du vielleicht an Ursprungsszenen deines fünfjährigen Kindes, dann des dreijährigen, vielleicht an Säuglingsgefühlen oder Geburtserlebnissen. Doch davon später mehr.

Einige Menschen entwickeln nach einer anfänglichen Lern- und Übungsphase, in dem der Prozeß des Inneren-Kind-Souling sehr hilfreich ist, später einen großen Widerstand gegen die starke Strukturierung dieser Prozesse. Dann ist es sinnvoll, wieder zum freien Souling überzugehen, bei dem das innere Kind eine größere Rolle spielt und der Prozeß sich unstrukturierter und überraschender gestalten darf. Erlebnisse auf der Bilderebene, Kindheitserinnerungen, Körpererfahrungen – all diese Dinge mischen sich dort stärker und reihen sich spontan und in eigener seelischer Gesetzmäßigkeit aneinander. Doch für die Anfangszeit ist es sicherlich gut, am Beispiel des strukturierten Inneren-Kind-Souling zu üben.

Manchmal gibt es in dem eigenen therapeutischen Prozeß auch so etwas wie Wellen der Arbeitsenergie. Für einige Zeit paßt das Innere-Kind-Souling, dann wird für Monate vielleicht das Interesse an anderen Souling-Prozessen größer. Doch das Souling ist so vielfältig, daß es den verschiedenen Menschen und Phasen, in denen jeder einzelne gerade steckt, gerecht wird. Unsere Seele liebt die Freiheit und möchte nicht allzusehr durch Strukturen eingeengt werden. Deswegen müssen wir immer wieder schauen, welcher der Souling-Prozesse gerade richtig ist.

Nach so vielen eher «technischen» Beschreibungen möchte ich dich zum Schluß noch einmal an die Essenz des Inneren-Kind-Souling heranführen: Es geht immer darum, sich selbst akzeptieren und lieben zu lernen. Wenn du lernst, dich mit allem, was du bist, anzunehmen und zu lieben, dann geschehen Veränderung und Wachstum wie von selbst, und diese Liebe wird ausstrahlen und andere Menschen berühren. Du wirst wie von selbst den «Weg des Liebenden» gehen. Dazu jetzt noch eine kleine Abschlußübung:

Der Liebesbrief

Stell dir vor, daß du gestern in irgendeiner Disco, auf einer Party, bei einem Seminar oder einer Bergwanderung... dich selbst kennengelernt hast. Du hast dich vollkommen in dich verliebt. Dein Herz pocht, du kannst immer wieder nur an die schönen Momente von gestern denken und bist wirklich, wie ein Teenager, Hals über Kopf verliebt und verschossen.

Nun setz dich bitte hin und schreibe dir selbst einen Liebesbrief. Das ist wahrscheinlich der erste Liebesbrief, den du dir schreibst. Sei so romantisch und überschwenglich, wie es nur geht, und laß dein Herz überquellen. Schreibe dir viele Komplimente, und zähle alles auf, was du an dir magst.

Falls du nun dein sabotierendes inneres Kind spürst, das keine Lust hat und Widerstand leisten will, sag ihm, daß du dich später mit ihm auseinandersetzen wirst und es dich jetzt nicht stören soll. Du hast so häufig an dir herumgemeckert und warst unzufrieden mit dir, daß es wohl in Ordnung ist, jetzt mal eine Übung durchzuführen, die deine Selbstliebe und Selbstannahme vergrößert.

Also, ran an die Arbeit. Beginne zu schreiben: «Mein lieber..., meine liebe...! Ich bin ja so verliebt in dich und kann es gar nicht erwarten, dich wiederzusehen. Weißt du, was mir so an dir gefällt?... usw.»

Wenn du magst, dann falte zum Schluß diesen Brief zusammen, tue ihn in einen Umschlag, schreibe deine eigene Adresse drauf und stecke ihn in den nächsten Briefkasten. Morgen oder übermorgen kannst du dann diesen Brief in deiner Post finden, ihn öffnen, laut vorlesen und dich noch einmal daran erfreuen.

Dann empfängst du die Liebe, die du dir jetzt gibst.

Souling mit inneren Bildern

Im Souling-Prozeß spielt neben der Arbeit mit dem inneren Kind, die wir schon ausführlich kennengelernt haben, auch die Beschäftigung mit inneren Bildern eine große Rolle.

In inneren Bildern zeigen sich die Prozesse unserer Seele besonders plastisch. So wie nächtliche Träume in ihren Symbolen oftmals Gefühle und Konflikte auf den Punkt bringen, kann auch im Souling diese Arbeit mit Bildern der Seele die eigene Entwicklung fördern. Wenn wir uns am Anfang des Soulingprozesses ins Spürbewußtsein vertieft haben, kommen manchmal schon von ganz allein solche inneren Bilder. Wir können uns aber auch bewußt entschließen, an diesem Punkt auf die symbolische Ebene zu gehen, um unser inneres Erleben auf dieser Bühne zu konkretisieren. Auch in diesem Fall bleibt unser Körpergefühl oder Körperecho das Zentrum des Prozesses, es gibt aber darüber hinaus für die verschiedenen möglichen Bilderprozesse spezielle Interventionen und Frageschemata, die du in diesem Kapitel kennenlernen kannst. Gleichzeitig sind diese Anleitungen ein Training für deine Phantasiewelt, ähnlich wie die Schreibdialoge am Anfang des Buches. Sie trainieren deine rechte Gehirnhälfte, deine Intuition, Kreativität und Phantasie und machen dich noch stärker mit deiner Seele vertraut.

Du erlebst dich auf dieser inneren seelischen Ebene so wie im nächtlichen Traum: die Gesetzmäßigkeiten des Alltagslebens werden unwichtig, und die Seele benutzt alle möglichen Bilder und Symbole, um innere Zustände und Gefühle auszudrücken, um dir etwas mitzuteilen. Diese Bilder und Symbole sind uns aus Märchen, Geschichten und Mythen vertraut.

Bei der Arbeit mit inneren Bildern wirst du zum kreativen Künstler, der sein Innenleben ausdrückt – und das allein ist schon ein Gegenmittel gegen unsere Tendenz, von unangenehmen Zuständen wegzuschauen oder sie loswerden zu wollen. Innere Bilder kommen nicht immer von ganz allein. Sie können angeregt und – was noch wichtiger ist – aktiv gestaltet werden, um das seelische Erleben anschaulich zu machen. Zu Menschen, die sich beklagen, daß sich von selbst keine Bilder einstellen, sage ich immer, sie sollten sich vorstellen, sie wären ein Maler vor der Leinwand und würden ein Bild malen. Das Unterbewußtsein und die Seele malen dabei immer mit. Diese aktive Beteiligung ist auch deshalb so wichtig, weil wir nicht aus reiner Neugier eine Geschichte entwerfen, sondern immer von einem problematischen Körperecho ausgehen, das wir explizieren und gestalten wollen.

Im Souling gibt es für diese Arbeit mit inneren Bildern fünf Wege: das pränatale Souling – eine Phantasiereise, auf der man die Zeit von der eigenen Empfängnis bis zur Geburt nacherlebt –, das Traumbewußtsein, die Abenteuer in inneren Landschaften, das Phantasiedrama – wir verdeutlichen unseren inneren Konflikt, indem wir ihn in eine andere Umgebung stellen – und die Todes-Phantasie.

Wichtig ist dabei nicht, ob diese inneren Bilder realen Ereignissen entsprechen. Es ist egal, ob deine Geburt vielleicht ganz anders aussah. Auch die Frage, ob es tatsächlich so etwas wie Reinkarnation und frühere Leben gibt, ist für unser Anliegen ohne Bedeutung. Wir nehmen diese inneren Bilder und Erlebnisse als sinnvolle symbolische Abbildungen innerer Themen und gehen davon aus, daß alle Bilder ihren Sinn haben und nicht zufällig sind.

Die eigene Geburt – eine Phantasiereise

Wenn du die folgende Phantasiereise machst, dann frage dich währenddessen nicht, ob deine Bilder «wahr» oder «unwahr» sind, sondern phantasiere und spinne einfach unzensiert drauf-

los. Wenn du dir die Bilder hinterher anschaust, wirst du spüren, welche wichtig sind und dir vielleicht neues Seelenthema
geben und welche im Moment ohne Bedeutung sind. Unter-
nimm diese Phantasiereise am besten, wenn du neugierig auf
das Thema «Wie war es im Mutterleib?» bist. Du kannst sie – wie
die anderen Übungen – auf Tonband sprechen und dann in der
Entspannung anhören, du kannst sie dir von einem Freund oder
einer Freundin vorlesen lassen oder aber sie einfach selbst lesen.
In diesem Fall lies bitte langsam, spüre immer wieder in deinen
Körper hinein und nimm deinen Atem wahr. Dann liest du «er-
lebend», und dabei kann auch etwas in dir geschehen.

In der partnerschaftlichen Arbeit nimmst du in der Rolle des
Begleiters die Fragen und Anweisungen wie gewohnt als *führende Intervention* und begleitest den Klienten zwischen den Fragen mit *folgenden Interventionen*.

Phantasiereise

Stell dir vor, du schwebst als Seele, als ungebundener Geist
im Kosmos. Du fühlst dich ganz wohl und frei. Nun spürst du
einen Sog und wirst in Spiralen immer mehr zur Erde gezogen, bis du unter dir deine Mutter und deinen Vater siehst,
wie sie gerade Liebe machen, miteinander schlafen und dich
zeugen.

Schau genau hin, was du siehst. Wie gehen sie miteinander
um? Sind sie sexuell frei und offen – oder verklemmt und
schämen sich? Lieben sie sich, oder geht es nur um Sex? Merken sie, daß du ankommst, oder nehmen sie dich gar nicht
wahr?

Jetzt gehe mit deinem Bewußtsein in einen Samen im Inneren deines Vaters und stelle dir vor, wie du im Orgasmus ex-
plosiv in die Gebärmutter deiner Mutter hineingeschossen
wirst. Du strengst dich an, zur Eizelle zu schwimmen und bist
der Samen, der es schließlich schafft, als erster das Ei in deiner Mutter zu erreichen. Wie fühlst du dich als dieser Samen?
Wie fühlst du dich auf diesem Weg? Wie fühlst du dich, wäh-

rend du dich immer mehr dem Ei näherst? Gibt es ähnliche Gefühle in deinem Leben?

Sei nun die Eizelle deiner Mutter, die darauf wartet, daß ein Samen deines Vaters in sie eindringt. Wie fühlst du dich als Ei? Wie fühlst du dich bei der Vorstellung, daß der Samen in dich eindringen wird? Wie fühlst du dich, als du den Samen auf dich zukommen siehst? Kennst du solche Gefühle aus deinem Leben?

Als die Samenzelle in das Ei eindringt, verbindet sich die Erbinformation aus den Samenfadenkopf mit der der Eizelle, wie in einer Explosion entsteht eine neue Zelle, und das bist du. Wie fühlst du dich bei dieser Vorstellung? Was macht dein Körpergefühl?

Jetzt beginnt eine Reise von einigen Tagen, bis du schließlich in die große, dunkle Gebärmutter kommst und erst einmal in dieses große Loch fällst. Du schwimmst in einer Flüssigkeit wie in einem großen Meer, in dem du dich geborgen fühlen kannst. Oder hast du Angst und fühlst dich verloren? Welche Bilder kommen dir?

Langsam suchst du nach einem Ort an der Gebärmutterwand, an dem du dich einnisten kannst. Wie geschieht das bei dir? Ist die Gebärmutterwand einladend, ist es leicht, einen Platz für dich zu finden? Oder erlebst du sie als kalt und abweisend? Mußt du verschiedene Plätze ausprobieren? Suchst du dir aktiv einen Platz oder fühlst du dich von der Gebärmutterwand eingesogen? Gibt es Parallelen dazu in deinem Leben?

Dann kommt die Zeit des Wachstums. Neun Monate liegst und schwimmst du jetzt hier in der Gebärmutter, umhüllt von der Plazenta und ernährt durch die Nabelschnur deiner Mutter. Es kann paradiesisch schön sein, es können aber auch unangenehme Dinge geschehen: Gifte wie Nikotin und Alkohol, die deine Mutter zu sich nimmt, können dich durch die Nabelschnur überfluten, oder Ängste und Wut deiner Mutter können deinen Organismus mitbeeinflussen. Außerdem kannst du manchmal Stimmen und Gespräche hören, die außerhalb des Bauches geführt werden. Kannst du deinen Vater hören? Gibt es traumatische oder schwierige Ereignisse drinnen oder draußen?

Manchmal sterben auch Zwillinge im Mutterleib, mit denen wir ganz eng verbunden waren und von denen wir gar nichts wußten. Wir haben uns wunderbar vertraut gefühlt, und nun ist es ein Schock, daß sie sterben. Manche Menschen tragen lebenslang eine Sehnsucht nach diesem toten Zwilling mit sich oder fühlen sich schuldig, weil sie überlebt haben und der andere tot ist. Schau einmal, ob auch dir dazu Bilder und Phantasien einfallen.

Was kommen dir noch für Bilder für diese Zeit in der Gebärmutter? Du kommst in den ersten Monat, in den zweiten, dritten, vierten, fünften, sechsten, in den siebten, und es wird schon etwas enger, in den achten, und es wird noch enger – und in den neunten: nun wird es ganz eng, und du fühlst, daß sich bald irgend etwas ändern wird.

Nun ist es soweit. Die Wehen deiner Mutter fangen an. Du fühlst dich gequetscht, der Muttermund ist noch nicht geöffnet, so daß der Druck sehr unangenehm werden kann. Wie stellst du dir das vor? Wie fühlt es sich in deinem Körper an?

Dann öffnet sich der Muttermund, du gehst – Kopf voran – wenn du nicht eine Steißgeburt bist – immer weiter nach unten, der Druck auf deinen Kopf wird größer und größer – und auf einmal weißt du nicht weiter. Irgend etwas läuft schief! Irgendwann begreifst du, daß du deinen Kopf drehen mußt, anders kommst du nicht raus. Du drehst deinen Kopf und auch deinen ganzen Körper. Auf welche Seite? Nun kommt der Kopf raus. Wenn du im Krankenhaus geboren wirst, ist das Licht wahrscheinlich blendend hell, und dir werden vielleicht sofort Tropfen in deine Nase getan.

Jetzt geht es noch darum, die Schultern und den übrigen Körper herauszubekommen. Wieder mußt du dich dabei etwas drehen und – endlich –, du hast es geschafft! Vielleicht wirst du jetzt an den Füßen hochgehoben, bekommst einen Klaps auf den Hintern, weil du schreien und durchatmen sollst, wirst sofort gewogen und gemessen, darfst dann vielleicht fünf Minuten auf dem Bauch deiner Mutter liegen, die vielleicht noch ganz benommen ist von Medikamenten, und wirst dann schmerzlich von ihr getrennt. Was für ein unfreundlicher und unsensibler Empfang für ein neues Leben auf dieser Erde! Aber vielleicht hast du es ja besser gehabt! Wie war es bei dir? Was kommen dir für Bilder?

Wie fühlt es sich an, aus dem Bauch herauszukommen?

Wie fühlt es sich an, als deine Nabelschnur durchschnitten wird?

Wie fühlt sich dein erster Atemzug an? Und wie fühlt es sich an, als du zu deiner Mutter gelegt wirst?

Wie fühlt es sich an, als du ihr wieder weggenommen wirst und von ihr getrennt in ein Kinderbett kommst? Kennst du diese Gefühle aus deinem Leben?

Was für Grundglaubenssysteme wurden bei deiner Geburt geprägt? Wie fühlt sich das alles in deinem Körper an?

Am besten schreibst du deine Erlebnisse dieser Phantasiereise auf und bedenkst sie zu einem späteren Zeitpunkt. Betrachte sie dann noch einmal aus einer größeren Distanz, und frage dich, was die Bilder und Antworten für dein Leben zu bedeuten haben.

Das Traumbewußtsein

Du kannst im Spürbewußtsein auch auf eine Phantasie- und Bilderebene gelangen, die der des nächtlichen Traums ähnelt. Das geschieht ja gelegentlich beim Ansprechen von Gefühlen, wenn Gefühl wie ein Wesen vor dir steht, das lacht, böse schaut, das du heilend berühren oder dich ihm ganz hingeben kannst. Auf dieser Traumebene erleben wir unsere Wut nicht als Kindheitsszene in der Gestalt des negativen Vaters, sondern als einen bösen König – und uns vielleicht als Königssohn oder -tochter, die negative Mutter vielleicht in der Gestalt einer Hexe oder Stiefmutter – so wie im Märchen. Die Arbeit auf dieser Bilderebene ist ebenso hilfreich wie die der biographischen Ebene und bringt manchmal sogar noch mehr Spaß und tiefere Einsichten. Unsere Grundmuster, verdrängten Gefühle und tiefen Glaubenssysteme kommen auch bei dieser Arbeit zum Vorschein.

Auch bei dieser Arbeit sollte es immer wieder einen Wechsel zwischen der Identifikation mit dem inneren Erleben und der Identifikation mit dem bewußten Ich, aus dem wir prüfen können, wo wir gerade sind und in welche Richtung der Prozeß weitergehen könnte, geben. In der partnerschaftlichen Arbeit übernimmt der Begleiter diese Rolle.

Manchmal gelingt es uns im Nachttraum, uns mit dem bewußten Ich zu identifizieren. Das nennt man das «luzide» Träumen: Man träumt und weiß zur gleichen Zeit, daß man träumt, und kann vom bewußten Ich her entscheiden, wie der Traum weitergehen soll. Solch eine Erfahrung ist sehr eindrucksvoll und scheint auch das seelische Wachstum sehr positiv zu beeinflussen. Viele Menschen haben in ihrem Leben schon solche Traumerfahrungen gemacht, aber es gelingt nur wenigen, dies öfter zu erleben. Die meisten von uns können diesen Zustand eher in der inneren Achtsamkeit erleben. Wir könnten unser inneres Erleben, das hauptsächlich auf der Bilderebene stattfindet, auch «Tagtraum» nennen. Auch ein Nachttraum kann in den Soulingprozeß integriert werden, indem man ihn noch einmal in innerer Achtsamkeit erzählt und dabei sowohl für die Wahrnehmung seines Körpergefühls als auch für neue Erlebnisrichtungen des Traums offen ist. Es ist hilfreich, den Traum noch einmal so wiederzuerleben, wie man ihn geträumt hat, und ihn dann ein zweites Mal mit Veränderungen durchzugehen. Diese Arbeit mit Träumen können durch Regeln unterstützt werden, wie sie die Senoi entwickelt haben. Dieser Südseestamm hat ein festes Ritual, wie Träume in den Alltag integriert werden können. Ihre Regeln gelten für Tag- und Nachtträume und können außerdem für jeden Prozeß auf der Bilderebene – nicht nur für Träume – genutzt werden:

1. Nie vor Feinden weglaufen

Entweder muß man sich Feinde zu Freunden machen, die einem helfen oder dienen, oder aber man muß sie töten. Es ist natürlich besser, Feinde zu Freunden zu machen, denn wir können davon ausgehen, daß diese Feinde ein Teil unserer eigenen Psyche sind. So kann beispielsweise ein wildes Tier gezähmt werden und uns mit seiner Kraft helfen. Oder aber wir lassen uns von unserem Feind ein Geschenk als Zeichen seiner Unterwerfung geben. Dennoch ist es manchmal wichtig, daß wir den Kampf wagen und bis zum äußersten gehen, d. h. den Feind töten. Dann können wir ihn als ein freundliches Wesen auferstehen lassen, das die ursprünglich feindliche Energie nun zu unserem Besten einsetzt.

2. Geschenke mitbringen

Man sollte aus jedem Traum ein Geschenk mitbringen, das die Gemeinschaft bereichert, einen schönen Gegenstand, ein Gedicht oder ein Lied. Wir können davon ausgehen, daß jeder Traum und Tagtraum etwas Schönes und Wertvolles zeigen will, und dieses Wertvolle sollten wir sehen und achten lernen.

3. Das Fallen in Fliegen verwandeln

Viele Leute erleben in Träumen, daß sie fallen, und meistens wachen sie voller Angst auf. Wenn es einem gelingt, bewußt bei diesem Fallen zu bleiben, kann man es in ein angenehmes Fliegen verwandeln. So gut es ist, sich im Traum und Tagtraum das Bedrohliche genau anzuschauen, so sinnlos ist es, in diesem Negativen zu versinken. Gerade die Verwandlung vom Fallen zum Fliegen macht deutlich, wie aus Bedrohlichem etwas Angenehmes und Lustvolles werden kann.

4. Sexualität genießen

Wenn man im Traum mit einem anderen Menschen sexuell zusammen ist, sollte man das so lustvoll wie möglich erleben und bis zum Orgasmus ausdehnen. Falls man mit Mutter, Vater oder Geschwistern schläft, mit einem Menschen des gleichen Geschlechts oder sich in wildesten Orgien badet, braucht man keine Schuldgefühle zu empfinden. Für unsere Traumwelt ist das vollkommen normal, nur unser Tagesbewußtsein runzelt dabei die Stirn! Und etwas auf der Traumebene zuzulassen und zu erleben ist etwas ganz anderes, als es in der Wirklichkeit auszuagieren.

5. Ins Positive transformieren
Ganz allgemein ist es gut, jeden Traum zu einem freudvollen und bereichernden Erlebnis zu gestalten. Jede negative Stimmung kann in eine positive umgewandelt werden. Wir sollten zwar vom Negativen lernen, es genau anschauen und auf keinen Fall weglaufen. Haben wir uns aber damit konfrontiert, können wir es in etwas Schönes und Wertvolles verwandeln.

Abenteuer in inneren Landschaften

Manchmal kann sich dein Körperecho deutlicher ausdrücken, indem es für sich eine Landschaft entwirft. Wenn du z. B. gerade depressive und traurige Gefühle erforscht, kann aus deinem Körperecho das Bild eines dunklen, trostlosen Moores entstehen. Du kannst dann diese Moorlandschaft immer gründlicher erforschen, so daß sie immer plastischer wird, kannst in dieser Landschaft herumwandern und sie immer besser kennenlernen. Vielleicht mußt du dort etwas tun oder eine Mutprobe bestehen – und schließlich ändert sich dein inneres Gefühl. So hast du ein Stück der depressiven Stimmung durchgearbeitet, ohne daß du zu deinem inneren Kind zurückkehren mußtest.

Bei solchen Abenteuern auf der Bilderebene wirst du dich natürlich am geschütztesten fühlen, wenn du von einem Freund oder einer Freundin beim partnerschaftlichen Souling begleitet wirst. Für die Selbsthilfe ist dementsprechend besonders wichtig, daß du dein bewußtes Ich oder auch das Bild der Seelen-Führung oder des Seelen-Selbst als Begleitung, Unterstützung und Hilfe mit auf die Reise nimmst. Du kannst dich immer mit ihnen austauschen und um Rat fragen. Außerdem können sie dir auf der Bilderebene «Hilfsmittel» wie Taschenlampen, Seile, Werkzeuge oder Waffen anbieten. Denn häufig geht es auf der Bilderebene darum, sich mit dunklen Höhlen, tiefen Abgründen, unbezwingbaren Bergen, umheimlichen Begegnungen, wilden Tieren usw. zu konfrontieren und diese Situationen zu bewältigen – wie wir es aus Märchen, Träumen und Fabeln kennen.

Wenn es dir zu schwer erscheint, den angstbesetzten Reiz offensiv anzugehen, ist folgendes immer möglich: Du bleibst in dem inneren Bild, begleitet von deiner Seelen-Führung, setzt dich hin und schaust das Angstbesetzte nur an. Hilfreich ist auch ein magischer Zauberstab, mit dem du einen Kreis um dich schlagen kannst, in dem du vor Menschen oder Tieren, die dich bedrohen, geschützt bist.

Die folgenden Beispiele sind Ausschnitt aus einer partnerschaftlichen Sitzung mit einem Begleiter. Nimm die Äußerungen des Begleiters als Modellsätze, die du als bewußtes Ich dir selbst sagen könntest.

Beispiel 1
Klient (ist einen dunklen Tunnel hinabgestiegen): «Jetzt wird es noch dunkler, und ich bekomme immer mehr Angst.»
Begleiter: «Ja, immer mehr Angst. Spürst du die Angst irgendwo im Körper?»
Klient: «Ja, das gleiche Gefühl wie vorhin im Bauch, und außerdem schnürt es mir die Kehle zu.»
Begleiter: «Dann spür das noch einmal und laß deinen Atem ganz in diese Empfindungen hineinfließen. Meinst du, wir können da noch weiter gehen? Hast du den Zauberstab dabei?»
Klient: «Ja. Den hab ich noch. Ich habe auch ein sicheres Gefühl und kann noch weiter.»

Begleiter: «O. k., dann laß uns noch ein paar Schritte machen.»

Klient: «Oh, oh . . . Jetzt kommen so furchtbare Monster von allen Seiten auf mich zu. Ich habe solche Angst.»

Begleiter: «Dann setz dich jetzt da, wo du bist, hin und schau mal genau hin, wie denn diese Monster aussehen.»

Klient: «Die haben so furchtbare Augen, so richtig glühende Augen, und gucken mich so unheimlich an.»

Begleiter: «Spüre noch einmal deinen Körper. Achte darauf, daß du den Atem nicht anhältst und versuche, den Monstern ganz direkt in die Augen zu schauen. Spüre richtig, wie eine aktive Energie aus deinen Augen herauskommt.»

Klient: «Ja, das kann ich spüren. Jetzt entspannt sich etwas in meinem Bauch, und die Monster werden irgendwie kleiner. Sie sind weniger wild, und ich habe nicht mehr solche Angst vor ihnen.»

Begleiter: «Ganz erleichtert? Laß uns doch noch mal schauen, wie es jetzt im Körper aussieht.»

Klient: «Der Druck im Bauch ist weg, und die Kehle fühlt sich auch locker an. Aber da ist noch etwas. Ich bin zwar nicht mehr ängstlich, aber in der Atmosphäre ist noch etwas Unheimliches. Ich glaube, ich muß noch weiter gehen. Irgend etwas wartet auf mich.»

Beispiel 2

Klient: «Oh, jetzt komme ich an einen Abgrund, jetzt geht es gar nicht mehr weiter, und ich habe richtige Panik.»

Begleiter: «O. k., da ist jetzt ganz viel Angst. Stell dir vor, ich bin jetzt neben dir und fasse dich an der Hand. Laß uns erst einmal entspannen und schauen, was denn solche Angst macht.»

Klient: «Der Abgrund ist so schwarz und so tief.»

Begleiter: «Kannst du da richtig runtergucken?»

Klient: «Nein, so weit wage ich mich da gar nicht ran.»

Begleiter: «Wollen wir zusammen noch einige Schritte vorwärts machen und mal ganz genau nach unten schauen?»

Klient: «Ja. Jetzt bin ich direkt an der Kante. Es geht unheimlich tief. Man kann gar kein Ende sehen.»

Begleiter: «Wie fühlst du dich jetzt im Körper?»

Klient: «Mein Bauch ist ganz angespannt.»

Begleiter: «Kannst du noch mal versuchen, ganz in den Bauch hineinzufühlen und den Atem ganz zuzulassen? Ich leg meine Hand dazu auf deinen Bauch.»

Klient: «Ja, es wird besser. Ich werde ruhiger.»

Begleiter: «Was hältst du davon, wenn ich dir jetzt ein dickes Seil um den Körper binde und du dich ganz langsam und vorsichtig den Abgrund hinabseilst?»

Klient: «Ja, das könnte gut sein. Aber ich habe Angst.»

Begleiter: «Ich halte ganz fest, und sobald du schreist oder pfeifst oder ‹Stopp› sagst, ziehe ich dich wieder hoch.»

Klient: «O. k. Dann fang ich an, langsam hinabzusteigen. Ist gar nicht so schlimm.»

Begleiter: «Achte auf deinen Atem. Bist du noch am Klettern?»

Klient: «Ja, und jetzt wird es heller. Ich kann sogar unten einen Fluß erkennen.»

Begleiter: «Aha, einen großen Fluß?»

Klient: «Ja, ich bin jetzt hineingesprungen und schwimme hier im Wasser. Oh, das ist herrlich. Das Wasser ist ganz wild, und ich habe keine Angst.»

Begleiter: «Du kannst das Wilde richtig genießen, ohne Angst?»

Klient: «Ja, das ist toll!»

Begleiter: «Wie fühlt sich jetzt dein Körper an?»

Klient: «Ganz kribbelig. Alles ist ganz lebendig. Und auch der Bauch strömt so herrlich!»

Eine Reise durch die innere Landschaft

Mit der folgenden Phantasiereise will ich dir Gelegenheit geben, selbst den Soulingprozeß auf der Bilderebene zu erleben. Ich werde dich zu Themen führen, die häufig für die Arbeit auf der Bilderebene (z. B. im katathymen Bilderleben nach Carl Leuner) benutzt werden. Fühle dich frei, all die Bilder und Erlebnisse in dir aufsteigen zu lassen, die dir dein Unbewußtes schickt. Du kannst diesen Prozeß im Sitzen oder auch im Liegen durchführen. Atme im Liegen zunächst etwas stärker durch den Mund.

Wenn du die Phantasiereise ohne Begleiter machst, dann lies zunächst eine Frage oder Anweisung, schließe dann die Augen und konzentriere dich auf dein inneres Erleben. Du kannst dabei auch die Interventionen aus dem Kapitel über das Spürbewußtsein nutzen. Beim partnerschaftlichen Souling liest der Begleiter die Anweisungen und Fragen vor und arbeitet zwischen den Fragen mit *folgenden Interventionen*. Für die Arbeit auf der Bilderebene ist besonders das *Genauern* wichtig, damit das Erleben des Klienten voller und plastischer wird.

Phantasiereise

Lege oder setze dich hin und führe eine der Methoden zum *Raumschaffen* durch. Du bist jetzt in deinem bewußten Ich, das während der ganzen Bilderreise als innerer Therapeut und Regisseur aktiv bleibt. In schwierigen Situationen kannst du deine Seelenführung um Rat und Hilfe bitten. Achte die ganze Zeit auf dein Körperecho.

Suche dir ein belastendes Gefühl, das dir in der letzten Zeit zu schaffen gemacht hat. Lokalisiere es im Körper und bilde dazu dein Körperecho. Bitte deine Seelenführung, dir ein Bild einer Landschaft zu geben, das diesem Gefühl gerecht wird. Ist es eine flache Landschaft, oder ist sie gebirgig? Ist sie am Wasser oder ist sie eine Wüste? Erlebe diese Landschaft und bewege dich in ihr. Vielleicht wartet ein Abenteuer.

Irgendwann wirst du in dieser Landschaft auf eine Wiese kommen. Wie sieht deine Wiese aus? Ist sie saftig und grün oder von ganz anderer Art? Schau, was du auf der Wiese machen willst, und tue es.

In der Nähe der Wiese wirst du einen Wald sehen. Wage dich an der Stelle in diesen Wald hinein, an der er immer dichter und tiefer wird. Laß dir von deiner Seelenführung ein Bild von einem wilden Tier oder einem Ungeheuer geben, mit dem du dich konfrontieren mußt. Denk dabei an die Regeln, die im Kapitel über das Traumbewußtsein erläutert worden sind.

Als du wieder aus dem Wald heraustrittst, kommst du an einen Berg. Wie sieht der aus? Ist er steil oder flach? Gibt es dort einen Weg, oder mußt du richtig klettern?

Auf der Hälfte des Weges siehst du den Eingang zu einer großen Höhle. Du gehst hinein und erforscht diese Höhle. Nimm eine Taschenlampe oder eine Fackel mit, damit du etwas sehen kannst. Ist es eine umheimliche, glitschige Höhle, in der es gefährlich oder unheimlich ist, oder kommst du in einen Raum, der vor Edelsteinen glitzert?

Wenn du die Höhle genügend erforscht hast, komm wieder heraus ins Tageslicht und wandere weiter den Berg hinauf – bis du auf seinen Gipfel kommst. Wenn du oben bist, sieh dich in alle Himmelsrichtungen um und schau, wie von dort oben all deine Landschaften aussehen.

Dann ist es wieder Zeit zum Abstieg, du nimmst jetzt einen anderen Weg. Nach einer Wegbiegung siehst du vor dir eine Quelle. Schau genau hin, wie deine Quelle aussieht. Sprudelt sie klar und kräftig oder ist es nur ein kleines Rinnsal?

Du wanderst den kleinen Bach, der an der Quelle entspringt, entlang. Er wird breiter und breiter, und du wanderst durch verschiedenste Landschaften. Schließlich siehst du am Wasser ein Haus. Schau genau hin, wie dieses Haus aussieht. Wie viele Stockwerke hat es? Ist es groß wie ein Schloß, oder ist es eine kleine Blockhütte? Gehe in das Haus hinein, und erkunde alle Zimmer.

Als du wieder aus dem Haus herauskommst, siehst du auf dem Fluß vor dem Haus ein Boot. Du setzt dich hinein und fährst flußabwärts durch viele verschiedene Landschaften. Was erlebst du dabei?

Schließlich kommst du an die Stelle, an der der Fluß in den Ozean mündet. Dort machst du erst einmal halt, gehst an Land und triffst vielleicht auch Menschen. Wie sieht dort die Landschaft für dich aus? Ist dort ein Strand oder sind es Wiesen? Was für Leute triffst du, und was machst du mit ihnen? Wie fühlst du dich mit ihnen?

Zum Abschluß recke und strecke dich, und komme langsam und vorsichtig wieder in den Raum zurück.

Am besten schreibst du jetzt deine ganze Reise auf. Beim Nachdenken über deine Bilder kannst du für dich die Bedeutung der folgenden Symbole überprüfen. Dabei gibt es keine eindeutige Zuordnung zwischen Symbolen und individueller Bedeutung. Jeder Mensch ist anders, und allgemeine Zuordnungen können immer nur Hinweise sein. Ausschlaggebend ist, was dein Körperecho dazu sagt. Meist werden den Motiven diese Bedeutungshorizonte und Fragestellungen zugeordnet:

Wiese: Wie geht es dir mit «Entspannung und Wohlfühlen»?

Wald: Wie geht es dir mit deinen Ängsten und Schatten?

Berg: Wie geht es dir in bezug auf Leistung?

Höhle: Kann ein Hinweis auf vorgeburtliche Zeit sein. Wie geht es dir mit Mutter Erde? Triffst du dort Schattenfiguren?

Berggipfel: Wie sieht deine ganze seelische Landschaft aus?

Quelle: Wie geht es dir mit deiner Vitalität?

Haus: Wie siehst du deine ganze Persönlichkeit?

Fluß: Wie fühlst du dich auf dem Wasser, auf dem Fluß deiner Gefühle oder auf dem Fluß deines Lebensweges?

Mündung: Wie geht es dir mit dem Ozean, dem Ganzen? Wie geht es dir mit anderen Menschen, wie ist dein Kontakt?

Eine Reise durch den Körper

Genauso, wie du in der Vorstellung durch eine Landschaft wandern kannst, kannst du auch durch deinen Körper reisen und dabei aufschlußreiche Bilder von inneren Organen und Körpersystemen wahrnehmen. Ähnliches hast du schon erlebt, als du bei den Schreibdialogen ein krankes Organ sich hast ausdrükken lassen. In diesem Abschnitt möchte ich dir ein Schema zeigen, wie du bei einer solchen Körperreise vorgehen kannst, und zwar anhand eines Beispiels: Die Klientin Ulrike will sich mit einem Organ, und zwar mit dem Herzen auseinandersetzen. Du kannst dich in einer Sitzung aber auch mit mehreren Organen beschäftigen.

1. Raumschaffen

Schaffe durch eine dir gemäße Methode Raum.

Beispiel: Ulrike legt sich hin und macht zehn tiefe Atemzüge.

2. Das Organ spüren und ein Bild kommen lassen

Spüre zu dem Organ hin, mit dem du dich beschäftigen willst. Lasse den Atem in das Organ hineinfließen, und lasse ein Bild von diesem Organ entstehen. Das Bild kann realistisch oder symbolisch sein.

Beispiel: Ulrike hatte die letzten Tage ein ganz geschlossenes und verpanzertes Gefühl in der Brust. Sie möchte sich deswegen mit ihrem Herzen beschäftigen. Als sie zum Herzen hinfühlt und hineinatmet, erhält sie ein Bild von einer mittelalterlichen Burg mit hohen Mauern.

3. Das Bild genauern

Genauere das Bild, so daß es immer deutlicher und plastischer wird.

Beispiel: Ulrike fragt sich weiter, wie die Burg denn genau aussieht. Sie kann sehen und spüren, wie dick und fest die Mauern sind, daß der Stein irgendwie kalt ist, daß die Burg auf einen feindlichen Angriff wartet und im Innersten Gemach eine Burgfrau wohnt, die sich sehnlichst wünscht, aus dieser Burg befreit zu werden.

4. Das Bild ansprechen

Sprich das Bild des Körperteils direkt an: «..., ich nehme dich wahr, und ich fühle dir gegenüber...» Stelle Fragen wie: Warum bist du so? Was willst du mir sagen? Was wünscht du dir von mir?

Beispiel: Ulrike sagt: «Hallo Burg, ich sehe dich, und ich mag deine Festigkeit nicht!» Darauf spürt sie, daß die Burg traurig wird und sagt: «Aber ich habe dir doch so geholfen. Du wolltest doch, daß du nicht verletzt wirst. Du hast mich doch gebaut, ich wäre viel lieber eine kleine Hütte geblieben!» Damit ist schon eine Antwort auf die Frage «Warum bist du so?» gegeben. Auf die Frage «Was willst du mir sagen?» schaut die Burgfrau aus einem inneren Fenster und ruft: «Bitte, laß mich raus. Befreie mich!» Auf die Frage: «Was wünschst du dir von mir?», kommt die Antwort: «Schütz dich nicht so stark gegen mögliche Verletzungen und laß meine Mauern kleiner werden.»

5. Heilende Berührung in der Imagination

In der Vorstellung berühren Hände den betreffenden Körperteil auf eine heilende Weise. Du kannst dabei aus der Entfernung Energie aus deinen Händen strahlen lassen. Du kannst den Körperteil berühren und massieren oder aber nur halten.

Beispiel: Ulrike bestrahlt in der Vorstellung mit ihren Händen die Burg und sieht, wie sich diese dabei langsam in eine kleine romantische Hütte zurückverwandelt. Die Tür geht auf, und die frühere Burgfrau kommt lächelnd heraus, nickt Ulrike zu und dankt ihr für die Verwandlung. «Nun bin ich wieder frei, zu kommen und zu gehen, wie ich es möchte», sagt sie. Ulrike ist sehr berührt und fühlt sich in der Brust befreit und geweitet. Ihr Atem wird dabei ganz spontan größer und stärker in der Brust.

6. Reale Berührung

Lege dann in der Realität deine Hände auf den betreffenden Körperteil und gib ihm Energie und Wärme. Wenn du mit einem Begleiter arbeitest, kann dieser das tun.

Beispiel: Ulrike legt ihre Hände auf die Brust und spürt ihr Herz darunter schlagen. Für einige Minuten stellt sie sich vor, dem Herzen mit den Händen Energie und Wärme zu geben. Die Brust wird dabei noch etwas freier.

Auf diese Weise kannst du mit allen möglichen Körperteilen und Organen sprechen, besonders, wenn sie erkrankt sind.

Eine weitere Möglichkeit der Körperarbeit sind innere Dialoge zwischen zwei Körperhälften, wie beispielsweise zwischen der unteren und oberen. Dabei steht dann die obere Hälfte für unseren lichten Teil, unseren «Helden», und der untere Teil für unseren unbewußten, instinktmäßigen und dunklen Teil, unseren «Dämon». Oder aber die linke und die rechte Körperhälfte: Hier steht häufig die rechte Körperhälfte für die männliche Seite, den Verstand, die Vernunft, die Aktion; die linke Hälfte für die weibliche Seite, das Gefühl, die Intuition und das Chaotische. Diese Körperhälften kannst du z. B. in innerer Achtsamkeit miteinander sprechen lassen.

Auf die gleiche Weise kann eine schwangere Frau mit ihrem Kind im Bauch sprechen. Einige Frauen tun das ganz instinktiv, nehmen z. B. Kontakt auf, indem sie die Hände auf den Bauch legen und nach innen spüren, welche Reaktionen oder Stimmungen von innen antworten. Viele Frauen wissen aber nicht um diese Möglichkeit, mit der Seele des Kindes in einen Dialog zu treten, oder schämen sich vor anderen oder ihrem inneren Kritiker, so daß Mutter und Kind gar nicht in den Genuß dieses Dialoges kommen, der beiden ein Gefühl von Kontakt und Nähe geben könnte.

Wenn du also ein Kind erwartest, dann kannst du es genauso ansprechen wie deine inneren Gefühle oder Organe. Natürlich kannst du nicht genau entscheiden, ob du nun wirklich die Seele deines Kindes ansprichst und hörst. Vielleicht ist es einfach ein Dialog in deiner Phantasie. Aber das ist nicht wichtig. Ganz sicher werden deine Sensibilität, Achtsamkeit und Liebe sowie dein Respekt durch solch einen Dialog wachsen. Und das kommt deinem Kind auf jeden Fall zugute.

Das Phantasie-Drama

Eine andere Möglichkeit, auf der Ebene innerer Bilder weiter an einem problematischen Körpergefühl zu arbeiten, ist das Phantasieren und Ausgestalten einer dramatischen Geschichte, die deinem Körpergefühl, mit dem du arbeiten möchtest, so plastisch wie möglich Gestalt gibt. Am besten geht das, wenn du die «Bühne» für dieses Drama in eine andere Zeit und vielleicht auch in ein anderes Land versetzt. Ergebnis ist eine Geschichte, die wirkt, wie die Erzählung eines «früheren Lebens». Auf diese Weise verfahren auch Reinkarnationstherapien oder sogenannte Past-Life-Sitzungen. Für den Souling-Prozeß ist es gleichgültig, ob wir die so entstehenden Geschichten wirklich für Erlebnisse eines «früheren Lebens» halten, ob sie aus dem «kollektiven Unbewußten» stammen – aus dem Pool von Bildern, die alle Menschen eines Kulturkreises in ihrem Unbewußten haben – oder ob es einfach persönliche Phantasien sind. Wichtig ist nur die Frage, ob das betreffende Körpergefühl so die Möglichkeit hat, sich auszuformen und zu gestalten, um in seiner Tiefe erlebt zu werden.

Neben dem Inneren-Kind-Souling ist das Phantasie-Drama eine der wichtigen Säulen des Soulingprozesses. Die meisten Menschen, die damit arbeiten, haben das Gefühl, daß sie sich danach auf einer sehr viel tieferen Ebene verstehen und ihre Grundmuster deutlicher erkennen. Besonders aufschlußreich ist es, wenn man eine Serie von mehreren Phantasie-Dramen durchführt, um die Grundmuster und deren Variationen in den verschiedensten Kostümen wahrnehmen zu lernen. Es ist aber wichtig, immer wieder zum Inneren-Kind-Souling zurückzukehren, um die Verbindung der Phantasie-Dramen mit biographischen Ereignissen und den Mustern des alltäglichen Lebens zu erkennen. Das «erdet» die Phantasien wieder.

Wenn du anfängst, mit solchen Phantasie-Dramen zu arbeiten, solltest du zunächst allen Respekt und die Vorbehalte vor der Vorstellung von sogenannten früheren Leben verlieren.

Versuche einfach kreativ mit der Idee eines anderen Lebens in einer anderen Zeit und einem anderen Land umzugehen und draufloszuspinnen. Laß deiner Phantasie freien Lauf. Hinterher wirst du erstaunt sein, was diese Geschichten alles in dir zum Klingen bringen.

Eine gute Vorübung ist das Schreiben eines Märchens über dein «Lebensdrama». Du stellst dir vor, du sitzt in einer Klasse für kreatives Schreiben, versetzt dich einfach in eine andere Zeit und ein anderes Land und versuchst, auf symbolische Art das Grundmuster deines Lebens in eine Geschichte zu spinnen. Laß sie immer mehr zu einem dramatischen Höhe- oder auch Tiefpunkt kommen und erfinde dort eine dramatische Wendung. Vielleicht führt eine gute Fee oder ein guter Zauberer die Geschichte zu einem guten Ende. Solch eine geschriebene Geschichte ist natürlich Ich-näher und vielleicht nicht ganz so überraschend wie ein Phantasie-Drama, das in der tiefen Entspannung oder beim partnerschaftlichen Souling nach einem Atemprozeß entsteht.

Ein konkretes Phantasie-Drama

Mit Hilfe der folgenden Fragen, die durch die Reinkarnationstherapeuten Roger Woolger und John Turner beeinflußt sind, kannst du selbst ein Phantasie-Drama erleben. Entweder sprichst du dir die Fragen auf Tonband, oder du läßt sie dir von einem Freund oder einer Freundin vorlesen. Auf die Frage antwortest du entweder laut oder gibst – wenn du die inneren Erlebnisse nicht laut aussprechen willst – immer dann ein Zeichen, wenn du die Frage für dich beantwortet hast. Du kannst die Fragen aber auch selbst lesen. In diesem Fall lies erst eine Frage, schließe dann die Augen und erfahre sie innerlich, öffne danach wieder die Augen und lies die neue Frage.

Als erstes bauen wir beim Phantasie-Drama eines sogenannten früheren Lebens die Bühne für das betreffende Gefühl, mit dem wir arbeiten wollen, auf. Wir gestalten dieses Gefühl dann in einem Trauma – das kann ein plötzliches Ereignis oder aber auch ein chronischer, längerdauernder Zustand sein – und lassen uns dann in diesem früheren Leben durch den Tod gehen. Dieser Tod ist eine sehr gute Möglichkeit, die Disidentifikation zu lernen und wieder ins bewußte Ich zu kommen. Viele Menschen haben in ihrem Unbewußten Bilder von verschiedenen angstbesetzten und grausamen Toden. Durch das Durchleben verschiedener Tode in den Phantasie-Dramen werden diese Bilder langsam aufgelöst.

Phantasie-Drama
Vorbereitung

Setz dich bequem und gerade hin und führe zunächst eine der Übungen zum Raumschaffen durch. Erforsche dein Thema, an dem du in dieser Sitzung arbeiten möchtest. Erzähle etwas davon oder denke für dich darüber nach. Konzentriere dich auf das Problem und das belastende Gefühl und lokalisiere es in deinem Körper. Erforsche dein Körpergefühl. Wie fühlt es sich im Bauch- und Brustraum an? Gibt es bestimmte Körperstellen, die bei dieser Problematik auf besondere Weise in den Vordergrund kommen? Atme in all diese Empfindungen hinein. Sprich unter Umständen deine Gefühle an und drücke sie in Bewegungen deiner Hände aus. Du kannst alle Interventionen aus der Arbeit im Spürbewußtsein nutzen.

Bitte dein Seelen-Selbst, dir in der folgenden Phantasie ein Bild aus einem früheren Leben zu geben, das mit diesem belastenden Gefühl direkt verbunden ist. Du kannst jetzt schon einmal mit deinem Wachbewußtsein überlegen, in welcher Zeit und in welchem Land die dramatische Geschichte spielen könnte, die dieses Gefühl ausgestalten kann. Würde die Stimmung nach Deutschland, Amerika, Asien, Italien oder Skandinavien passen? Würde eher Mittelalter, Steinzeit, Renaissance, Romantik oder die Neuzeit passen? Stell dir vor, du wärest ein kreativer Schreiber und überlegtest, wo und wann du deine Geschichte spielen lassen würdest. Laß dann all diese Bilder wieder los; sie dienten nur der Vorbereitung. Überlaß dich nun den Bildern, die von selbst kommen wollen.

Rückführung

Lege dich bequem hin. Falls du befürchtest, im Liegen einzuschlafen, kannst du auch sitzen bleiben. Stell dir über deinen Scheitel ein weißes oder goldenes Licht vor, das in deinen Körper hineinstrahlt und dir für diese Reise Unterstützung und Schutz gibt.

Nun stell dir vor, daß du in einer Phantasielandschaft auf einem Weg, einer Straße oder einem Pfad wanderst. Schau genau hin, wie dein Weg aussieht und in was für einer Landschaft er sich befindet. Ist er in den Bergen oder am Ozean? Geht der Weg durch Wiesen an Seen und Wäldern entlang oder durch eine öde und karge Gegend?

Jetzt macht der Weg vor dir eine Biegung, und als du um diese Biegung kommst, siehst du vor dir eine Brücke. Schau genau hin, wie diese Brücke aussieht. Ist sie aus Holz oder Eisen? Geht sie über einen Fluß oder ein Tal? Zähle jetzt von 1 bis 10. Während du zählst, gehst du über die Brücke, und bei 10 wirst du auf der anderen Seite angekommen sein und dich in einer anderen Zeit in einem anderen Land und in einem anderen Körper wiederfinden.

1...2...3...4...5...6...7...8...9...10!

Du bist jetzt in einem anderen Körper, einer anderen Zeit und in einem anderen Land!

Schau an dir hinunter: Was hast du für Schuhe an? Oder bist du vielleicht barfuß? Sind das Männer- oder Frauenfüße? Dann schau höher: Was hast du an den Beinen für Kleidung? Sind es Hosen oder ein Rock? Was für ein Material und was für eine Farbe? Schau noch höher. Wie sind Bauch, Brust und Arme bekleidet?

Jetzt geh aus diesem Körper hinaus, stell dich vor ihn hin und betrachte diese Person von außen. Wie sieht das Gesicht aus? Schau ihm oder ihr in die Augen. Wie sehen sie aus? Was hat diese Person für Haare, was für eine Kopfbedeckung? Wie alt mag sie sein? Sieht sie glücklich, ärgerlich oder depressiv aus?

Nun komm wieder hinein in diesen Körper und spüre ihn von innen. Was für ein Lebensgefühl hast du als diese Person? Schau dich in deiner Umgebung um: Wie sieht die Landschaft um dich herum aus? In welchem Land magst du sein? Spanien, Italien, Norwegen, Rußland, Amerika? Und in welcher Zeit? Noch vor Christi Geburt, im Mittelalter, in diesem Jahrhundert?

Kurze Rückführung

Falls eine solch lange Rückführung nicht paßt, kannst du auch die Kurzform verwenden:

Erlaube deinem Seelen-Selbst, dich in eine frühere Zeit und einen anderen Ort zu versetzen, wo diese Geschichte oder dieses frühere Leben stattfindet. Zähle von 1 bis 10. Bei 10 wirst du dich in einem anderen Körper in einer anderen Zeit und einem anderen Land wiederfinden. 1...2...3...4...5...6...7...8...9...10.

Konkretisierung

Faß noch einmal zusammen:

- Bist du ein Mann oder eine Frau?
- Welches Jahr ist es. Nimm die erste Zahl, die dir in den Kopf kommt.
- Wie ist dein Name? Spinn einfach drauflos.
- Wo lebst du? Welches Land, welche Stadt, welches Dorf?
- Was ist dein Beruf? Bitte dein Seelenselbst, dir Bilder von deinen konkreten Verrichtungen zu geben.
- Welche soziale Position nimmst du in der Gesellschaft ein?
- Hast du eine Beziehung, eine Familie, Kinder und Verwandte?
- Wie fühlst du dich in diesem Leben?
- Welche Person ist dir in jenem Leben am nächsten. Schau sie an und spüre sie. Erinnert sie dich an eine Person aus deinem alltäglichen Leben?
- Stell dir vor, du bist ein kreativer Schreiber und malst jetzt dieses Leben genauer aus. Nimm dir einige Minuten Zeit, um

es dir in all seinen Aspekten vorzustellen. Spüre es, als ob es jetzt geschieht.

Kindheit

(Diese folgenden Fragen solltest du bei deinem ersten Phantasie-Drama benutzen, später kannst du frei entscheiden, ob du sie für notwendig hältst)

Jetzt stell dir vor, daß du für deinen inneren Film eine Schnellrücklauf- und Schnellvorlauftaste wie bei einem Videorekorder hast. Du kannst damit jederzeit in die Vergangenheit oder in die Zukunft. Bestimme zunächst die Phase deines Lebens, über die du etwas sehen willst, sage dir dann «1, 2, 3», und bei drei werden dir Bilder der betreffenden Zeit kommen.

- Lasse jetzt den Film zurücklaufen bis zum Säuglingsalter. Was siehst du? Wie ist die Mutter, wie der Vater? Wie wohnt ihr? Wie sieht die Stube aus? Was für einen Beruf hat der Vater? Hast du Geschwister? 1, 2, 3. Welche Bilder kommen?
- Lasse den Film vorlaufen, bis zu einem Alter von etwa fünf Jahren. Was siehst du? Laß ein Bild von der ganzen Familie beim Essen erscheinen. Wer gehört dazu, und wie ist das Klima? 1, 2, 3.
- Laß den Film vorlaufen bis zu einem Alter von etwa zehn Jahren. 1, 2, 3. Was siehst du?
- Schau dir weitere Stationen jenes Lebens an, bis du das Alter erreichst, das du hattest, als du in diese Geschichte eingestiegen bist.

Trauma

Erlaube deinem Seelen-Selbst, dich erfahren zu lassen, wo du dich gerade befindest, bevor das traumatische Erlebnis geschieht, das das belastende Gefühl hervorgerufen hat, mit dem du in die Phantasiereise hineingegangen bist. Vielleicht ist es nicht nur ein einzelnes Erlebnis, sondern eine Reihe von Erfahrungen. In diesem Fall wird dir eine wichtige Szene begegnen, die zu dem Gefühl gehört und mit der du arbeiten kannst.

- Also, wo bist du jetzt? Wie fühlst du dich?

Erlaube jetzt deinem Seelen-Selbst, dich erfahren zu lassen, welche traumatische Szene geschieht und wie du darauf gefühlsmäßig reagierst. 1, 2, 3.

- Was geschieht genau?
- Was fühlst du?
- Wie sind deine Reaktionen?

Falls du jetzt stärkere Gefühle wie Angst, Wut oder Schmerz fühlst, sprich sie evtl. direkt an und sage ihnen: «Angst, ich geb mich dir hin, mach mit mir, was du willst!» Laß dabei den Atem ganz los. Atme vielleicht eine Zeitlang durch den Mund, um die Gefühle stärker zu spüren und herauslassen zu können. Wenn es bei diesem traumatischen Erlebnis einen Gegenspieler oder Feind gibt, dann schaue ihn an und spüre ihn. Erinnert er dich an jemandem aus diesem Leben?

Weiteres Leben bis zum Tod

Erlaube deinem Seelen-Selbst, dir zu zeigen, wie das Leben nach der traumatischen Szene weitergeht. Wie verläuft das Leben. Wird das Trauma geheilt und ausgeglichen, bleibt es ungelöst oder verschlimmert es sich sogar noch? Laß Bilder zu deinem weiteren Leben kommen. Benutze evtl. die Technik des schnellen Vorlaufs und gehe in Fünf- bis Zehn-Jahres-Schritten vorwärts bis kurz vor den Tod.

Tod

Erlaube deinem Seelen-Selbst, dich erfahren zu lassen, wo du kurz vor deinem Tod bist. Wie stirbst du? Stell dir ganz genau vor, wo du bist.

Nun kommt der Augenblick deines Todes. Mit was für Gefühlen und Gedanken stirbst du, wenn du auf dein Leben zurückblickst? Was bereust du, was macht dich zornig oder verbittert? Falls stärkere Gefühle entstehen, sprich sie evtl. wieder direkt an und gib dich ihnen hin. Atme stärker.

Stell dir jetzt vor, daß du deinen letzten Atemzug machst, und laß deine Seele aus dem Scheitel hinausschweben, bis du von oben deinen Leichnam unten liegen sehen kannst. Trenne dich ganz von dem Körper und disidentifiziere dich von jenem Lebensdrama. Kannst du all das Schmerzhafte und Schwere dort unten im Körper lassen? Versuche, dich davon zu befreien.

Dialog mit den früheren Personen
Identifiziere dich jetzt wieder mit dir hier im Raum und sprich mit deinem Selbst aus dem Phantasie-Drama. Stelle ihm die folgenden Fragen und warte auf Antworten. Manchmal richtet sich auch eine Frage an dich selbst, auf die du ebenfalls eine Antwort kommen läßt. Frage es:

- Als du starbst, hast du dabei Schmerz gefühlt?
- Mit welchen unerledigten Gefühlen, Selbst-Abwertungen oder Entscheidungen bist du gestorben?
- Ab wann liefen die Dinge in jenem Leben falsch?
- Was war die entscheidende Lehre jenes Lebens?
- Welche Selbst-Abwertungen hast du gespürt, als dieses traumatische Erlebnis geschah? Ich bin nicht liebenswert, unwert, nicht gut genug, unterlegen, schuldig, schlecht, furchtbar, ekelhaft, dumm, unfähig, unvollständig, unsicher, hilflos, hoffnungslos, machtlos. Sind das Abwertungen, die du aus diesem Leben kennst?
- Welche einengenden Entscheidungen über das Leben und über dich hast du noch in dieser Situation gefällt?
- (*Fragen an dich*) Wenn du noch einmal zurück an deine Gefühle und Reaktionen bei dem Trauma denkst, kennst du diese Gefühle und Reaktionen aus deinem jetzigen Leben?
- Gibt es Entscheidungen, die du aus diesem Leben kennst?
- Gibt es sonst noch etwas, was dein Seelen-Selbst dich über jenes Leben wissen lassen möchte?

Dann gib der Person aus jenem Leben ein Geschenk, einen imaginären dreidimensionalen Gegenstand, sie macht dir ebenfalls ein Geschenk. Laß dir von deinem Seelen-Selbst zeigen, was beide Geschenke symbolisch bedeuten mögen.

Spüre nun wieder die Öffnung in deinem Scheitel und das Licht, das dort von oben in dich hineinfließt. Laß das Licht in dein Herz hineinfließen und von da aus in alle Wunden und

Schmerzen deines Körpers hineinstrahlen, die mit den Problemen aus jenem Leben zusammenhängen, also auch in das belastende Gefühl, mit dem du das Phantasie-Drama begonnen hast. Laß all diese Stellen heilen.

Und jetzt stell dir vor, daß dieses heilende Licht in deine Hände fließt und du damit deinem Selbst aus dem damaligen Leben Energie und Liebe gibst, sie heilend berührst. Beobachte, wie diese Person in dem Licht gebadet und geheilt wird. Und erlaube ihr jetzt, sich in diesem strahlenden Licht immer mehr aufzulösen und eins mit ihm zu werden.

Stelle dich nun langsam und vorsichtig darauf ein, wieder in diese Wirklichkeit zurückzukommen, komme langsam und vorsichtig wieder in diesen Raum zurück, recke und strecke dich – und öffne die Augen.

Das Phantasie-Drama ausklingen lassen

Du kannst das Erlebnis des Phantasie-Dramas auch in verschiedenen Übungen ausklingen lassen. Diese intensivieren und festigen die gemachten Erfahrungen. So kannst du z. B. ein *Mandala malen*: Du malst auf ein großes Blatt Papier einen großen Kreis, in den du die wichtigsten Ereignisse und Gefühle (konkret und abstrakt) hineinmalst. Damit gibst du dem Erlebnis noch mehr Form. Häufig ist man nach dem Malen ganz erstaunt, was alles noch deutlicher und klarer geworden ist. Das Unbewußte, die Seele, malt mit und gestaltet genau wie bei der Geschichte auch hier die Inhalte, die es dir zeigen möchte.

Eine weitere gute Möglichkeit ist *Zeitlupen- oder Trance-Tanz* (siehe S. 311). Du kannst die Geschichte mit in diesen Tanz hineinnehmen. Manchmal erscheinen einige Dinge noch deutlicher, oder es entstehen Modifikationen und neue Einsichten. Dadurch wird die Phantasie noch stärker im Körper und in der Bewegung «gegründet».

Ich empfehle nach solch einer Sitzung auch häufig, in der

nächsten Zeit dieses Phantasie-Drama mit seinen traumatischen Gefühlen einmal am Tag zum Gegenstand einer *Meditation* zu machen. Um diese Gefühle zu integrieren, müssen wir der Tendenz entgegenarbeiten, wegzuschauen und sie wieder zu verdrängen. Häufig verändern sich die Geschichten sowie die beteiligten Gefühle mit der Zeit – und das ist hilfreich für den Transformationsprozeß unserer Grundmuster, um den es ja immer geht.

Beispiele für das Phantasie-Drama

Damit das eben so allgemein vorgestellte Schema des Phantasie-Dramas anschaulich wird, sollen dir die nun folgenden zwölf Beispielgeschichten der Teilnehmer eines meiner Seminare zeigen, wie diese Form des Souling praktisch aussieht. An ihnen wird auch deutlich, wie das innere Erleben von dem gezeigten Schema abweichen kann und wie unterschiedlich die Erfahrungen sein können. Ich bitte dich, vor dem Ausmaß an Gewalt, Aggression und Leiden, das in diesen Geschichten deutlich wird, nicht zu erschrecken. All das kann in diesen Phantasie-Dramen spontan zum Vorschein kommen. Die meisten von uns haben solche Bilder in ihrem Unterbewußten, und wir müssen uns ihnen stellen, wenn wir unsere Seele auf tiefster Ebene verstehen wollen. Außerdem helfen uns gerade diese bisweilen schockierenden Geschichten sehr, die betreffenden Gefühle, die wir als Ausgangspunkt dieser Reisen nehmen, aufzulösen. Viele Menschen erleben erst durch ein Phantasie-Drama, wie reich ihr Phantasieleben eigentlich ist. Häufig war es durch die Unterdrückung negativer Gefühle erstickt und gelähmt worden.

1. Solensa
Ausgangsgefühl: Die Teilnehmerin spürt in ihrem Leben immer wieder Angst vor der Verletzung durch einen Mann. Sie befürchtet, wenn sie sich öffnet, würde sie verletzt, und diese

Angst versetzt sie häufig in ein Gefühl der Lähmung. Mit diesem Gefühl, daß sie besonders als Enge in der Brust und im Hals empfindet, geht sie in das Phantasie-Drama hinein.

Geschichte: Sie sieht sich als eine junge Frau, die Solensa heißt, in der Mongolei. Die Zeit schätzt sie auf 14.–17. Jahrhundert. Sie hat einen Strick um den Hals und läuft einem großen schwarzen Mann auf einem Pferd nach, der vor ihr herreitet. Es dämmert ihr, daß sie weggelaufen war, der Mann sie wiedergefunden hat und sie nun wie eine Gefangene mit nach Hause nimmt. Dort wird sie von ihm zur Strafe sadistisch geschlagen und vergewaltigt. Ihr Leben mit ihm geht so grausam weiter. Zwischendurch fühlt sie immer wieder, daß er sie auch liebt, und dann geht ihr Herz wieder auf. Letztendlich aber verschließt sie sich völlig und fühlt sich immer mehr wie eine leblose Marionette. Den Tod erlebt sie sanft und wie eine Erlösung.

Die Teinehmerin schenkt der Solensa eine Decke zum wärmen, bekommt aber kein Geschenk von ihr.

Reflexion: Die Teilnehmerin ist erstaunt, wie genau ihre Angst, die sie vor Männern hat, hier abgebildet wird. Ihr wird bewußt, wie ängstlich und abhängig sie sich in der vergangenen Ehe gefühlt hat und wie sehr sie sich jetzt davor fürchtet, sich zu verlieben. Besonders stark ist die Angst vor der Hilflosigkeit, die sie aus ihrem Leben so weit wie möglich verbannt hat. In der nächsten Zeit will sie dieses Gefühl ins Zentrum ihrer Meditation stellen, um mit dem Pol der Passivität, Hingabe und Entspannung wieder stärker in Kontakt treten zu können. Die Angst, die sich in ihrer Geschichte ausdrückt, hatte sie daran gehindert, diese Zustände in ihrem Leben zuzulassen.

2. Der Steinzeitmann

Ausgangsgefühl: Die Teilnehmerin beginnt mit einer links-rechts Trennung in ihrem Körper, die sie häufig erlebt. Die linke Hälfte empfindet sie als sensibel und zart, die rechte Hälfte als eckig und hart. Wenn sie darüber spricht, erlebt sie ein Gefühl der Angst im Bauch und Brustraum.

Geschichte: Die Teilnehmerin sieht sich als Mann, vollkommen behaart, bekleidet mit einer Art Lendenschurz. Die Geschichte spielt irgendwann in der Steinzeit. Der Mann liegt mit Stammesgenossen am Feuer und spürt ständig Angst und Unruhe, daß etwas passieren könnte. Und tatsächlich kommt in unregelmäßigen Abständen ein großes Tier, einer aus der Horde macht einen bestimmten Ton, und daraufhin legen sich alle Stammesmitglieder auf die linke Seite auf den Boden und stellen sich tot. Das große Tier frißt jedesmal einige Stammesmitglieder. Das Trauma liegt in diesem vollkommenen Totstellen, in der Ungewißheit, ob es einen selbst treffen wird. Die Teilnehmerin spürt ganz stark, daß ihre rechte Seite die linke Seite schützen muß; sie erlebt Übelkeit, Angst, und ein starkes Zittern geht durch ihren ganzen Körper. Als Steinzeitmensch denkt sie noch mit Sehnsucht an eine alte Zeit, in der sich die Menschen noch nicht an Vergangenes erinnert haben und deswegen weniger Angst vor der Zukunft hatten. Der Tod ereilt ihn ganz friedlich beim Trinken an einem See. Er fällt dabei ins Wasser.

Als Geschenk gibt die Teilnehmerin dem Steinzeitmenschen einen Spiegel als Symbol der Bewußtheit und erhält von ihm einen Klumpen Erde mit dem Satz: «Du kannst gestalten!»

Reflexion: Der Teilnehmerin wird ihre Links-rechts-Spaltung klarer, und sie sieht den Zusammenhang zu ihrer Angst und dem Gefühl, sich mit der rechten Seite schützen zu müssen. Sie ist sehr erstaunt und berührt von der Sehnsucht nach einem Zustand, in dem man noch keine Erinnerung hat. Da sich der Sinn noch nicht ganz aufschließt, will sie einfach mit diesem Gefühl ein wenig Zeit verstreichen lassen und schauen, ob noch weitere Einsichten dazukommen werden.

3. Loretta

Ausgangsgefühl: Die Teilnehmerin spürt als Ausgangsgefühl ihre Angst vor Bestrafung, die sie besonders ihrem Vater gegenüber fühlte. Obwohl sie inzwischen eine eigene Familie hat und der Vater längst gestorben ist, merkt sie immer mehr, wie sehr sie in ihrem Inneren davon bestimmt wird, sich so zu verhalten, daß der innere Vater zustimmen kann. Deswegen lebt sie recht konventionell. Dieses Gefühl bezieht sich auch auf die Sexualität, und sie hat noch den Satz im Ohr: «Komm bloß nicht mit einem Kind heim.»

Geschichte: Die Teilnehmerin sieht sich als ca. dreißigjährige Frau mit dem Namen Loretta in Spanien zur Zeit des Mittelalters. Loretta hat viele Gesichter: Sie ist Flamenco-Tänzerin und kleidet sich aufreizend. Sie ist eine Hexe, arbeitet mit kranken Menschen und lebt außerhalb der Stadt. Sie ist eine Heilkundige, verdient ihr Geld aber auch mit Prostitution. Die Menschen in der Stadt begegnen ihr zwiespältig. Auf der einen Seite brauchen sie sie, auf der anderen Seite paßt sie nicht in die Gesellschaft. Sie verbieten ihr deswegen auch, die Kirche der Stadt zu betreten. Eines Tages entschließt sie sich, doch in die Kirche zu gehen. Sie öffnet die Tür und sieht ganz viel Licht, aber in diesem Moment erscheinen zwei Soldaten und quetschen sie mit einem Rammbock grausam an die Kirchenwand. Verletzt wankt sie weg, dreht sich aber noch einmal um und sieht ihren Vater aus der Kirche kommen, der das Verhalten der Soldaten gutheißt und sie beschimpft. Sie stirbt an den Verletzungen einsam in ihrem Haus.

Als Geschenk erhält die Teilnehmerin von Loretta ein Flamencokleid – ein Symbol für Sexualität und Erotik –, und die Teilnehmerin schenkt ihr ein Samuraischwert, das sie selbst in einem früheren Phantasie-Drama bekommen hatte.

Reflexion: Die Teilnehmerin sieht, wie stark die Angst vor ihrem Vater und vor einer Bestrafung durch die Gesellschaft ist, und spürt zum erstenmal auch Empörung und Ärger gegen den Vater. Diese Gefühle hatte sie vorher nie zugelassen. Sie freut sich besonders über die sexuelle Freiheit, die Loretta gelebt hatte. Auch das Bild, eine Heilerin zu sein, berührt sie stark in ihrem Inneren.

4. Rula

Ausgangsgefühl: Die Teilnehmerin erlebt in ihrem Leben häufig ein Gefühl der Ohnmacht und Demütigung, das sie meist mit Ärger überdeckt. An diesem Ärger hatte sie schon in früheren

Phantasie-Dramen gearbeitet. Jetzt wollte sie mehr über das Gefühl der Ohnmacht erfahren.

Geschichte: Die Teilnehmerin ist eine wilde fünfzehnjährige Frau mit dem Namen Rula. Sie lebt in Ungarn in einer Räuberbande. Im ersten Bild sieht sie sich mit einem Messer in der linken Hand. Sie ist Besitz des Räuberhauptmannes. In der Bande herrscht ein derbes Klima, doch sie fühlt sich wohl und liebt den Räuberhauptmann. In der traumatischen Szene aber erlebt sie, wie der Räuberhauptmann sie verrät, an seine Kumpanen verschenkt und sogar selbst festhält, während die anderen sie vergewaltigen. Sie erlebt starke Panik und wird innerlich ganz tot und gefühllos. Mit achtzehn Jahren bringt sie eine Tochter zur Welt, tötet diese aber gleich nach der Geburt und stürzt sich voller Schuldgefühle in einen Abgrund. Im Dialog mit Rula fällt der Teilnehmerin auf, daß diese eigentlich gut war, das aber selbst nicht fühlen konnte. Sie schenkt Rula einen Widderstein als Symbol für Mut und bekommt von dieser ein rotes Zigeunertuch als Symbol für Schutz, Kraft und Erotik.

Reflexion: Der Teilnehmerin geht auf, wie häufig sie in Streßsituationen davonläuft und sich damit selbst schädigt. Sie spielt mehrere Phantasien durch, wie sie auch in der Geschichte als Rula hätte «bleiben» und sich mit der Situation konfrontieren können. Sie fühlt ein starkes Mitgefühl für sich selbst und versteht ihre Empfindungen der Lähmung und Leblosigkeit. Auf jeden Fall will sie diese Angst und Panik mit in ihr Leben nehmen, damit sie sie bewußt spüren und auflösen kann, anstatt sie zu verleugnen und mit Ärger zu überspielen.

5. Johannes

Ausgangsgefühl: Die Teilnehmerin hat oft das Gefühl, nicht gut genug zu sein und nicht geliebt zu werden. Dieses Gefühl nimmt sie in die Geschichte hinein.

Geschichte: Sie sieht sich als jungen Mann von dreiundzwanzig Jahren mit dem Namen Johannes. Seine Frau heißt Lorena. Er schlägt sich durch ein verfehltes Leben mit dem ständigen Gefühl einer quälenden Sinnlosigkeit und der Schuld, nicht gekämpft zu haben. Es geschieht nichts Dramatisches, und er stirbt mit diesem Gefühl der Sinnlosigkeit.

Reflexion: Diese Geschichte hat große Ähnlichkeit mit dem Leben ihres Vaters. Es kommt der Teilnehmerin so vor, als ob sie das Drama ihres Vaters in sich hätte. Sie sagt ihm in ihrer Vorstellung: «Lieber Vater, ich gebe dir dein Drama zurück. Es gehört dir und nicht mir. Ich lebe jetzt mein Leben glücklich und erfüllt!» Dabei fühlt sie sich gut. Es fällt ihr ein, daß sie eigentlich ein Junge hätte sein sollen und daß sie schon als Kind das Gefühl gehabt hätte, ihren Vater helfen und ihm etwas geben zu müssen. Auf der anderen Seite wird ihr nun auch bewußt, wie stark sie in ihrem Leben «die Gute» ist, alle Schattenthemen wie «Sexualität» und «Aggression» verdrängt hat und dadurch in ihrem Leben etwas vermißt.

6. Thomas

Ausgangsgefühl: Der Teilnehmer hat in einem vorigen früheren Phantasie-Drama ein tiefes Gefühl von Schuld erlebt, dem er auswich, indem er unter die Räuber ging. Dieses Schuldgefühl nimmt er mit in das Phantasie-Drama hinein.

Geschichte: Er lebt als reicher Kaufmann in Amsterdam im Jahr 1816, ist reich und heißt Thomas. Er ist verheiratet mit einer jungen, hübschen Frau. Diese sagt ihm eines Tages im Streit, daß ihr Kind nicht von ihm ist. Er gerät in großen Zorn und verstößt die Frau. Daraufhin lebt er sein Leben verbittert, einsam, resigniert und traurig. Er mehrt seinen Reichtum, hat aber keine Freude mehr am Leben. So stirbt er auch.

Der Teilnehmer schenkt dem Thomas einen Turmelinstein als Symbol für Herzenswärme, und dieser schenkt ihm eine goldene Spieluhr als Symbol für materiellen Reichtum.

Reflexion: Der Teilnehmer fühlt sich sehr berührt und sagt, daß ihm die Geschichte seine häufige Wut und Unbeherrschtheit widerspiegelt. Er fühlt sich häufig wie ein «wütender Patriarch».

7. Bella

Ausgangsgefühl: Die Teilnehmerin spürt eine große Angst vor Männern und vor Sexualität.

Geschichte: Sie sieht sich als junge Frau in der Toscana mit anderen jungen Frauen und Männern auf einem Planwagen. Es ist das Jahr 1811. Sie heißt Bella, ist schön, lebenslustig und attraktiv. Lorenzo ist ihr Liebhaber. Er ist Schausteller, und zusammen zeigen sie seine Messerwerfernummer. Als sie vor Sienna lagern und Lorenzo und sie sich in der Landschaft vor der Stadt leidenschaftlich lieben, hören sie plötzlich Lärm und sehen, wie die Bürger mit Knüppeln und Mistforken auf sie zukommen. Lorenzo wird erstochen, sie selbst vergewaltigt. Sie fühlt sich ekelhaft beschmutzt und wird auch noch in einem Eisenkäfig auf den Marktplatz gestellt, angespuckt und ausgelacht. Schließlich wird sie mit dem Käfig im Fluß versenkt und stirbt auf diese Weise.

Bella schenkt der Teilnehmerin Tränen als Symbol für die Trauer darüber, wie die Gesellschaft die Liebe mißachtet. Die Teilnehmerin schenkt ihr zwei Ringe als Symbol für Liebe und Zusammengehörigkeit.

Reflexion: Bei einem Zeitlupentanz nach dem Phantasie-Drama erlebt die Teilnehmerin eine neue Version ihrer Geschichte, in der sie Lorenzos Wunden mit ihren Händen heilt und ihn beerdigt. Dabei denkt sie: «Ich werde nie wieder so lieben, wie ich dich geliebt habe!» Da hört sie eine Stimme, die sagt: «Nein, du sollst wieder lieben.» Dies erleichtert die Teilnehmerin sehr, weil sie schon früher von einem Gefühl erzählte, irgend jemandem, den sie nicht kennt, versprochen und deswegen nicht offen für Leben und Liebe zu sein.

8. Richard

Ausgangsgefühl: Der Teilnehmer empfindet das Gefühl, «falsch zu sein» und hat Angst, abgelehnt zu werden.

Geschichte: Er sieht sich als einen fünfundzwanzigjährigen Burgherrn in Frankreich mit dem Namen Richard. Unter einem Baum sitzend, sieht er in einer Art Rückblende, wie er in der

Vergangenheit wahllos Menschen umgebracht hat, nur um seine Kraft auszuleben. Seine Mordwaffe war ein goldenes Schwert. Er fühlt, daß er im nächsten Moment etwas Schreckliches tun wird. Er geht dann hinauf auf die Burg, nimmt seine häßliche Frau und wirft sie aus dem Fenster. Danach werden seine Schuldgefühle immer größer. Zwei Jahre später läßt er sich schließlich in einen Turm einschließen, damit er kein Unglück mehr anrichten kann. Dort sitzt er jahrzehntelang und läßt sich zur Buße immer wieder auspeitschen und schlagen. Im Alter will er sich kreuzigen lassen und trägt wie Jesus sein Kreuz durch die Menge der Burgleute. Er stirbt am Kreuz, und die Burgleute, die ihm längst verziehen haben, beerdigen ihn liebevoll.

Der Teilnehmer schenkt dem Richard ein goldenes Kreuz als Symbol für Vergebung, Richard schenkt ihm das goldene Schwert und sagt dazu: «Lerne, mit deiner Kraft umzugehen. Du kannst sie nicht ablegen, und manchmal kann etwas schiefgehen.»

Reflexion: Die Geschichte spiegelt all die Konflikte, die der recht junge Teilnehmer mit seiner männlichen Kraft und Macht hat. In einem Zeitlupentanz hört der Teilnehmer die Worte: «Wenn du dich deiner Kraft hingibst, wirst du geführt!»

9. Die alte arabische Frau

Ausgangsgefühl: Die Teilnehmerin spricht von einem Gefühl der Angst und Unruhe, als könne jederzeit etwas Schlimmes passieren.

Geschichte: Schon am Beginn der Übung, beim Gang über die Brücke, kann die Teilnehmerin nicht auf der Erde bleiben und beginnt zu fliegen. Sie sieht unter sich ein heißes arabisches Land und eine alte Frau, die an einer Steinwand lehnt. Zunächst hat sie Angst, herunterzukommen. Als sie schließlich in die alte Frau hineingeht, fühlt sie grenzenlosen Schmerz und erlebt in einer Rückblende, was geschehen ist. Die alte Frau war in eine große Familie eingebettet. Sie wurde von allen geliebt und erzählte den Kindern Märchen und Geschichten. Aber diese heile Welt war in Gefahr. Plötzlich wurde der Hof von fremden Reitern überfallen, und all ihre Angehörigen kamen um. Nur sie überlebte – aus unerfindlichen Gründen. Sie wollte auch sterben – aber die Reiter töteten sie nicht. Sie kroch zwischen den Teilen von Kinderleichen herum, wurde dabei verrückt, lag einfach im Sand und starb dort in Verwirrung.

Zu einem Austausch von Geschenken ist die Teilnehmerin nach dieser Geschichte nicht mehr fähig.

Reflexion: Die Teilnehmerin ist trotz der Grausamkeit ihrer Geschichte erleichtert, Bilder für ihre undeutliche Angst gefunden zu haben. Sie kennt diese Angst aus ihrer Kindheit, in der ihr Vater sie häufig halbtot geschlagen hat. Aber diese Geschichte öffnet für sie eine noch tiefere Ebene ihrer Angst.

10. Max

Ausgangsgefühl: Der Teilnehmer spürt einen heftigen Selbsthaß und hat ständig das Gefühl: «Ich schaffe es nicht.»

Geschichte: Er sieht sich um 1900 herum als den Arbeiter Max, der innerlich einsam und suchend ist und ab und zu heftig Alkohol trinkt. Manchmal hat er nichtssagende Erlebnisse mit Frauen. Er hat Sehnsucht nach einer großen Liebe, findet aber keine Frau. Eines Tages will er sich von einem Berg zu Tode stürzen, fällt aber so unglücklich, daß er sich an einem Baum stark verletzt. Sein Bauch ist aufgeschlitzt, und die Geschlechtsteile sind für immer zerstört. Er wird nie wieder richtig gesund und stirbt ganz langsam. In diesem Sterben aber lernte er, sich anzunehmen – mit Hilfe einer christlichen Schwester, die ihn pflegte.

Als Botschaft erhält der Teilnehmer beim Dialog mit Max den Satz: «Du mußt nicht extra krank werden, damit du lernst, dich anzunehmen.» Max schenkt ihm ein Stück Holz als Symbol für Kreativität, er schenkt Max eine Axt als Symbol für Kraft.

Reflexion: Die Geschichte thematisiert stärker das Gefühl des Selbsthasses, nicht so sehr des Versagens. Der Teilnehmer ist sehr erleichtert über den Satz, daß er so ein Erlebnis nicht durchmachen muß, um sich anzunehmen. Er kommt zu dem Schluß: «Wenn ich mich annehme, kann das Leben ganz leicht werden.»

11. Salima

Ausgangsgefühl: Die Teilnehmerin fühlt sich häufig in Gruppen nicht dazugehörig und ausgeschlossen.

Geschichte: Sie sieht sich als etwa zwanzig Jahre alte Frau mit dem Namen Salima im maurischen Cordoba um 1200 herum. Als hübsche Tochter eines arabischen Granden ist sie das Nesthäkchen, musiziert viel und fühlt sich sehr wohl in dem gebildeten Klima ihres Elternhauses. Häufig geht sie mit den Dienern zu armen Menschen und bringt ihnen Decken und Kleidung. Eines Tages geht sie mit der Dienerin zu einer Kranken. Sie hat Mitleid mit dieser und berührt sie, doch da schrecken die Dienerinnen vor ihr zurück, denn die Kranke hat Lepra. Eine Dienerin läuft fort, meldet den Vorfall im Elternhaus, und als Salima dort ankommt, darf sie nur noch in den Vorhof. Die Eltern sagen ihr ernst und traurig, daß sie nicht mehr in das Haus darf und in die Kolonie der Aussätzigen muß. Salima weint und fleht bitterlich, doch umsonst. Sie kommt zu den Leprakranken, die sie zur Begrüßung alle anfassen. Sie leidet furchtbar. Ihr wird ein kleines Haus gebaut, aber sie kann sich nicht mit ihrem Schicksal abfinden. So schleicht sie sich eines Tages unerkannt in die Stadt, wird dort aber von Soldaten ertappt, und zur Strafe werden ihr die Füße abgeschlagen. So kommt sie zurück zu den Leprakranken, wo sie gesund gepflegt wird. Nun versöhnt sie sich mit ihrem Los. Ihr Herz öffnet sich immer mehr, sie empfindet wieder Liebe und Mitgefühl und entwickelt sehr liebevolle Beziehungen in dieser Leprakolonie, besonders zu den Kindern. Sie stirbt mit erfülltem und großem Herzen.

Die Teilnehmerin schenkt der Salima einen Spiegel als Symbol für das Anschauen der Realität, Salima schenkt ihr Krücken als Symbol für Menschlichkeit.

Reflexion: Die Teilnehmerin ist sehr berührt und meint, daß sie eigentlich etwas Wichtigeres erfahren habe als das Problem des Ausgeschlossenseins, obwohl dieses im Öffnen des Herzens mit angesprochen wird.

12. Alfredo

Ausgangsgefühl: Der Teilnehmer spürt immer mal wieder das Grundgefühl in seinem Leben: «Ich bin schlecht.»

Geschichte: Er sieht sich in Italien um 1810 als jungen Mann mit dem Namen Alfredo. Seine Mutter hatte ihn als kleinen Jungen ausgesetzt, und er wächst bei einem Schmied auf, bei dem er die niederen Arbeiten machen muß. Als der Schmied für längere Zeit weg ist, kettet ihn seine Frau im Keller an und mißbraucht ihn regelmäßig. Er erlebt es mit einer Mischung aus Lust und Demütigung. Später hat er eine heimliche Beziehung zu einem neunjährigen Mädchen. Eines Tages fährt er in der Kutsche mit ihr in den Wald, wo er sie küßt und sexuell berührt. Das sieht ein Dorfbewohner, und er wird zur Strafe von mehreren Männern des Dorfes gequält: Im Schweinestall muß er die Schweinescheiße essen. Er verblutet mit einem Messerstich im Bauch und denkt dabei, daß das ein Scheißleben war.

Dem Teilnehmer schenkt er einen Hammer als Symbol dafür, daß jeder «seines Glückes Schmied» ist, der Teilnehmer schenkt ihm einen Revolver als Symbol dafür, sich zu wehren.

Reflexion: Obwohl der Inhalt der Geschichte nicht gerade sanft ist, fühlt sich der Teilnehmer erleichtert, Bilder für sein Grundgefühl gefunden zu haben. Er ist nun zuversichtlicher, dieses Gefühl verändern zu können.

Sterbephantasien

Für den Wachstums- und Transformationsprozeß ist es auch wichtig, sich mit dem eigenen Tod auseinanderzusetzen und die Angst davor zu verlieren – so gut, wie es eben möglich ist. Diese Angst wird ja schon im Phantasie-Drama thematisiert und bearbeitet, aber es ist doch noch etwas anders, den Tod auch für das heutige Leben durchzuspielen. Die Überwindung der Todesangst spielt in vielen schamanischen und spirituellen Traditionen eine große Rolle. In den letzten Jahrzehnten hat es auch in der westlichen Kultur viele Berichte über die Erlebnisse Gestorbener gegeben, die wieder ins Leben zurückgekehrt sind. Alle Erzählungen belegen, daß es ein Weiterleben nach dem Tod gibt, und bestätigen, daß wir vor dem Tod keine Angst haben müssen. Immer wieder wird von einem strahlend hellen Licht gesprochen, daß uns voll unendlicher Liebe empfängt. Nur die Angst vor Schmerzen, die ja beim Sterben groß sein können, ist berechtigt. Doch direkt im Todesmoment tut nichts mehr weh. Den Tod können wir uns vielmehr wie eine Neugeburt in eine weitere Dimension vorstellen. So wie wir im Mutterleib Angst vor der Geburt hatten, und diese das Ende unserer bekannten Existenz im Mutterleib war, so ist auch der Tod das Ende unseres Lebens, aber vom Jenseits betrachtet, nur die Geburt in eine neue Existenzform.

Die folgende Übung kann dir helfen, mehr über die Gefühle, die du mit dem Tod verbindest, herauszubekommen und gelassener mit ihm umzugehen. Außerdem bekommst du dadurch einen größeren Blick für dein Leben und kannst vielleicht neue Prioritäten setzen. Die folgenden Fragen, die zum Teil von dem «Whole-Self-Psychologen» John Turner beeinflußt sind, führen dich durch einen Souling-Prozeß über deinen eigenen Tod. Du kannst die Übung wieder allein oder mit einem Begleiter durchführen. Bei der partnerschaftlichen Arbeit nimmt der Begleiter die Anweisungen und Fragen als «führende» Intervention und begleitet zwischen diesen mit «folgenden» Interventionen

Übung

Stehe frei im Raum, schließe die Augen und stelle dir wieder eine Öffnung in deinem Scheitel vor, durch die goldenes Licht in dich hineinfließt. Lasse Bilder in dir aufsteigen zum Thema: «Wie sterbe ich?» Halte deinen Atem nicht fest, und wenn nicht gleich klare Bilder kommen, habe Geduld – sie werden sich einstellen. Phantasiere einfach drauflos.

Wenn du in der Vorstellung bist, daß du stirbst, dann lasse

dich auf den Boden fallen oder lege dich ruhig hin und warte auf Bilder zum Thema: «Wie sieht meine Beerdigung aus?» Lasse danach Bilder kommen zum Thema: «Was kommt danach?»

Jetzt schaue zurück auf dein Leben. Was war gut, was war nicht so gut? Was hättest du von deinem jetzigen Standpunkt aus anders gemacht?

Stell dir deine Mutter vor und frage dich, was du von ihr gelernt hast und was sie von dir gelernt hat. Vielleicht gab es auch andere Beziehungen, die der zu deiner Mutter ähneln und für die du diese Fragen stellen kannst.

Stell dir deinen Vater vor und frage dich, was du von ihm gelernt hast und was er von dir gelernt hat. Vielleicht gibt es auch andere Beziehungen, die der zu deinem Vater ähneln und für die du diese Fragen stellen kannst.

Was ist mit deinen Großeltern? Was hast du durch sie gelernt und was haben sie durch dich gelernt? Oder waren andere Großelternfiguren wichtig?

Wie war es mit den Geschwistern? Was hast du durch sie und was haben sie durch dich gelernt? Gehe sie einzeln durch. Oder waren andere geschwisterähnliche Beziehungen wichtig?

Wie war das Leben mit deinen Liebhabern und Partnern? Was hast du durch sie gelernt und was haben sie durch dich gelernt? Gehe sie einzeln durch.

Welches Lernen war mit deinen Kindern möglich? Was hast du durch sie, was haben sie durch dich gelernt? Vielleicht waren auch andere Menschen wichtig, die nicht deine leiblichen Kinder waren, aber zu denen du eine Eltern-Kind-Beziehung hattest.

Welches waren die besonderen Momente deines Lebens, und was lerntest du aus ihnen? Was war der ärgerlichste Moment? Was war der tragischste Moment? Was war der glücklichste Moment? Frage dich noch einmal: Was waren die wichtigsten Ereignisse in deinem Leben, deine emotionalen Reaktionen darauf, deine Entscheidungen und Urteile? Was war die wichtigste Arbeit, die du in diesem Leben erreicht hast?

Bitte dein Seelen-Selbst, dir jede Frage zu beantworten, die du noch über dein Leben hast. Führe einen kleinen Dialog. Danke dann deinem Seelen-Selbst für diese Informationen und spüre, wie dein Bewußtsein sich wieder mit deinem Körper verbindet. Komme in deinen Körper zurück und bringe Licht mit von dort, wo du eben warst. Lasse dieses Licht in dein Herz strahlen und von dort aus in deinen ganzen Körper und dann zu all den Menschen, mit denen du dich eben beschäftigt hast. Bitte dein Seelen-Selbst um Heilung für dich und all deine Beziehungen.

Komm langsam und vorsichtig wieder in diesen Raum zurück, recke und strecke dich und öffne die Augen. Vielleicht ist es gut, die Erfahrungen aus dieser Übung aufzuschreiben.

Das energetische Souling

Die bisher beschriebenen Souling-Prozesse wurden überwiegend vom Geist und von der inneren Bilderwelt strukturiert. Nun sollen im folgenden drei Souling-Prozesse erläutert werden, bei denen der Körper bzw. die Körperenergie die Führung übernimmt und Worte sowie Bilder einfach folgen, so wie sie ins Bewußtsein kommen. Wir beginnen den Prozeß also mit Aten, Bewegung oder Massage, anstatt uns auf die inneren Bilder zu konzentrieren. Im Laufe der Körperarbeit stellen sich dann von selbst Bilder und Gefühle ein. Beim Atem-Souling führt der Atem, beim Bewegungs-Souling die Bewegung und beim Massage-Souling die Berührung. Die Körperarbeit im energetischen Souling beginnt wie die anderen Souling-Formen an Punkt 2 des Souling-Kreises. Dort kannst du entscheiden, ob du mit dem Atem-, dem Bewegungs- oder dem Massage-Souling weiterarbeiten willst.

Atem

Atemübungen haben in allen spirituell-therapeutischen Traditionen der Welt eine lange Geschichte. Es gibt kaum ein System der Selbstentfaltung, in dem der Atmung keine besondere Bedeutung zugestanden wird. Während man in einigen Systemen, wie z. B. beim Atmen im Yoga – dem Pranayama –, den Atem mit dem Willen beeinflußt, geht es in der Körperpsychotherapie vor allem darum, den natürlichen und unbewußten Atem wieder freizusetzen, der durch viele Spannungen und Muskelblockaden eingeschränkt ist.

Der natürliche Atem eines ungepanzerten Wesens füllt zunächst den Bauch wie einen Ball auf, steigt dann höher und füllt die Brust, und im Ausatmen wird erst die Brust und schließlich auch der Bauch wieder leer. Dann kommt eine kleine, natürliche Pause, bevor der neue Einatem wieder im Bauch beginnt. Bei dieser Atembewegung wird der Körper im Ein- und Ausaten weiter und schmaler. Solch eine Atembewegung kann man bei einem Neugeborenen und beim ungepanzerten Menschen vom Scheitel bis zu den Fußsohlen wahrnehmen, während sich bei einem sehr stark gepanzerten Menschen kaum noch etwas im Atem bewegt.

Viele Menschen haben keine gute Bauchatmung, sondern sind ständig in der Brustatmung, die eigentlich nur für Kampf- und Fluchtsituationen eingerichtet ist. Solche Menschen sind also innerlich schon durch ihre Atmung ständig am Kämpfen und Flüchten. Einige Meschen atmen sogar «paradox», das bedeutet, daß sie im Einaten den Bauch einziehen und ihn im Ausaten herauslassen. Wie du vom normalen Souling-Prozeß, in dem wir ja häufig in unser inneres Erleben hineinatmen, weißt, sind solche Atemstörungen durch verdrängte Gefühle und Traumata der Vergangenheit bedingt. Die Unterdrückung von Gefühlen ist immer mit dem Anhalten des Atems verbunden. Geschieht das über längere Zeit, bildet sich der Muskelpanzer, den wir anfangs im Kapitel über den Charakterpanzer schon kennengelernt haben. Voraussetzung für die Befreiung des Atems und damit für die Auflösung alter Verspannungen und Verdrängungen ist die Wiederherstellung der Bauchatmung. Eine der besten Übungen dafür ist die sogenannte Bekkenschaukel, die man am besten mit einem normalen Atem durch die Nase durchführt. Du solltest diese Übung jeden Tag etwa drei bis fünf Minuten durchführen und wirst dann sehen, wie du danach auch im Alltag viel stärker in den Bauch hineinatmest. Auch das bewußte Ich ist dann am stärksten präsent, wenn der Bauch gut «mitatmet».

Die Beckenschaukel

Lege dich auf den Boden (die Unterlage sollte nicht zu weich sein), stelle deine Beine so auf, daß deine Fußsohlen den Boden berühren, und atme im Einaten tief in den Bauch, so daß sich dort ein Ball bildet. Durch diesen Ball läßt du dein Becken nach hinten kippen, so daß du ins Hohlkreuz gehst. Dabei kommt der Kopf ein klein wenig nach vorn, das Kinn geht in Richtung Brust.

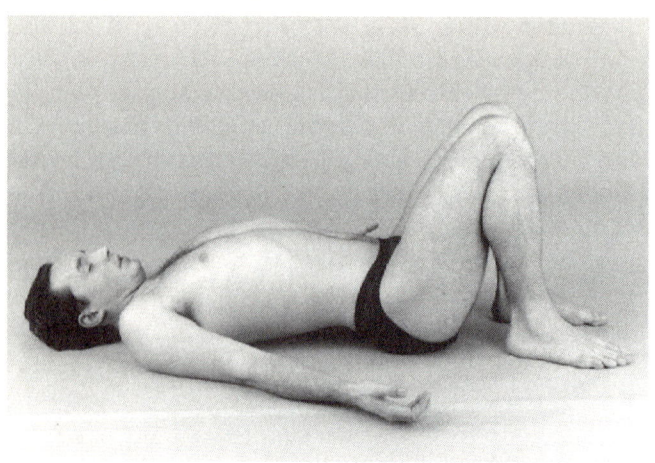

Atem-Souling

Während die Beckenschaukel dir hilft, auch im Alltag deine Bauchatmung zu verbessern, ist das Atem-Souling selbst eine längere Sitzung, in der du tief und voll atmest, um verborgene Spannungen und Blockaden zu spüren, durchzuatmen und zu lösen. Die Arbeit mit dem sogenannten verbundenen Atem gibt es in vielen alten schamanischen Traditionen sowie heute beim Rebirthing, in dem hauptsächlich in die Brust geatmet wird, und beim «holotropen Atmen» von Stanislav Grof, bei dem sehr lange und zu lauter Musik geatmet wird.

Beim Atem-Souling liegst du auf dem Rücken und konzentrierst dich auf deinen Atem: Du atmest im Rhythmus «Bauch, Brust einatmen – alles ausatmen» und machst keine Pausen zwischen den Atemzügen. Am besten atmest du durch den offenen Mund und läßt dabei die Kehle ganz weich, wie bei der Soulingatem-Meditation – nur im Liegen. Im Liegen verschiebt sich deine innere Balance hin zur Identifikation mit dem inneren Erleben, und das bewußte Ich ist «kleiner» und nicht so wichtig wie im Sitzen. Im Unterschied zum einfachen Souling ist die

Konzentration auf deinen Atem jetzt die Hauptsache. Du spürst zwar die ganze Zeit auch dein Körperecho und Körpergefühl, vielleicht nimmst du sogar Bilder, Kindheitserinnerungen, Landschaften, Begegnungen mit Körperteilen oder Geschichten wie in Phantasie-Dramen wahr, aber all das läßt du einfach nur geschehen, so, wie es von selbst auftaucht, und gehst wieder zurück zum Aten. Du arbeitest mit diesen inneren Bildern nicht bewußt wie in den anderen Souling-Prozessen, sondern vertraust dem Atem, daß er dich in die richtige Richtung weiterführt. Wenn du starke Spannungen fühlst, kannst du versuchen, dich zu bewegen oder dich an den betreffenden Stellen im Atem zu massieren sowie Töne kommen zu lassen, die deine Gefühle ausdrücken.

Falls du beim Atem-Souling in eine Hyperventilation kommst (siehe S. 80), dann kannst du entweder einfach weiter atmen, auch wenn es schmerzt und beängstigend ist, oder aber weniger stark atmen, dich auf die linke Seite rollen, entspannen und den Krampf langsam herausziehen lassen. Die Erfahrung zeigt, daß Menschen, die zur Hyperventilation neigen, nach etwa zehn bis zwanzig Atem-Soulings, in denen sie solch einen Zustand durcherlebt haben, keine Probleme mehr bekommen, weil der Körper jetzt mit der Erhöhung der Energie durch das starke Atmen umgehen kann und die Blockierungen in Händen oder Mund sich aufgelöst haben. Falls du Angst vor diesem Zustand der Hyperventilation hast, solltest du ein Atem-Souling nur mit einem Begleiter durchführen. Außerdem können die im folgenden beschriebenen Übungen der Vibrationssequenz deinen Körper immer mehr lockern und so für ein Atem-Souling vorbereiten. Wenn du Mut und Lust hast, das Atem-Souling allein auszuprobieren, dann beginne zunächst mit etwa dreißig Minuten. Später kannst du die Übung bis zu einer Stunde verlängern. Das Atem-Souling kannst du wieder mit Musik begleiten. Dabei ist es, wie schon bei den Meditationen beschrieben, gut, wenn die Musik einem Spannungsbogen folgt: zunächst wird die Spannung aufgebaut, dann kommt ein Höhepunkt, und es endet entspannender und beruhigender.

Die Vibrationssequenz

Die folgenden Übungen können deinen Körper für das Atem-Souling vorbereiten und dich offener für alle Gefühle machen. Einige Elemente dieser Übungen stammen aus dem Yoga, andere aus der Bioenergetik von Alexander Lowen oder der Körpertherapie nach Wilhelm Reich.

Wichtig ist, daß du bei allen Übungen, die im Stehen gemacht werden, die Knie leicht beugst. Das Durchdrücken der Knie ist – ebenso wie das Anhalten des Atems – eine der Hauptreaktionsweisen des Körpers, um uns vom Fühlen abzuschneiden. Wenn wir als Kinder bestimmte Gefühle nicht spüren wollten, haben wir unbewußt einfach die Knie durchgedrückt. Das unterbricht den Fluß der Energie im Körper und trennt uns von unseren Gefühlen – auch von den unangenehmen – ab. Falls du diese Gewohnheit an dir feststellst, solltest du auch im Alltag immer wieder darauf achten, deine Knie im Stehen leicht zu beugen. Das wird automatisch den Atem vertiefen.

Wenn du die im folgenden beschriebenen Übungen machst, kannst du Vibrationen oder Zitterbewegungen in deinem Körper spüren – und das ist das Ziel dieser Übungen. In diesem unwillkürlichen Zittern lösen sich Muskelspannungen, der Atem wird vertieft und die ganze Vitalität und Sensibilität des Körpers gesteigert. Falls du sehr verspannt und gepanzert bist, wirst du am Anfang vielleicht gar keine Zitterbewegungen fühlen. Dann ist es wichtig, regelmäßig etwa zweimal die Woche die ganze Sequenz durchzuführen. Mit der Zeit wird dein Körper durchlässiger werden und zu vibrieren beginnen. Doch das kann Monate dauern. Hab Geduld und übe einfach weiter. Wenn du durchlässiger und empfänglicher für die Vibrationen geworden bist, kannst du gleich zu den Übungen im Liegen übergehen, falls die im Stehen auf die Dauer zu anstrengend sind.

Solltest du während der Übungen starke Gefühle empfinden, dann nimm sie einfach wahr, drücke sie mit der Stimme aus und konzentriere dich weiterhin auf den Atem und das Empfinden im ganzen Körper. Du kannst die Übungen natürlich auch unterbrechen und einen der Souling-Prozesse durchlaufen, um direkt mit den Gefühlen zu arbeiten. Ich meine aber, daß es gut ist, einfach in der Reihenfolge der Übungen zu bleiben, den aufkommenden Gefühlen nicht nachzugehen und den Körper durch das tiefere Atmen und Vibrieren zu stärken, um auch mit heftigeren Gefühlen umgehen zu können. Diese Übungssequenz kann im partnerschaftlichen Souling vor den Sitzungen auch gemeinsam gemacht werden.

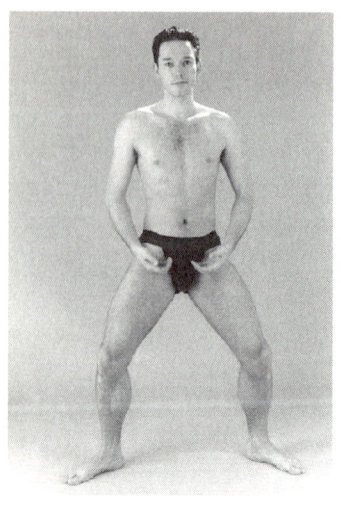

Stehen im breiten Stand

Die Knie sind gebeugt, die Füße stehen schräg nach außen, die Hände sind auf die Leisten gelegt. Dies ist auch die Grundstellung für die folgenden Übungen im Stand. Bleibe in dieser Stellung etwa zehn tiefe Atemzüge lang, atme dabei durch den offenen Mund (wie auch bei allen weiteren Übungen), spüre deinen Körper und besonders die Beine. Sei sensibel für innere Empfindungen, für das Vibrieren, Strömen, Prickeln oder ein leichtes inneres Zittern, und erlaube diesen Empfindungen, mit der Zeit größer zu werden.

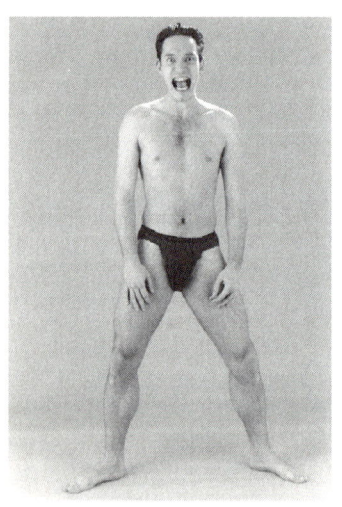

Grimassen schneiden

Lockere die Gesichtsmuskulatur: strecke die Zunge heraus, kneife die Augen zusammen und reiße sie auf. Gib dabei Töne von dir, sei ungehemmt und befreie dich.

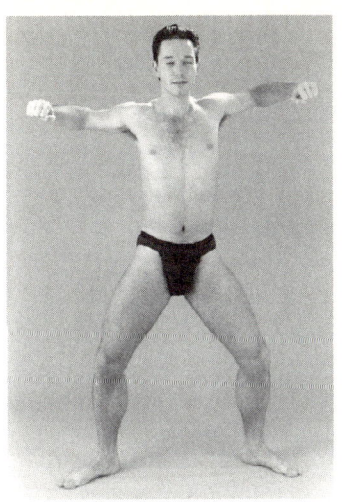

Schulterschlagen

Schlage mit den Schultern und Ellenbogen nach hinten, und schreie dabei rhythmisch: «Geh von meinem Rücken runter!»
Häufig «sitzen» die Eltern oder auch andere Autoritätspersonen einem dort auf den Schultern.

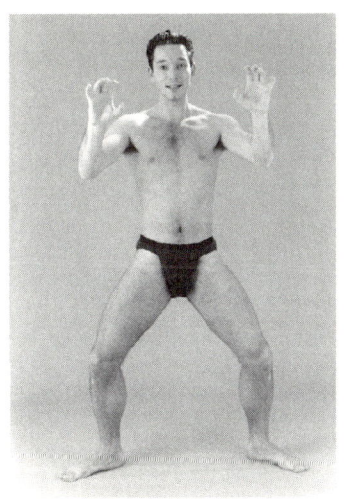

Tigerkralle

Halte die Hände so gespreizt nach vorn, daß sie vibrieren. Nimm auch dein Kinn nach vorn, mache ein wütendes Gesicht und gebe Laute von dir.

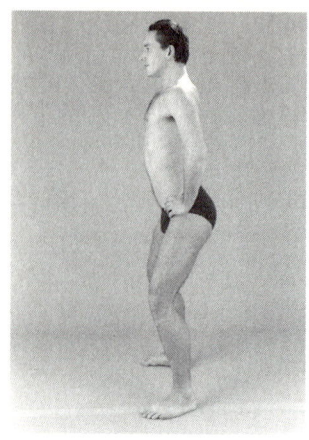 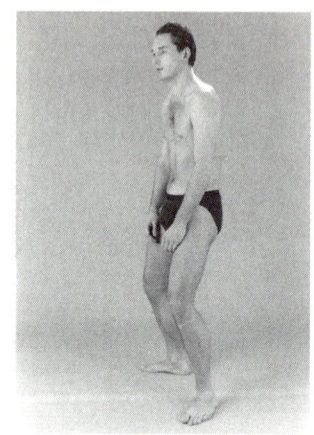

Brustatem

Strecke beim tiefen Einaten die Brust heraus, und laß sie im Ausaten einsinken.

Beckenstoß

Kippe beim Einaten das Becken nach hinten, und stoße es im Ausaten nach vorn. Laß beim Ausaten einen kräftigen Ton erklingen.

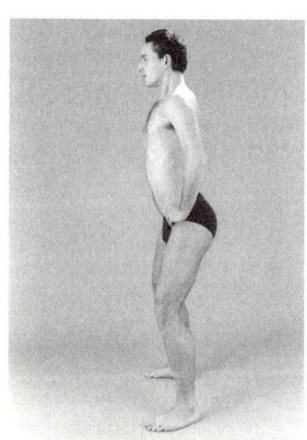 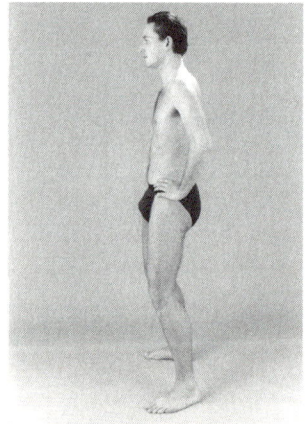

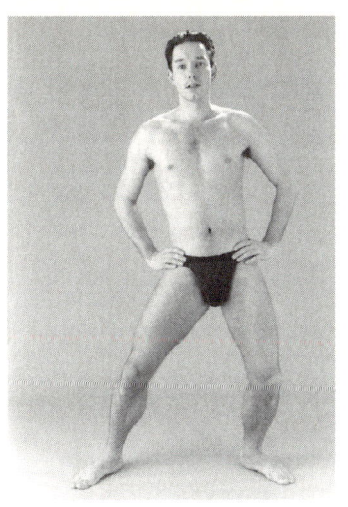

Beckenkreisen

Laß dein Becken sich in großen Kreisen erst linksherum, dann rechtsherum bewegen. Genieße die Bewegung und drücke den Genuß stimmlich aus.

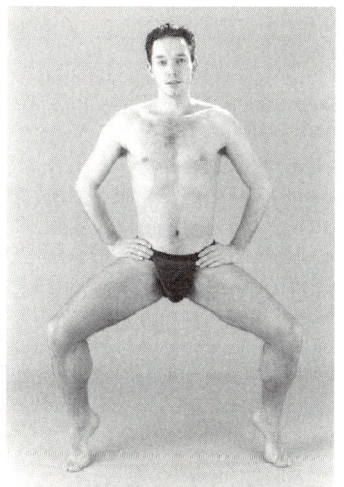

Fersen heben

Hebe und senke abwechselnd die Fersen, laß dabei das Becken auf gleicher Höhe, so daß die Bewegung nur in den Beinen stattfindet. Der Rest des Körpers bleibt völlig ruhig.

Seitdehnen des Beines

Verlagere dein ganzes Gewicht auf ein Bein, das andere ist langgestreckt. Atme ruhig weiter!

Große Dehnung

Gehe nun im Stand in die große Grätsche, d. h. die Füße stehen mehr als hüftbreit auseinander. Drehe deinen Oberkörper nach rechts und verlagere dein ganzes Gewicht auf das rechte Bein. Beuge dabei das rechte Bein, bis der Oberkörper fast parallel zum Boden ist. Das linke Bein ist gestreckt und die linke Fußspitze aufgestellt, so daß auch die Ferse gedehnt wird. Halte die Spannung für eine Weile, und wiederhole dann die Übung zur linken Seite.

Beuge nach vorn

Gehe jetzt wieder in die
Ausgangsposition: Füße etwa
hüftbreit auseinander. Beuge dich
nach vorn über, so daß die Finger
den Boden berühren. Das Gewicht
bleibt auf den Beinen. Beuge und
strecke mehrere Male die Beine.
Atme dabei ruhig weiter!

Kniebeuge

Mache ganz langsam, wie in
Zeitlupe, eine vollständige
Kniebeuge: runter und wieder hoch.

Stehen und Nachspüren

Stehe jetzt wieder wie am Anfang im breiten und tiefen Stand
(siehe S. 290). Schließe die Augen und spüre in dich hinein. Kannst du
jetzt mehr Lebendigkeit, Strömen oder Vibrieren besonders in deinen
Beinen spüren? Genieße diese Empfindungen eine Zeitlang.

Bogen nach hinten

Lege hinter deinem Rücken die beiden
Handflächen oder die Fingerspitzen
beider Hände zusammen und ziehe mit
den Händen deinen Oberkörper nach
hinten und nach unten. Der Kopf geht
ebenfalls mit nach hinten. Atme tief
durch den Mund in deinen Bauch.

Beuge nach vorn – mit den Armen
im Rücken

Die Hände bleiben hinter dem Rücken
zusammengelegt. Beuge dich jetzt nach
vorn über und führe deine Arme so
hoch, wie es geht, in Richtung Decke.
Dabei spürst du ein Ziehen in den
Schultern. Atme da hinein!

Arme vorn zusammendrücken

Strecke deine Arme auf Schulterhöhe
nach vorne lang aus und lege die
Handflächen aneinander. Drücke
dann die Arme so stark zusammen,
daß sie anfangen zu zittern. Lege
den Kopf zur rechten Seite, schließe
dein rechtes Auge, und schaue mit
dem linken Auge zur Decke. Das
bewirkt eine gute Dehnung des
linken Halsmuskels. Dann
wiederhole diese Bewegung für den
rechten Halsmuskel.

Arme über dem Kopf
zusammendrücken

Strecke die Arme über den Kopf
senkrecht nach oben und führe
wieder deine Handflächen
zusammen. Drücke dann deine
Arme so stark zusammen, daß sie zu
zittern beginnen.

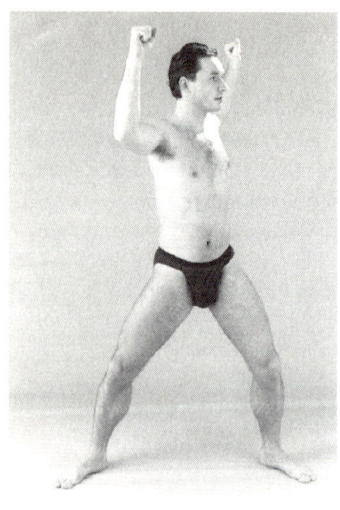

Tarzan

Nimm die Arme nach oben; die Oberarme parallel zum Boden in Schulterhöhe, die Unterarme im rechten Winkel nach oben, die Hände zur Decke gestreckt. Schließe nun die Hände so fest zu Fäusten, daß die Arme vibrieren. Drehe den Oberkörper nach links. Achte darauf, daß die Hüfte weiterhin nach vorn zeigt. Du bewegst nur den Oberkörper, der Rest bleibt ganz ruhig. Dann wiederhole die Übung mit einer Drehung nach rechts.

Himmel und Erde

Strecke die Arme in der Form eines «V» nach oben – mit den Handflächen offen zum Himmel hin. Stelle dir vor, daß von oben kosmische Energie durch die Arme in deinen Rumpf fließt und von unten Erdenergie durch die Beine ebenfalls in deinen Rumpf. Dort mischen sich die Energien. Möglicherweise vibrieren Arme und Beine zugleich.

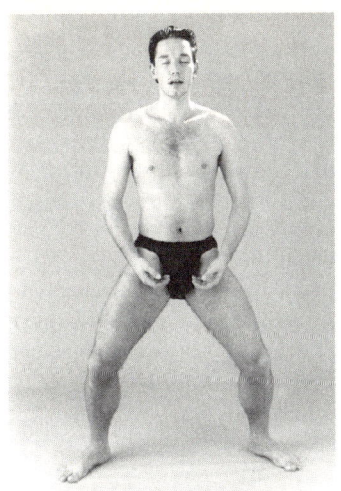

Stehen und Nachspüren

Stehe wieder wie am Anfang im breiten und tiefen Stand und spüre nach. Lege beide Hände auf den Bauch – oder eine Hand aufs Herz, die andere auf den Bauch. Wie fühlt es sich jetzt in dir an? Wo vibriert es, und wo strömt es? Kannst du deine Lebensenergie spüren?

Jetzt folgen fünf klassische bioenergetische Übungen. Die vorangegangenen Übungen haben den Körper gut vorbereitet, so daß du in den folgenden Übungen leichter Vibrationen spüren kannst. Wenn es dir mit der Zeit leichter fällt, Vibrationen im Körper zu spüren, kannst du auch gleich mit folgenden Übungen beginnen.

Bogen

Die Füße stehen hüftbreit auseinander und parallel. Beuge wieder die Knie leicht an. Balle die Hände zu Fäusten und lege sie in dein Kreuz. Nimm dabei deine Ellenbogen weit nach hinten, damit die Brust gedehnt wird. Beuge dich zurück (aber nicht zu weit) und atme wieder durch den Mund. Der Kopf bleibt bei dieser Übung gerade und guckt nach vorn. Spüre deinen Bauch, dein Zentrum.

Beuge nach vorn

Stell dich noch etwas breitbeiniger hin, drehe die Fußspitzen etwas nach innen und beuge dich vornüber, so daß deine Fingerspitzen den Boden berühren. Laß die Nackenmuskeln los und den Kopf ganz locker hängen. Atme tief durch und spüre deine Beine. Wenn Vibrationen kommen wollen, laß sie geschehen und atme in sie hinein. Vielleicht läßt du dazu Töne im Ausaten kommen. Richte dich dann langsam, Wirbel für Wirbel, von unten nach oben auf, während du weiteratmest.

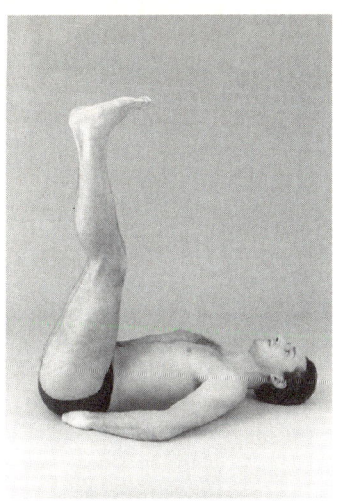

Beine strecken

Lege dich auf den Rücken auf eine
Unterlage, strecke die Beine
senkrecht in Richtung Decke, ziehe
die Fußspitzen zu dir hin und
drücke mit den Fersen Richtung
Decke. Atme tief und laß
Vibrationen und Töne kommen.
Wenn es im Kreuz stark schmerzt,
lege zur Unterstützung deine Fäuste
dorthin, die so deinen Rücken
entlasten.

Becken heben

Du liegst wieder flach auf dem
Rücken. Nun hebst du dein Becken
an und holst die Füße so nah an
deinen Körper heran, daß du sie auf
deine Fäuste stellen kannst. Dehne
dein Becken ganz nach oben und laß
Becken und Beine vibrieren.

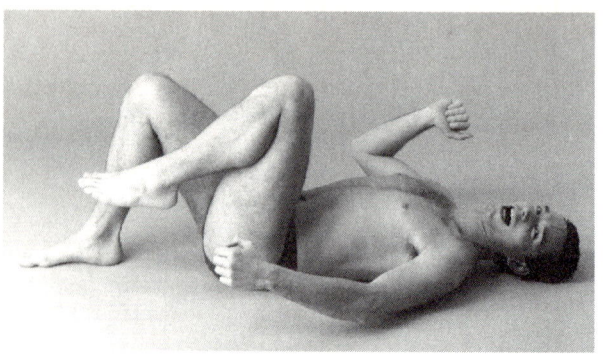

Wutanfall

Du liegst flach auf dem Rücken. Als erstes bewegst du
deinen Kopf nach links und rechts. Wenn der Kopf zur
einen Seite geht, atmest du ein, wenn er zur anderen Seite
geht, atmest du tönend aus. Nimm nun die Arme dazu und
schlage sie abwechselnd, im gleichen Rhythmus wie den
Kopf, links und rechts auf die Unterlage. Balle dabei deine
Hände zu Fäusten.

Als drittes nimm die Beine dazu und schlage sie ebenfalls
abwechselnd auf die Matte. Versuche, alle drei Bewegungen
zu koordinieren. Am besten ist es, wenn du die Beine und
Arme in einer Diagonalen zusammenbewegst, also: linker
Arm – rechtes Bein und umgekehrt.

Zum Schluß laß dich völlig gehen, verliere alle Kontrolle
und bekomme einen regelrechten Wutanfall. Wenn dir nicht
nach Wut zumute ist und du dich einfach nur körperlich
austobst, ist das genausogut.

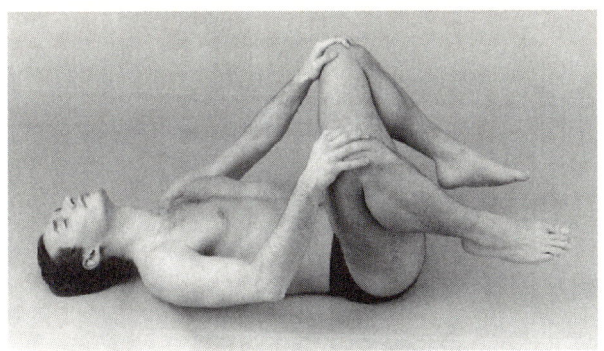

Kniekreisen

Auch bei dieser Übung liegst du auf dem Rücken. Ziehe
beide Knie an, umfasse sie mit den Händen und mache mit
ihnen gegenläufige Halbkreisbewegungen: Beim Einatmen
führe beide Knie im Halbkreis vom Körper weg, also aus der
Mitte nach außen, beim Ausatmen führe sie im Halbkreis
zum Körper hin, von außen wieder zur Mitte. Nach einiger
Zeit wechsle die Richtung: beim Einatmen nach innen, beim
Ausatmen nach außen.

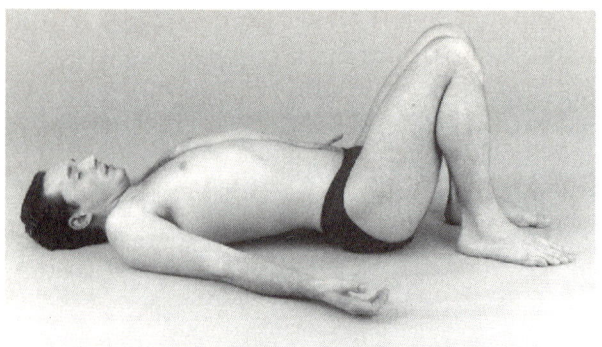

Beckenschaukel

Diese Übung wurde schon zur Verbesserung der
Bauchatmung erklärt. Jetzt wiederholst du sie sanft und
ruhig, atmest aber durch den geöffneten Mund. Du liegst
auf dem Rücken. Beim Einaten gehst du ins Hohlkreuz,
und der Kopf nähert sich langsam der Brust, beim Ausaten
stößt du das Schambein Richtung Decke, der Kopf fällt leicht
nach hinten. So bewegt sich der Körper in jedem Atemzug
wie bei einem kleinen Baby und einem ungepanzerten
Menschen. Laß den Ausatem lang und genüßlich werden.

Im Ausaten rollst du dein Becken zurück in die andere
Richtung, so daß das Kreuz an den Boden kommt und das
Schambein sich in Richtung Zimmerdecke bewegt. Der Kopf
fällt dabei ganz leicht nach hinten.

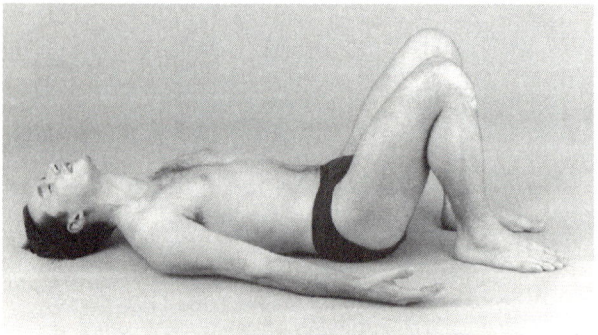

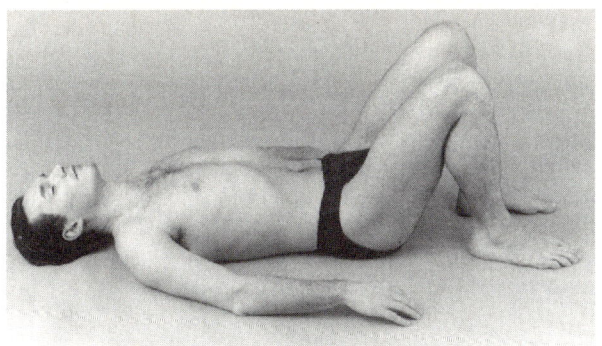

Jelly fish

Du liegst auf dem Rücken. Stelle die Beine auf. Führe beim
Ausaten die Beine langsam auseinander und beim
Einaten wieder zusammen (ohne daß sie sich berühren).
Lege keine Pausen ein und laß die Bewegungen
kontinuierlich mit dem Atem fließen. Wenn Vibrationen
entstehen, kannst du an den betreffenden Winkeln etwas
länger verweilen und die Vibrationen anwachsen lassen. In
dieser Stellung kannst du länger bleiben, so daß sich die
Vibrationen über den ganzen Körper ausbreiten können.
Wilhelm Reich hat diese Übung entwickelt. Er nannte sie
Jelly fish (Qualle), weil sie uns durchlässig für innere
Strömungen macht. Sie löst viele Spannungen in Becken
und Beinen und stärkt die Sexualkraft.

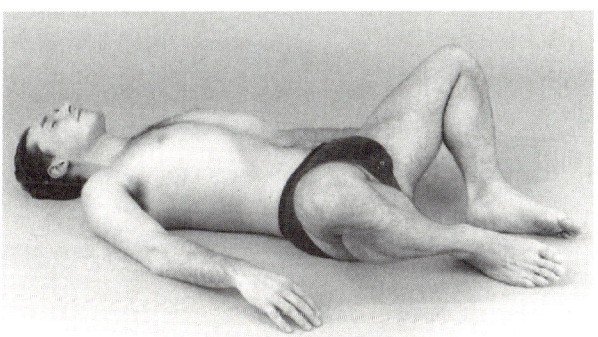

Beckenschlagen

Du liegst wieder auf dem Rücken. Hebe dein Becken etwas an, indem du das Gewicht auf die Füße verlagerst. Laß nun dein Becken schnell nach oben und unten hüpfen, wackeln oder schwingen, so als ob es wie ein Gummiball hoch- und runterhüpft. Es kann dabei auch auf dem Boden aufkommen. Laß dazu die Stimme tönen.

Arme-Zitter-Übung

Die folgende Übung solltest du nicht zusammen mit den eben genannten durchführen, sondern allein für sich bei einer anderen Gelegenheit. Sie ist eine der besten Methoden, um die Panzerung der ganzen Herzgegend zu lockern. Die Arme, die Schulter- und Brustmuskulatur wird dabei durch ganz feine Vibrationen gelöst. Hinterher wirst du dich frei und offen fühlen. Da auch bei dieser Übung tiefe Emotionen ausgelöst werden können, solltest du sie, wenn du davor Angst hast, zunächst lieber gemeinsam mit einem Begleiter durchführen.

Bevor du die Übung beginnst, lege dir eine eher dramatische Musik auf, die jedoch weich und harmonisch ausklingt. Sie sollte etwa dreißig Minuten dauern. Ich empfehle hier «Earth» von Vangelis. Du sollst während dieser Übung deine Hände innerhalb von etwa dreißig Minuten ganz langsam nach oben über den Kopf führen.

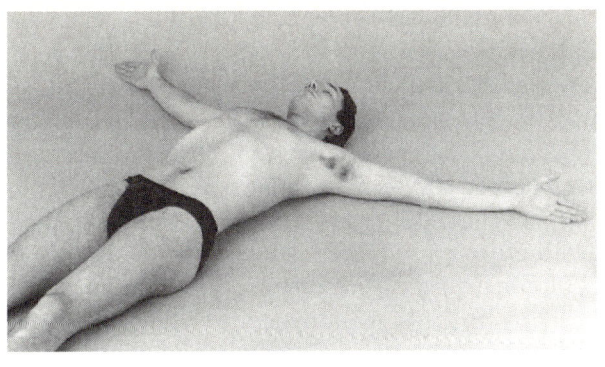

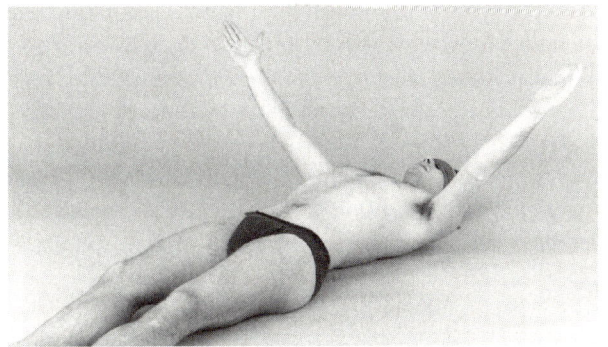

Übung

Du liegst zunächst auf dem Boden und hast deine Arme in
Schulterhöhe zu den Seiten ausgestreckt. Eine leichte Spannung geht bis in die Fingerspitzen. Wenn du anfängst, die
Arme langsam anzuheben, um sie am Ende der Übung vorne
in der Luft zusammenzuführen, entsteht nach einigen Minuten ein Gefühl von Anstrengung, das deinen Atem vertieft.
Halte aus, atme tief, und spüre eine Art scharfer Energie in
der Atemluft, die du beim Einatmen einsaugst. Nach einer
Weile beginnen die Arme durch die Anstrengung leicht zu zittern oder zu vibrieren. Wenn das geschieht, laß es zu. Genau
diese Vibrationen wollen wir erzielen, denn sie helfen, die

307

Muskeln in Oberarmen, Schultern, in der Brust und im oberen Rücken zu lösen. Bewege die Arme langsam weiter, Millimeter für Millimeter, nach oben.

Bei dieser Übung können belastende Erinnerungen zum Vorschein kommen sowie Gefühle von Bedürftigkeit und Sehnsucht. Wenn dir die Tränen kommen, laß sie einfach fließen. Laß alle diese Empfindungen zu, ohne das langsame Anheben der Arme zu vernachlässigen. Atme durch die Nase oder durch den Mund, halte das Becken still, und laß alle Energie in die Arme gehen. Falls du eine Hyperventilation bekommst, kannst du auch hier entweder weitermachen oder dich auf die linke Seite legen, ruhiger weiteratmen, um dich zu entspannen, und die Verkrampfung wird sich langsam auflösen.

Wenn die Musik kurz vor dem Ende weich und harmonisch wird, sollten deine Hände zusammenkommen. Jetzt, wenn die Fingerspitzen sich berühren, wirst du ein ganz wunderbares Gefühl von Harmonie empfinden. Wie bei allen Gebets- und Meditationshaltungen ist der Energiekreislauf der Arme nun geschlossen, und es entsteht ein Gefühl von Ganzheit, Erfüllung und Glück.

Zum Abschluß solltest du dich noch etwas auf die linke Seite legen, bei meditativer oder klassischer Musik nachspüren und die Energie über den ganzen Körper sich verteilen lassen. In Zeiten eines intensiven therapeutischen Prozesses ist es gut, diese Übung etwa einmal pro Woche durchzuführen, um auf diese Weise immer wieder sein Herz zu öffnen.

Bewegung

Bei den Übungen dieses Kapitels steht die Bewegung des Körpers im Mittelpunkt. Wir lassen dabei alle Bilder und Gedanken kommen, die aufsteigen wollen, gehen aber mit unserer Aufmerksamkeit immer wieder zurück zur Bewegung.

Bewegungs-Souling

Beim Bewegungs-Souling legst du dich in der Rückenlage flach auf den Boden. Du erspürst noch einmal deine innere Befindlichkeit und läßt dann spontane Bewegungen kommen – einfach so wie sie von selbst kommen wollen. Laß dich von deinen Bewegungen überraschen und folge ihnen, laß dich von deiner Seele bewegen und nicht von deinem Willen. Das Bewegungs-Souling ist wie ein Trance-Tanz im Liegen. Bewegungen, die ganz von selbst, also von innen heraus kommen, machen häufig den Eindruck, als würde man «verrückt» oder sei vollkommen «unkontrolliert». Laß dich von diesen rationalen Urteilen nicht abschrecken, und versuche dich der Bewegung hinzugeben. Du kannst auf diese Weise zunächst eine halbe Stunde üben. Gut ist Begleitung durch eine Musik deiner Wahl. Du wirst mit der Zeit immer stärker in einen Trance-Zustand kommen. Manchmal erlebst du Übelkeit: Das läßt immer auf Gefühle schließen, die noch nicht bewußt geworden sind. Bewege dich weiter und laß die Übelkeit sich in Tränen oder Gebrüll verwandeln. Häufig kommst du auch in ein Gefühl der Leere und Glückseligkeit.

Hinterher wirst du dich noch für Stunden und Tage so fühlen, als ob dein ganzes Sein von einem sehr tiefen Punkt in dir selbst bestimmt wird. Du fühlst dich mit deinen Instinkten und deinem ganz spontanen und natürlichen Verhalten stärker verbunden.

In Japan ist dieses Trancebewegen unter dem Namen «Seitai» von dem Meister Haruchika Noguchi gelehrt worden, der ihm große heilende Wirkung auf den ganzen Organismus wie auch auf das soziale Leben eines Menschen zuschrieb. Die innere Energie, das Ki, heilt bei diesen Bewegungen in selbstregulierender Weise alle Blockaden in Körper und Geist.

Auch im Chi-Gong, der chinesischen Gesundheitsübungen, sind diese spontanen Selbstbewegungen in Trance bekannt, besonders bei den «Fünf wilden Tiere» und im «Weißer Kranich»-Chi-Gong.

Mir selbst geht es beim Bewegungs-Souling ähnlich wie beim Trance-Tanz: Oft ist es wie ein Wunder, daß eine so einfache Methode derartig starke heilende Effekte hat. Obwohl ich schon die verschiedensten Körperübungen gemacht habe – z. B. verschiedene Tai-Chi-Arten –, bin ich immer wieder überrascht, wieviel gerade das Bewegungs-Souling in Gang setzt, obwohl keine besonderen Formen gelernt, sondern nur eigene spontane und scheinbar verrückte Bewegungen zugelassen werden.

Am Anfang liegt die größte Schwierigkeit meist darin, über das Gefühl «Mache ich es auch richtig?» hinauszukommen. Es gibt eben keine vorgeschriebene Form, und jeder entwickelt ganz andere Bewegungen. – Man kann sich also nicht an einer äußeren Übungsfolge orientieren.

Meiner Erfahrung nach ist es eine gute Hilfe, in der Rückenlage mit dem oben beschriebenen Jelly fish anzufangen, dann zu einer begleitenden Musik einfache Beckenschaukeln nach links und rechts zu machen und dann einfach weiter den Bewegungen zu folgen. Der Kopf wird wahrscheinlich noch häufiger sagen: «Das ist gar nicht richtig spontan, das ist doch alles Quatsch.» Mach einfach weiter, vielleicht sogar eine Stunde lang, und sieh zu, was passiert. Bei mir selbst kommt meist die Stimme mit und für mich paßt das sehr, sie nach Bedarf zu den Bewegungen tönen zu lassen. Finde einen individuellen Weg für dich selbst. Häufig wechseln sich auch ruhigere Phasen oder sogar ein Zustand ganz ohne Bewegung mit heftigeren und rasanteren Phasen ab.

Man kann das Bewegungs-Souling auch zu zweit machen. Denn es ist eine sehr gute Methode, sich näherzukommen und die Beziehung zu verbessern. In den gemeinsamen Bewegungen können sich die Partner sehr nah sein – so können beide fast in Löffelstellung beieinander liegen und sich bewegen –, es kann aber auch vorkommen, daß sich beide zu ganz verschiedenen Ecken des Raumes hinbewegen. Im Bewegungs-Souling zu zweit können Kontaktprobleme, die aus der frühen Kindheit, aus Kontaktproblemen zu Mutter und Vater stammen, sehr gut verarbeitet und geheilt werden.

Zeitlupentanz

Auch beim Zeitlupentanz, bei dem du dich etwa zwanzig Minuten zu langsamer meditativer Musik bewegst, tanzt du nicht aus deinem Willen heraus. Wie beim Bewegungs-Souling am Boden läßt du die Bewegung aus deiner Seele, aus dem Unbewußten kommen und folgst ihnen. Die Bewegungen sollen dabei ganz langsam sein – gleichsam wie ein individuelles, spontanes Tai-Chi.

Trance-Tanz

Beim Trance-Tanz, wo du schneller nach rhythmischer Musik tanzt, passiert das gleiche wie im Zeitlupentanz. Du folgst deinen inneren, spontanen Bewegungen und ziehst dabei die Aufmerksamkeit ganz von der Außenwelt ab. Dabei wirken verschiedenste Faktoren auf heilende Weise: Du lockerst den Körper in der Bewegung, der Atem wird vertieft, Bilder und Gedanken steigen aus dem Unbewußten auf. Da der Trance-Tanz besonders in den Souling-Gruppen eine häufig angewandte Methode ist, will ich ihn hier noch etwas ausführlicher beschreiben.

Trance-Tanz ist eine der ältesten Methoden, um sich von Belastendem zu reinigen und für Heilung und neue Visionen zu öffnen. Trance-Tanz gibt es in fast allen alten Kulturen – mal tanzt jeder wild für sich, mal in ritualisierter Kreisform oder auch im Drehen und Wirbeln wie bei den Sufi-Derwischen. Die Aufmerksamkeit geht – im Gegensatz zum Miteinandertanzen – nach innen: Musik, Rhythmus und Bewegung wirken heilend und führen uns in eine Welt, die jenseits unseres Alltags liegt. Du kannst ekstatische Zustände erleben, in denen du dich selbst transzendierst und dich eins fühlst mit den Trommeln, den Klängen, den Rhythmen und der Bewegung. Du tanzt dann nicht mehr, sondern es tanzt dich. Du bist der Tanz, die Musik, der Rhythmus. In diesen Momenten erfährst du Glück und Erfüllung, und diese Erfahrung strahlt heilend für einige Zeit in deinen Alltag hinein.

Es kann auch passieren, daß negative Gefühle hochkommen, daß du Wut, Angst oder Schmerz empfindest. Dann nimm diese Gefühle wahr, drücke sie vielleicht mit der Stimme aus und lasse sie sich vor allem durch die Bewegung transformieren. «Friere nicht ein», werde nicht steif, sondern bleib in der Bewegung: dann kann die Energie weiterfließen, und die negativen Gefühle können sich verwandeln.

Beim Trance-Tanz ist sinnvoll, daß du dir die Augen verbindest. Ohne Augenbinde besteht die Gefahr, daß du doch einmal deine Augen öffnest, und daß kann dich schnell aus dem Trance-Zustand herausbringen und ihn unterbrechen. Trance-Tanzen kann jeder – ob jung oder alt, ob geübt oder etwas steif in Knochen und Gelenken, denn es geht nicht um «gut» oder «schlecht», «schön» oder «häßlich», sondern einfach darum, seine ureigenste innere Bewegung ohne jede Bewertung einfach zuzulassen.

Übung

Steh zunächst mit etwas gebeugten Knien, die Füße parallel. Laß die Schultern locker hängen und spüre den Atem im Bauch. Spüre deinen Körper und komme nach innen. Stell dir wieder die Öffnung im Scheitel und den Kontakt mit dem goldenen Licht von oben vor. Dann laß die Musik auf dich wirken und deine Bewegungen ganz von innen kommen. Mit geschlossenen Augen werden deine Bewegungen sowieso anders sein als mit offenen, wahrscheinlich vorsichtiger – das ist gut so. Denn auf diese Weise kommen sie mehr aus dem Inneren und – das ist Trance-Tanz – mehr aus dem Herzen.

Tanze einfach immer weiter und folge deinen inneren Empfinden. Befreie dich von deinen eigenen Vorstellungen, wie du tanzen solltest. In einer Gruppe denke daran, daß die anderen auch die Augen verbunden haben, ganz bei sich sind und keiner danach schaut, ob du «gut» oder «schlecht» tanzt.

Schicke deinen inneren Kritiker, Pusher, Kontrolleur oder Perfektionisten aus dem Raum heraus. Wenn du dich im Knien oder Liegen weiterbewegen willst, folge dieser Empfindung. Wenn deine Stimme sich ausdrücken möchte, laß das geschehen. In Gruppen ist es allerdings gut, sich zunächst darüber zu verständigen wie stark der Ausdruck nach außen gehen darf, ohne daß sich Sensiblere in ihrem Erleben gestört fühlen.

Setze dir nicht das Ziel, keine Gedanken und Bilder zu haben und ganz leer zu sein. Das führt nur zu Verkrampfungen. Akzeptiere alle Gedanken und Bilder, aber komme immer wieder zurück zur Bewegung und zum Atem. Den Atem kannst du einfach fließen lassen, so, wie er der Bewegung folgt. Darüber hinaus möchte ich dir den Trance-Tanz-Feueratem empfehlen, den ich bei dem Trance-Tanz-Schamanen Frank Natale gelernt habe. Du atmest zweimal kurz hintereinander durch die Nase ein, füllst die Lungen dadurch voll auf und atmest dann einmal lang durch den Mund aus, wobei du vielleicht einen stöhnenden «Haaa»-Laut machst. Durch diesen Atem kannst du leichter in den Trancezustand kommen. Versuche einmal, bei langsameren Musikpassagen ganz bewußt diesen Trance-Tanz-Feueratem zu üben. Du kannst auch später mit dem Atem experimentieren und nur einmal oder auch dreimal einatmen, so wie es für dich am besten paßt. Grundsätzlich ist es beim Tanzen gut, durch die Nase ein- und durch den Mund auszuatmen. In den Zuständen, bei denen du ganz aus dir selbst heraustrittst und zum Tanz wirst, kann es sich auch so anfühlen, als ob du gar nicht atmest. Das ist gut so.

Für den Trance-Tanz möchte ich dir folgende Musikstücke empfehlen, die du z. B. in spirituellen Buchhandlungen oder auch in Plattengeschäften bestellen kannst. Bei der ersten Musik wird der Feueratem übrigens immer wieder mit eingespielt:
- Professor Trance & the Energizers: *Trance Dance – The Breath of Fire*; produziert von Frank Natale, Graham Dear und Richard Sullivan.

- Professor Trance & the Energizers: *Trance Dance – Spirit Animal*.
- Professor Trance & the Energizers: *Shaman's Breath*.

Zum Trance-Tanzen kannst du jede Musik nehmen, die dir gefällt, du kannst aber auch verschiedene ethnische Trance-Tanz-Abende gestalten: afrikanische Trommelmusik, indianische Trommeln, indische und pakistanische Musik, polynesische Trommeln und hawaiianische Musik oder auch Techno- und Hausmusik. Die Platte, die mir aus der Techno-Ecke zum Trance-Tanz besonders gefällt, heißt:

- Dance 2 Trance: *Moon Spirits*.

Ich habe mir allerdings das neunte Stück an den Schluß gestellt: ein wunderbarer Abschluß mit dem Gesang von Walen. Sehr gut finde ich auch die ganze Musik von

- *Gabrielle Roth & The Mirrors*, z. B.: Trance, Bones, Totem, Ritual, Tongues, Wawes und Initiation.

«Initiation» ist eine gute Einführung in den Trance-Tanz von Gabrielle Roth, die sich selbst eine «Stadtschamanin» nennt. «Initiation» enthält eine «Aufwärmmusik», bei der man nacheinander alle Körperteile vom Kopf bis zu den Füßen in Bewegung setzt, und einen Zirkel von fünf Rhythmen, die in allen organischen Prozessen der Natur vorkommen und die man nach der Musik tanzen kann.

- **Fluß:** fließende Bewegungen, die auf etwas hindrängen, eine Spannung in sich bergen; potentielle Kraft, warten; weiches kontinuierliches Wachstum, wachsende Welle.
- **Stakkato:** harte, abgehackte und spannungsgeladene Bewegungen; Kristallisation statisch; Spannung aufbauen.
- **Chaos:** alles gehenlassen, Katharsis, loslassen, verrückt werden, Zerstörung; Orgasmus.
- **Lyrisch:** wie die Stimmung nach einem Gewitter; Nachklang, spielerisch; Luftblasen, nachdem die Welle zerschellt ist.
- **Stille:** Ruhe, Ausklang, Energie nach innen gehen lassen, Einheit, Klarheit, Stille.

Massage

Bei einem Massage-Souling, das normalerweise mit einem Arbeitspartner durchgeführt wird, arbeiten wir primär mit Berührung und Massage. Dabei können innere Bilder, Gedanken und Gefühle aufsteigen, auf die der Begleiter eingeht, während er massiert. Die Massage kann weich und zart, oder auch tief und kräftiger sein. Anstatt dem Klienten ein starres Massage-Muster aufzuzwängen, fragt der Begleiter oder erfühlt intuitiv, wo der Körper des Klienten jetzt die Berührung braucht, und geht mit den Händen dorthin.

Es gibt aber auch Massage-Übungen, die du selbst allein durchführen kannst. Diese Übung, die ich dir hier empfehlen will, ist außerdem ein schönes Ritual, sich selbst Liebe und Energie zu geben. Sie eignet sich hervorragend für die Zeit nach dem Aufwachen; man kann sie gleich morgens unter der warmen Bettdecke machen und sich auf diese Weise selbst begrüßen.

Übung

Stelle dir einfach vor, daß kosmische Energie durch deine Hände in dich hineinfließt. Lege dich auf den Rücken. Lege die Hände auf deinen Körper, und spüre dich unter den Händen im Ein- und Ausatmen. Laß deinen Atem unter die Hände fließen. Halte jede der folgenden Positionen für etwa zehn Atemzüge:

1. Lege deine Hände über die Augen auf das Gesicht.
2. Lege die Hände auf die Wangen.
3. Lege die rechte Hand auf die Stirn, die linke unter den Nacken.
4. Lege beide Hände auf den Hals.
5. Lege beide Hände über Kreuz auf die Schultern.
6. Lege beide Hände vorn auf die Brust.
7. Lege beide Hände auf die Seiten der Brust.
8. Lege beide Hände aufs Zwerchfell.

9. Lege beide Hände mit den Handrücken nach oben unter den Rücken.

10. Lege beide Hände ebenso unter die Kreuzgegend.

11. Lege beide Hände ebenso unter das Becken.

12. Lege beide Hände auf den Oberbauch.

13. Lege beide Hände auf die Bauchmitte.

14. Lege beide Hände auf die Flanken.

15. Lege beide Hände auf die Seiten des Beckens.

16. Lege beide Hände auf den Unterbauch.

17. Lege eine Hand auf den Bauch, die andere aufs Herz.

18. Zum Abschluß spüre einfach in deinen Körper hinein und frage dich, wo du jetzt noch weitere Berührung möchtest. Folge diesen inneren Impulsen. Vielleicht meldet sich der linke Fuß, dann das rechte Ohr, der linke Ellenbogen usw. Mache das so lange, wie du Lust hast. Wie fühlst du dich zum Schluß?

Selbsthilfe mit energetischem Souling

Die in diesem Kapitel beschriebenen Übungen des energetischen Souling kannst du dir zur Selbsthilfe frei zusammenstellen. Atem, Massage, Bewegung und Tanz kannst du je nach deinen momentanen Bedürfnissen anwenden, egal, ob du gerade ein aktuelles Problem hast oder ob du einfach an deiner seelischen Weiterentwicklung arbeiten möchtest. Atem und Bewegung werden auf jeden Fall deinen inneren Prozeß beeinflussen und vorantreiben. Erlebnisse auf der Bilderebene, Kindheitserinnerungen oder auch innere Dialoge laufen dabei ganz von selbst. Du kannst bei den körperorientierten Übungen auch alle psychischen Interventionen, die du bisher gelernt hast, anwenden und ausprobieren. Das Prinzip des energetischen Souling ist einfach, daß du den Atem, die Bewegung, die Stimme und das Spüren für dein inneres Erleben nutzt. Auch hier wird dich dein Seelen-Selbst führen.

Die Arbeit mit dem energetischen Souling-Prozeß kann z. B. nach dem folgenden Muster ablaufen. Zur Erläuterung soll dir das Beispiel von Susanne dienen, die im energetischen Souling ein aktuelles Unwohlsein verarbeitet.

- **Gehe im Raum herum, sprich laut über dein Problem und übertreibe dabei ganz bewußt mit Gestik und Stimme.**

    Beispiel: Susanne fühlt sich schon die ganze Woche unausgeglichen und unzufrieden. Sie mag diesen Zustand gar nicht und glaubt, daß kein Mensch sie leiden kann, wenn sie so nörglerisch ist. Nun rafft sie sich zu einem Souling-Prozeß auf. Sie geht durch den Raum, drückt dabei all ihre Unzufriedenheit aus und schimpft laut herum. Sie benutzt die Arme zu weiten, aggressiven Bewegungen und lockert dabei den ganzen Körper.

- **Lege dich dann auf den Rücken, spüre deinen Körper und atme dabei tief durch den offenen Mund.**

    Beim Atmen kommen Susanne jetzt Bilder aus ihrer frühen Kindheit: Ihre Oma und ihre Mutter lassen sie häufig allein. Sie steht einsam am Fenster und schaut auf die Straße. Sie spürt auch jetzt in der Erinnerung daran keine Traurigkeit und keinen Ärger. Die Mutter ging damals aus dem Haus, wenn sie Alkohol trank, und Susanne wußte, daß kein Mensch das erfahren durfte. Susanne fühlt auch jetzt eher Scham und Heimlichkeit. Als ihr das bewußt wird und sie immer weiter atmet, spürt sie langsam doch Ärger in ihrem Bauch.

- **Bringe all deine unterdrückten Gefühle zum Ausdruck, und benutze dabei auch Bewegung und Stimme.**

    Susanne spürt den Drang zu treten. Sie stellt sich ihre Mutter vor und sagt ihr all ihre Empörung und ihren Ärger. Es genügt ihr nicht, im Liegen auf die Matte zu treten. Sie steht auf und tritt nun im Stehen auf die Matratze. Sie empfindet dabei einen großen Genuß und fühlt, daß ihr Bewegung immer verboten wurde. Sie hüpft ausgelassen auf der Matratze herum.

- **Dann lege dich wieder hin und spüre nach, wie sich dein**

Körper nun anfühlt. Lasse zu den positiven Körpergefühlen heilende Bilder und Sätze in dein Bewußtsein kommen.

Susanne legt sich wieder hin und spürt, wie weit und frei sich ihr Körper nun anfühlt. Sie fragt sich, ob sie sich eine ideale Mutter vorstellen sollte, die sie niemals soviel alleingelassen hätte, doch sie verwirft diese Idee. Sie findet eine ideale Mutter besser, die auch Fehler machen, sie öfter verlassen und dadurch frustrieren würde, die dann aber nach Haus käme und ganz offen für ihren Ärger wäre. Ihre ideale Mutter sagt: «Du hast vollkommen recht, so ärgerlich auf mich zu sein, und darfst ruhig all diese Gefühle ausdrücken. Bei uns ist Ärger ein willkommenes Gefühl. Außerdem freue ich mich, deine Kraft zu sehen». Susanne fühlt sich nun kräftig, leicht und frei.

- **Stelle dich wieder hin, und feiere dich im Tanz.**

Susanne stellt sich auf und merkt, daß sie jetzt keine Musik hören möchte, sondern sich nur mit der Begleitung der eigenen Stimme bewegen will. Sie hat Lust, noch einmal mit dem unzufriedenen Gefühl anzufangen, und tanzt all die erlebten Stationen durch.

Es wäre auch möglich gewesen, daß sie sich Musik aufgelegt und nur ihr positives Gefühl – «kräftig, leicht und frei» – ausgetanzt hätte.

Mit Souling
weiterarbeiten

Nachdem du nun die wichtigsten Souling-Methoden kennengelernt hast, sollen in diesem letzten Teil noch einige praktische
Hinweise für die weitere Arbeit mit Souling angesprochen werden. Vielleicht möchtest du das Buch nach dem ersten Lesen
zunächst beiseite legen und schauen, wie das Gelesene im Alltag weiterwirkt. Vielleicht aber hast du Lust, schon bald mehr
mit praktischen Selbsthilfeprozessen zu experimentieren, dir
einen Übungspartner für partnerschaftliches Souling zu suchen
oder dich mit mehreren Menschen zu einer Souling-Gruppe zu-
sammenzuschließen. Dann können dir die folgenden Anmerkungen weiterhelfen.

Selbsthilfe mit Souling

Wenn du dir noch einmal die verschiedenen Souling-Methoden
in Erinnerung rufst, dann siehst du, daß der Souling-Prozeß immer mit den beiden Schritten *Selbsterforschung* und *Spürbewußtsein* beginnt. Danach kannst du dich entscheiden, mit welchen
Souling-Prozessen du weiterarbeiten willst: mit dem *freien Souling* (Selbsterforschung im Spürbewußtsein), dem *Innere-Kind-
Souling*, dem *Souling mit inneren Bildern* oder dem *energetischen
Souling* (mit Atem oder Bewegung).

Für die Selbsthilfe wird wahrscheinlich das Innere-Kind-Souling am wichtigsten sein. Du kannst einen Souling-Prozeß sehr
ausführlich über dreißig Minuten oder auch länger durchfüh-

ren, kannst dabei liegen und die Augen schließen oder sitzen, dir andere Personen aus Kissen aufbauen oder auch im Stehen arbeiten und deinen verschiedenen Stationen einen Platz auf dem Boden geben. Es ist aber ebenso möglich, diesen Prozeß innerhalb von fünf Minuten in einer kleinen Pause im Alltag durchzuführen. Wichtig ist nur, daß dein Denken durch alle Stationen des Souling-Kreises in eine Richtung geht, die eine Transformation der Gefühle, an denen du arbeiten möchtest, möglich macht.

Das Souling mit inneren Bildern sowie das energetische Souling eignen sich eher für die innere Arbeit, für die du eine ruhige Stunde zu Haus reserviert hast. Mache dich zunächst vertraut mit den verschiedenen Übungen und beginne dann langsam, diese Übungen als Bausteine zu benutzen, die du jeweils so kombinierst, wie es dir gerade sinnvoll scheint. Du hast all die verschiedenen Interventionsmöglichkeiten in einem großen Rucksack und folgst deinem inneren seelischen Prozeß, so, wie er von sich aus verläuft. Bei Bedarf ziehst du eine der Methoden aus dem Rucksack und wendest sie an, wenn sie dir im Moment passend erscheint. Die Beispiele zum freien Souling zeigen dieses Vorgehen anschaulich und klar.

Als Leitfaden für die Selbsthilfe hier noch einmal die Grundsätze der Souling-Arbeit:

- Sage dir die vollkommene Wahrheit über dich.
- Wende dich deinem unangenehmen Gefühl zu, spüre es und atme hinein, anstatt es zu kompensieren.
- Arbeite an diesem Gefühl mit einer der gelernten Souling-Methoden.
- Zum Abschluß schaffe dir heilende Erfahrungen.

Partnerschaftliches Souling

Die Souling-Arbeit ist natürlich noch befriedigender, wenn du von einem Freund oder einer Freundin, die ebenfalls mit dem Souling-Prozeß vertraut sind und dieses Buch gelesen haben, begleitet wirst. Schon die Gegenwart einer anderen Person verstärkt den therapeutischen Effekt. Dein Begleiter braucht gar nicht viel zu tun – allein der Umstand, daß er dich sieht und deinen inneren Erlebnissen erhört, macht dein Erleben intensiver und unterstützt den therapeutischen Effekt.

Falls du das partnerschaftliche Souling mit einem Freund oder einer Freundin erstmals ausprobieren willst, ist es am besten, wenn du im Wissen um deine Kompetenz den gewählten Souling-Prozeß selbstverantwortlich durchführst und dein Begleiter nur dabeisitzt und dir zuhört. Es ist schön, wenn er etwas Bestätigendes sagt – «Ja», «Aha» oder «Mmh» genügen völlig –, aber ansonsten soll er einfach nur da sein.

Wenn dieser erste Versuch für euch befriedigend verläuft, und ihr beide plant, daß er die Rolle des Begleiters noch deutlicher wahrnehmen soll, dann solltet ihr die Formulierungen und Anleitungen dieses Buches übernehmen. Es ist aber wichtig, daß du als Klient immer voll für dich verantwortlich bleibst und prüfst, ob seine Fragen oder Aufforderungen jeweils für dich passen. Du bist immer frei, eine Frage nicht zu beantworten oder zu einer Aufforderung «Nein» zu sagen.

Ich arbeite zur Zeit an einem weiteren Buch über das partnerschaftliche Souling, in dem die Anleitungen, speziell für den Begleiter, noch ausführlicher dargestellt werden sollen, als das in diesem Buch, wo die Selbsthilfe im Vordergrund steht, möglich war. Es ist mir aber dennoch wichtig, schon an dieser Stelle auf die Ansätze und Möglichkeiten des partnerschaftlichen Souling hinzuweisen. Ich hoffe, daß sie euch ermutigen, erste eigene Versuche zu unternehmen.

Darum hier noch einige Sätze, wie ich das Verhältnis von Selbsthilfe und partnerschaftlicher Arbeit sehe:

Nach meiner Auffassung ist es gut, soviel wie möglich allein zu arbeiten und außerdem noch die Möglichkeit zu nutzen, mit einer anderen Person zusammenzuarbeiten. Bei jedem Menschen gibt es immer wieder eine Blockade, die er allein nicht lösen kann – auch nicht mit der besten Selbsthilfetechnik. Dann ist partnerschaftliche Arbeit hilfreich. Doch auch da wird es manchmal Blockaden geben, die ihr gemeinsam nicht lösen könnt. Dann kann die Arbeit mit einem professionellen Therapeuten oder in einer Gruppe weiterhelfen. Andererseits geht auch die Arbeit in einer professionellen Therapie viel schneller und effektiver voran, wenn der Klient zwischen den Sitzungen selbständig für sich arbeitet, ebenso wie es ein Kinderspiel ist, jemanden im Souling-Prozeß zu begleiten, der sehr viel Erfahrung in der Selbsthilfe hat.

Grundsätzlich gilt:

- Es gibt Menschen (zu denen du wahrscheinlich gehörst, denn du hast immerhin dieses Buch gekauft und bis hierhin gelesen), die können relativ gut allein mit sich arbeiten und davon profitieren. Sie werden auch die partnerschaftliche Arbeit mit einem anderen Menschen gut nutzen können. Diese Menschen haben meist ein gut funktionierendes bewußtes Ich.

- Andere können nur mit einem anderen Menschen zusammen an sich arbeiten. Viele kommen nur in Begleitung in Kontakt zu ihrem tiefen inneren Erleben. Für sie ist die Arbeit allein eine Überforderung. Die Fähigkeit zur selbständigen Arbeit ist bei ihnen nicht so ausgeprägt und das bewußte Ich meist nicht so stark. Aber all das ist lernbar, und ich möchte diesen Menschen empfehlen, immer wieder mit Disziplin auch an die selbständige Arbeit heranzugehen.

- Für einige Menschen ist aber auch die partnerschaftliche Arbeit eine Überforderung. Sie können zunächst nur einseitig mit einem professionellen Helfer arbeiten, damit sie nicht selbst begleiten müssen. Hier ist das bewußte Ich meist nicht so stark entwickelt und eine professionelle Therapie in der Regel angemessener.

Wichtig ist, daß du eine Arbeitsform für dich findest, die dir gemäß ist und dir Freude macht.

Praktisch bedeutet partnerschaftliches Arbeiten, daß sich zwei Menschen über einen längeren Zeitraum wöchentlich treffen, wobei jeder eine Souling-Sitzung gibt und eine bekommt – d. h. jeder ist einmal Klient und einmal Begleiter. Über die Abläufe und Reihenfolgen solltet ihr euch individuell abstimmen.

Ich schaue auf eine gut zwanzigjährige Erfahrung in der Anleitung von Laien zur partnerschaftlichen Arbeit zurück und bin über die Ergebnisse sehr froh. Diese Sitzungen haben durch den Rollenwechsel sogar eine besondere Atmosphäre. Häufig habe ich den Eindruck, daß gerade das kombinierte Lernen von «Helfen» und «Helfen lassen» so gesund und für die eigene Entwicklung förderlich ist.

Natürlich sind mit der partnerschaftlichen Arbeit auch Einschränkungen verbunden. Sie ist nicht so «bequem» wie die professionelle Therapie. Dort kannst du ganz in dich hinein gehen, zu deinem inneren Kind werden, und mußt dir keine Gedanken machen, wie es dem Therapeuten geht. Du kannst den therapeutischen Prozeß für dich langsam ausschwingen lassen und mußt nicht gleich nach dem Ende deiner bewußten Versenkung in das innere Erleben wieder erwachsen werden.

Beim partnerschaftlichen Souling wirst du nach deiner Sitzung und einer kleinen Pause selbst zum Begleiter und mußt «arbeiten». Dies ist zwar anstrengend, wird aber auch als sehr bereichernd erlebt. Wir stärken dabei unsere Fähigkeit, uns selbst zu erforschen, wie auch die, uns wieder zu disidentifizieren und ins bewußte Ich zu gehen. Wenn der Wechsel beider Rollen innerhalb eines Treffens zu anstrengend erscheint, kann man sich z. B. weiterhin wöchentlich treffen, aber nur einer der beiden Partner ist Klient. Auf diese Weise bekommt jeder alle zwei Wochen eine Sitzung als Klient und ist alle zwei Wochen Begleiter. Man muß gelegentlich experimentieren, welche Verabredung im Moment für die gemeinsame Arbeit am besten paßt.

Leider ist es nicht immer einfach, einen Souling-Partner zu finden, der in der Nähe wohnt und ebenso intensiv arbeiten möchte, wie man selbst. Hier muß man vielleicht mehrere Anläufe machen und Geduld mitbringen. Wenn man sich dann aber erst einmal eingearbeitet hat, kann solch eine Beziehung fürs partnerschaftliche Souling eigentlich das ganze Leben dauern. So wie einige Leute regelmäßig zur Massage gehen, so hast du dann den regelmäßigen Luxus, deine Seele einmal «aushängen» und «durchlüften» zu lassen.

Partnerschaftliches Souling ist keine Konkurrenz zur professionellen Therapie. Die sucht man meistens wegen eines besonderen Problemdrucks. In einer tiefenpsychologisch orientierten Körperpsychotherapie z. B. werden über einen Zeitraum von zwei bis drei Jahren die größten Charakterbarrieren und Muskelpanzerungen aufgelöst, doch dann ist das seelische Wachstum noch nicht abgeschlossen.

Nun kann man aber auch ohne einen Therapeuten weitermachen.

Das partnerschaftliche Souling ist für dich geeignet, wenn du keinen so starken Problemdruck hast, schon eine längere Therapie hinter dir hast oder dir einfach den «Luxus» erlauben willst, mit einem Freund oder einer Freundin an deine Charakterbarrieren heranzugehen. Wichtig ist auch die Erfahrung, zu lernen, wie man einen anderen Menschen optimal begleiten kann. Dieser Lernprozeß wird auch deinen anderen sozialen Beziehungen zugute kommen.

Ein weiterer wichtiger Aspekt beim partnerschaftlichen Souling ist die Auswahl des Partners. Ihr solltet euch natürlich mögen und euch sympathisch sein, aber eine zu große Nähe im Alltag kann Probleme mit sich bringen. Am hilfreichsten ist es, wenn ihr euch hauptsächlich zu den Sitzungen seht. Wenn Ihr ansonsten im Alltag viel Kontakt habt, beispielsweise in einer Wohngemeinschaft zusammenwohnt, müßt ihr experimentieren, ob gemeinsame Souling-Arbeit klappen kann. Möglich ist alles.

Souling in Liebesbeziehungen

Ein Sonderfall des partnerschaftlichen Souling ist die gemeinsame Arbeit innerhalb einer Liebesbeziehung. Sie kann einerseits besonderen Schwierigkeiten ausgesetzt sein, andererseits aber sehr bereichernd wirken. Eine Beziehung, in der beide Partner ihr seelisches Wachstum und die Arbeit an der eigenen Persönlichkeit als oberstes Ziel haben, ist wie eine Rakete auf dem Weg der Selbstentfaltung. Die Entwicklungen gehen rasant voran und entsprechen manchmal den Fortschritten während einer jahrelangen Therapie. Die Partner erwarten in dieser Beziehung nicht, daß der andere sie glücklich macht oder sie ihn glücklich machen müssen, sondern ihr gemeinsames Motto lautet: «Ich bin mir bewußt, daß ich noch nicht vollständig liebesfähig bin und lieben lernen möchte – und das kann ich mir am besten mit dir vorstellen.» Kurz gesagt: «Ich möchte Liebe lernen mit dir.»

Die Selbstentfaltung in solch einer Beziehung kann so rasant fortschreiten, weil wir uns unbewußt Partner suchen, die uns bei der Arbeit an unseren inneren Problemen weiterhelfen können: Wir verlieben uns zum einen in Partner, die unsere Sehnsucht nach den idealen Eltern auslösen («Du schenkst mir den Himmel auf Erden»), zum anderen aber auch die Eigenschaften unserer negativen Eltern repräsentieren und damit alte Gefühle auslösen. «Sie» erscheint zunächst als die Frau, die – natürlich ganz anders als die Mutter – so warm, tolerant und verständnisvoll ist. Doch nach den ersten verliebten Zeiten zeigt sich dann, daß sie genau die gleichen Verlassenheitsgefühle auslöst, wie früher die Mutter «Er» erscheint zuerst – natürlich ganz anders als der Vater – wirklich fähig zu Nähe und Intimität. Doch dann zeigt sich, daß auch er lieber mit seinen Freunden zusammensitzt.

Wenn es dir in einer solchen Situation gelingt, alle Anklagen und Schuldzuweisungen fallenzulassen und deinen Partner nur als Auslöser alter Gefühle zu sehen, dann kann diese Partnerschaft die beste Therapie werden.

Eine Möglichkeit an den in einer Partnerschaft wieder auftauchenden, früheren Konflikten zu arbeiten, ist auch für Paare das partnerschaftliche Souling. Es ist unter Umständen schwerer als die Arbeit mit einem neutraleren Freund oder einer Freundin, kann aber sehr bereichernd und erfüllend sein. Gerade vom Partner eine Heilung des inneren Kindes zu erfahren ist sicher der Herzenswunsch jedes Menschen. Schon die Verliebtheit in diesen Menschen enthielt ja die Hoffnung auf Heilung der alten Wunden. Im sicheren Setting und Ablauf einer Souling-Sitzung kann dieser Wunsch erfüllt werden – und das ist ja im Alltag häufig nicht möglich.

Allerdings erfordert das partnerschaftliche Souling bei Liebespaaren eine gewisse Reife und ein starkes bewußtes Ich. Ihr müßt euch sorgfältig prüfen, ob die gemeinsame Souling-Arbeit nicht doch eine Überforderung ist. Es kann gut sein, daß ihr mit den heftigen Gefühlen des anderen überfordert seid und es als Begleiter nicht schafft, euch zu disidentifizieren und im bewußten Ich zu bleiben – gerade weil ihr so stark mit dem geliebten Menschen mitfühlt. Falls das so sein sein sollte, wäre es besser, wenn jeder mit einem anderen Partner die Souling-Arbeit durchführt. Selbst für diesen Fall bleiben euch immer noch drei wichtige Übungen, die ich für alle Liebesbeziehungen sehr empfehlen möchte:

- die Wahrheitsübung (S. 90),
- die Augen-Meditation zu zweit in ihrer verschiedenen Ausführung (siehe S. 85) und
- das Bewegungs-Souling zu zweit (S. 310).

Die *Wahrheitsübung* eignet sich hervorragend zur Verbesserung der Kommunikation; ihr könnt sie bei einem Konflikt anwenden, aber auch dann, wenn ihr euch gut miteinander fühlt. Die *Augen-Meditation* vermittelt eine starke nonverbale Erfahrung und eignet sich sehr gut, wenn ihr schon lange über ein Problem gesprochen habt, sich aber in der Beziehung nichts weiterbewegt. Dann löst sich häufig viel im Atem, und es ist gerade gut, daß bei der Übung nicht gesprochen wird. Manchmal führt diese Meditationsübung auch zu einem sehr erotischen Einheitserlebnis, daß euch zu neuen Dimensionen eurer Sexualität führt. Beim *Bewegungs-Souling* zu zweit könnt ihr ähnliche Erfahrungen machen, nur daß hier die Bewegung und nicht der Atem im Vordergrund steht. Regelmäßig angewandt, können all diese Übungen Eure Beziehung reicher, authentischer, erotischer, liebevoller und lebendiger gestalten.

Sehr hilfreich für Paare ist auch das *Souling-Ärger-Ritual*:

Der Partner (A), der starken Ärger in sich aufsteigen spürt, bittet den anderen (B), mit ihm gemeinsam dieses Ärgerritual zu vollziehen. Wenn B zustimmt, dann geht B so stark wie möglich in sein bewußtes Ich und macht sich klar, daß der Ärger vom inneren Kind von A ausgeht. Das hilft B, gelassen zu bleiben, durchzuatmen und den Ärger von A zunächst nicht persönlich zu nehmen. B kann sich dabei vorstellen, daß der Ärger von A durch ihn hindurch in die Erde hineingeht. Der ärgerliche Partner A darf dann all seinen Ärger unzensiert ausdrücken, soll aber dabei Blickkontakt mit B halten und sich bewußt machen, daß es zunächst um den Ausdruck und die Lösung des eigenen Ärgers geht und nicht um die Veränderung oder Anklage von B. Zum Abschluß schütteln beide ihre Rollen ab und umarmen sich.

Dieses Ritual ist, im Vergleich zum üblichen Unterdrücken des Ärgers oder seinem unkontrollierten Ausdruck im Alltag, die beide meist destruktive Wirkungen haben, eine gute und konstruktive Alternative, die das innere Wachstum in einer Liebesbeziehung fördert.

Souling in der Gruppe

Sehr schön ist es natürlich auch, wenn du nicht nur einen Souling-Partner, sondern mehrere Freunde findest, mit denen ihr euch zu einer Gruppe zusammentun könnt, in der ihr regelmäßig gemeinsam die Souling-Übungen durchführt. Wie ihr diese

Gruppenarbeit konkret gestalten wollt, müßt ihr gemeinsam klären. Dazu möchte ich euch ein paar Vorschläge machen:

- **Energetisches Souling in der Gruppe:**
  Ihr trefft euch in regelmäßigen Abständen, z. B. einmal in der Woche. Zunächst führt ihr ein Atem-Souling im Liegen durch. Alle Gruppenteilnehmer liegen in «Sternform» auf dem Boden: die Köpfe liegen in der Mitte, die Füße zeigen nach außen. Ihr atmet alle für etwa dreißig Minuten tief durch den Mund. Hinterher tauscht ihr in der Gruppe aus, wie ihr euch fühlt und was ihr erlebt habt.

  Statt des Atem-Souling am Boden könnt ihr natürlich auch eine Souling-Atem-Meditation (Dauer etwa 45 Minuten) durchführen, entweder jeder für sich allein oder paarweise als Augen-Meditation. Möglich ist auch das gemeinsame Üben der Vibrationssequenz.

  Danach macht ihr über etwa eineinhalb Stunden einen Trance-Tanz. Zum Abschluß könnt ihr noch gemeinsam Tee trinken oder zusammen essen.

- **Partnerschaftliches Souling in der Gruppe**: Zunächst finden sich die Gruppenmitglieder zu Paaren für ein partnerschaftliches Souling. Nach dieser Partnerarbeit kommt ihr wieder in der Gruppe zusammen und jeder Gruppenteilnehmer erzählt, was er erlebt hat. Auf diese Weise könnt ihr eure Erfahrungen der partnerschaftlichen Arbeit mit der anderer vergleichen und dadurch interessante Beobachtungen machen.

Als günstig für so ein Gruppentreffen hat sich folgender Ablauf erwiesen: Zunächst wird ein Souling-Prozeß durchgeführt, wobei die eine Hälfte der Teilnehmer Klienten und die andere Hälfte Begleiter sind. Nach dem Prozeß gibt es eine ausführliche Runde in der Gruppe, bei der die Klienten von ihrer Klienten-Erfahrung sprechen, die Begleiter manchmal ergänzen und von ihren Erfahrungen beim Begleiten erzählen. Alle können natürlich auch etwas aus ihrem Alltag erzählen – aber meist sind diese Probleme schon im Souling-Prozeß enthalten und erscheinen dort viel lebendiger und interessanter. Beim nächsten Treffen werden dann die Rollen getauscht: Wer Begleiter war, ist nun Klient und umgekehrt. Bei wöchentlichen Treffen bekommt dann jeder alle 14 Tage eine Souling-Sitzung als Klient.

Sollte es bei der Arbeit zu gruppendynamischen Problemen kommen, dann könnt ihr euch in dem Gruppenprogramm aus dem Buch «Anleitung zum sozialen Lernen für Paare, Gruppen und Erzieher» von Lutz Schwäbisch und mir Rat holen. Beginnt erst nach der Lösung dieser Schwierigkeiten damit, verschiedene Souling-Prozesse einzuüben.

Schluß

Nun nähert sich das Buch seinem Ende. Gemeinsam sind wir doch einen längeren Weg gegangen, und ich hoffe, daß ich dich bei wichtigen seelischen Prozessen begleiten konnte. Vielleicht wirst du einige der Souling-Übungen für dich allein anwenden, einen Souling-Partner für gemeinsame Arbeit finden oder aber durch dieses Buch neue Anstöße gewinnen, mit Hilfe anderer Methoden und Wege deine seelische Entwicklung fortzusetzen. Ich freue mich, wenn dir die Erfahrungen mit diesem Buch bei den nächsten Schritten auf deinem eigenen Weg weiterhelfen kann.

Für mich gibt es ein paar wesentliche Annahmen, die mich in meiner therapeutischen Arbeit leiten und die ich hier zum Schluß noch einmal formulieren möchte. Für mich ist die Arbeit an unserer Person und die Freisetzung unserer innersten seelischen Kraft kein egoistischer Selbstzweck, bei dem es nur um die Vervollkommnung unseres eigenen Lebens geht. Unsere Veränderungen leisten auch einen Beitrag zur Veränderung der ganzen Welt. Das Durchspüren von Schmerz, Wut und Angst, das Annehmen und Auflösen dieser Gefühle führt – wenn man diesen Prozeß immer weiter spinnt – dazu, daß diese negativen

Gefühle immer mehr transformiert werden. Umgekehrt schlagen sich alle nicht gefühlten, nicht angenommenen und nicht bewußten Gefühle von Haß, Schmerz und Angst letztendlich in Unfällen, Krankheiten, Schicksalsschlägen und Kriegen nieder. Wenn du deine negativen Gefühle durcharbeitest, anstatt sie in der Welt auszuagieren, dann arbeitest du mit an diesem großen Prozeß der Transformation. Wenn du deine Liebe und Lebendigkeit steigern kannst, dann vergrößerst du damit die Liebe und Lebendigkeit in dieser Welt.

Wir gehen unseren Weg, auf dem das Licht unserer Seele unsere Persönlichkeit immer mehr durchdringt, nicht allein. Immer gibt es auf diesem Pfad Menschen vor uns, von denen wir lernen können, und Menschen hinter uns, denen wir weiterhelfen können. Spüre die Verbundenheit mit allen Menschen, die auf dem Pfad der Seelenentwicklung sind.

Lasse dein Seelenlicht
mehr und mehr
deine Persönlichkeit und dein Leben
durchdringen.
Werde dir bewußt, was für ein Geschenk
du für deine Brüder und Schwestern sein kannst,
so wie du bist,
mit deinen Stärken und deinen Schwächen.
Viele warten, von dir berührt zu werden,
viele warten, von dir gesehen zu werden,
viele warten, von dir geliebt zu werden.
Zünde dein inneres Licht an
und leuchte ihnen.
Sei Ursprung deines Lebens
und erringe dessen Meisterschaft.
Sei dein Licht,
sei die Liebe selbst,
und gib dich den Flammen
der Reinigung hin.
Lasse deine Seele atmen, singen und tanzen
und sei Mitschöpfer
einer liebenden und lebendigen
Welt.

Schlußübung

Und so, wie du schon in den Einführungskapiteln immer wieder dein inneres Kind umarmt und geheilt hast und wie du bei verschiedenen beschriebenen Methoden dein Gefühl oder ein Organ oder eine Unterperson mit deinen geistigen Händen geheilt hast – so stell dir jetzt vor dir schwebend unsere Erdkugel, unseren blauen Planeten, vor. Nimm wieder Kontakt mit dem goldenen Licht auf, das von oben in deinen Scheitel hineinströmt und sich in dein Herz und deine Arme ergießt, und reiche wieder mit deinen geistigen Händen aus und gib der Erde heilende und liebevolle Energie. Halte, streichle, massiere oder bestrahle die Erde und stell dir dabei vor, wie Licht und Liebe überall dorthin fließen, wo sie benötigt werden, und gib der Erde deinen Segen.

Tips zum Weiterlesen

Roberto Assagioli: *Psychosynthese*, Reinbek 1993.

Cora Besser-Siegmund, Harry Siegmund: *Du mußt nicht bleiben, wie du bist*, Düsseldorf 1993.

David Boadella: *Befreite Lebensenergie*, München 1996.

Gerda Boyesen: *Über den Körper die Seele heilen*, München 1994.

John Bradshaw: *Das Kind in uns*, München 1994.

Barbara Ann Brennan: *Licht-Arbeit*, München 1995.

Malcolm Brown: *Die heilende Berührung*, Essen 1988.

Erika Chopich und Margaret Paul: *Aussöhnung mit dem inneren Kind*, Freiburg 1996.

Werner Eberwein: *Impulse von Innen*, Oldenburg 1993.

Eugene T. Gendlin: *Focusing*, Salzburg 1981.

Stanislav Grof: *Das Abenteuer der Selbstentdeckung*, Reinbek 1994.

Stanislav Grof, Hal-Zina Bennett: *Die Welt der Psyche*, Reinbek 1997.

Gay und Kathlyn Hendricks: *Liebe macht stark*, München 1992.

Gay und Kathlyn Hendricks: *Die neuen Körpertherapien*, München 1994.

Ludwig Janus: *Wie die Seele entsteht*, München 1993.

Stephen M. Johnson: *Charakter-Transformation*, Oldenburg 1994.

Ron Kurtz: *Hakomi – Körperzentrierte Psychotherapie*, Essen 1996.

Klaus Lange: *Herz, was sagst du mir?*, Stuttgart 1991.

Klaus Lange: *Bevor du sterben willst, lebe!*, Stuttgart 1996.

Alexander Lowen: *Körperausdruck und Persönlichkeit*, München 1995.

Alexander Lowen: *Liebe und Orgasmus*, München 1993.

Alexander Lowen: *Lust*, München 1994.

Alexander Lowen: *Angst vor dem Leben*, München 1994.

Alexander und Leslie Lowen: *Bioenergetik für jeden*, München 1996.

Margaret S. Mahler, Fried Pine, Anni Bergmann: *Die psychische Geburt des Menschen*, Frankfurt/M. 1996.

James F. Masterson: *Die Suche nach dem wahren Selbst*, Stuttgart 1994.

Alice Miller: *Das Drama des begabten Kindes und die Suche nach dem wahren Selbst*, Frankfurt/M. 1994.

Tilmann Moser: *Der Erlöser der Mutter auf dem Weg zu sich selbst*, Frankfurt/M 1993.

Frank Natale: *Trance Dance – der Tanz des Lebens*, Berlin 1993.

Albert Pesso: *Dramaturgie des Unbewußten*, Stuttgart 1986.

Hilarion G. Petzold: *Die neuen Körpertherapien*, Paderborn 1991.

John C. Pierrakos: *Core Energetik*, Essen 1993.

Carl R. Rogers: *Entwicklung der Persönlichkeit*, Stuttgart 1994.

Jack Lee Rosenberg, Marjorie R. Rand, Diane Asay: *Körper, Selbst & Seele*, Paderborn 1996.

Gabrielle Roth: *Das befreite Herz*, München 1990.

Peter Schellenbaum: *Die Wunde der Ungeliebten*, München 1992.

Peter Schellenbaum: *Aggression zwischen Liebenden*, Hamburg 1994.

Lutz Schwäbisch/Martin Siems: *Anleitung zum sozialen Lernen für Paare, Gruppen und Erzieher*, Reinbek 1974.

Lutz Schwäbisch/Martin Siems: *Selbstentfaltung durch Meditation*, Reinbek 1987.

Martin Siems: *Dein Körper weiß die Antwort*, Reinbek 1986.

Martin Siems: *Liebe, Lust, Ekstase*, Berlin 1995.

Hal und Sidra Stone: *Du bist Viele*, München 1994.

Halko Weiss, Dyrian Benz: *Auf den Körper hören*, München 1993.

Mathias Wendel, Ute York: *Maskenball der Seele*, München 1993.

Adresse

Wer Informationen über Souling-Einführungskurse, Training im partnerschaftlichen Souling oder eine Ausbildung zum Souling-Therapeuten haben möchte, kann sich direkt an den Autor wenden:

Souling-Zentrum
Dipl.Psych. Martin Raffael Siems
Böckmannstr. 14 a
20099 Hamburg
Tel. 040/24 64 05
Fax. 040/24 31 15